Autorité internationale des fonds marins

RECUEIL DE RÈGLEMENTS ET DE RECOMMANDATIONS RELATIFS À LA PROSPECTION ET À L'EXPLORATION

Édition révisée

2015

Publié à la Jamaïque en 2015
par l'Autorité internationale des fonds marins

© Autorité internationale des fonds marins, 2015

Tous droits réservés. Sans autorisation préalable du détenteur des droits, cette publication ne peut être reproduite, mise en mémoire dans un système de recherche de données, ou transmise, en partie ou dans sa totalité, sous quelque forme ou moyen que ce soit, électronique, mécanique, photocopie ou autre. Toute demande d'autorisation doit être adressée, accompagnée d'une déclaration précisant l'objet et l'étendue de la reproduction, à l'Autorité internationale des fonds marins, 14-20 Port Royal Street, Kingston, Jamaïque.

TABLE DES MATIÈRES

INTRODUCTION

I. RÈGLEMENT

1.	ISBA/19/A/9	Décision de l'Assemblée de l'Autorité internationale des fonds marins concernant les modifications à apporter au Règlement relatif à la prospection et à l'exploration des nodules polymétalliques dans la Zone
2.	ISBA/19/C/17	Décision du Conseil de l'Autorité internationale des fonds marins concernant les modifications à apporter au Règlement relatif à la prospection et à l'exploration des nodules polymétalliques dans la Zone et des questions connexes
3.	ISBA/16/A/12/Rev.1*	Décision de l'Assemblée concernant le Règlement relatif à la prospection et à l'exploration des sulfures polymétalliques dans la Zone
4.	ISBA/18/A/11	Décision de l'Assemblée de l'Autorité internationale des fonds marins concernant le Règlement relatif à la prospection et à l'exploration des encroûtements cobaltifères de ferromanganèse dans la Zone

II. RECOMMANDATIONS ET PROCÉDURES

5.	ISBA/19/LTC/8	Recommandations à l'intention des contractants en vue de l'évaluation d'éventuels impacts sur l'environnement liés à l'exploration des minéraux marins dans la Zone
6.	ISBA/19/LTC/14	Recommandations concernant les programmes de formation au titre des plans de travail relatifs à l'exploration formulées à l'intention des contractants et des États de patronage
7.	ISBA/21/LTC/11	Recommandations à l'usage des contractants pour l'établissement de rapports concernant les dépenses d'exploration directes et effectives
8.	ISBA/21/LTC/15	Recommandations à l'intention des contractants sur le contenu, le format et la structure des rapports annuels
9.	ISBA/21/C/19*	Décision du Conseil de l'Autorité internationale des fonds marins concernant les procédures et critères applicables à la prorogation d'un plan de travail approuvé relatif à l'exploration en application du paragraphe 9 de la section 1 de l'annexe à l'Accord relatif à l'application de la partie XI de la Convention des Nations Unies sur le droit de la mer du 10 décembre 1982

INTRODUCTION

Cette version révisée du *Recueil de règlements et de recommandations relatifs à la prospection et à l'exploration* rassemble les règlements que l'Assemblée de l'Autorité internationale des fonds marins a approuvés jusqu'ici ainsi que les recommandations sur les questions techniques et administratives qui ont été publiées pour faciliter la mise en œuvre des règles, règlements et procédures de l'Autorité.

La première partie contient trois série de règlements ne concernant que la prospection et l'exploration des ressources minérales marines de la Zone. Depuis la publication de la première version, l'Autorité a apporté de nouvelles modifications à ces règlements, qui sont insérées aux endroits appropriés afin de présenter une version consolidée non officielle du texte. Une police de caractères différente, en gras, est utilisée pour les modifications, qui sont référencées à l'aide de notes de bas de page. Les règlements concernés sont les suivants :

- Règlement relatif à la prospection et à l'exploration des nodules polymétalliques dans la Zone (approuvé le 13 juillet 2000 et modifié le 25 juillet 2013 et le 24 juillet 2014)[1];

- Règlement relatif à la prospection et à l'exploration des sulfures polymétalliques dans la Zone (approuvé le 7 mai 2010 et modifié le 25 juillet 2013 et le 24 juillet 2014)[2]; et

- Règlement relatif à la prospection et à l'exploration des encroûtements cobaltifères dans la Zone (approuvé le 27 juillet 2012 et modifié le 25 juillet 2013)[3].

Ces règlements font partie du régime juridique général de la Zone, qui est défini pour l'essentiel dans la partie XI et les annexes III et IV de la Convention des Nations Unies sur le droit de la mer de 1982[4] et dans l'Accord de 1994 relatif à l'application de la partie XI[5].

La deuxième partie reproduit les recommandations que la Commission juridique et technique de l'Autorité a publiées pour aider les contractants à mettre en œuvre les règles, règlements et procédures de l'Autorité. Ces recommandations sont notamment les suivantes :

- Recommandations à l'intention des contractants en vue de l'évaluation d'éventuels impacts sur l'environnement liés à l'exploration des minéraux marins dans la Zone[6];

---

[1] ISBA/6/A/18; ISBA/19/A/9 et ISBA/19/A/12, ISBA/20/A/9.
[2] ISBA/16/A/12/Rev.1 et ISBA/19/A/12, ISBA/20/A/10.
[3] ISBA/18/A/11 et ISBA/19/A/12.
[4] A/CONF.62/122 et Corr. 1-11. *The Law of the Sea: Compendium of Basic Documents* (Autorité internationale des fonds marins/The Caribbean Law Publishing Company, 2001), p. 1.
[5] A/RES/48/263, annexe. Reproduite également dans *The Law of the Sea: Compendium of Basic Documents* (Autorité internationale des fonds marins/The Caribbean Law Publishing Company, 2001), p. 206.
[6] ISBA/19/LTC/8.

- Recommandations concernant les programmes de formation au titre des plans de travail relatifs à l'exploration formulées à l'intention des contractants et des États qui les patronnent[7];
- Recommandations à l'usage des contractants pour l'établissement de rapports concernant les dépenses d'exploration directes et effectives[8];
- Recommandations à l'intention des contractants sur le contenu, le format et la structure des rapports annuels[9].

On trouvera aussi dans ce recueil le texte de la :

- Décision du Conseil de l'Autorité internationale des fonds marins concernant les procédures et critères applicables à la prorogation d'un plan de travail approuvé relatif à l'exploration[10].

---

[7] ISBA/19/LTC/14.
[8] ISBA/21/LTC/11.
[9] ISBA/21/LTC/15.
[10] ISBA/21/C/19*.

I. RÈGLEMENTS

Autorité internationale des fonds marins

ISBA/19/A/9

Assemblée

Distr. générale
25 juillet 2013
Français
Original : anglais

Dix-neuvième session
Kingston (Jamaïque)
15-26 juillet 2013

Décision de l'Assemblée de l'Autorité internationale des fonds marins concernant les modifications à apporter au Règlement relatif à la prospection et à l'exploration des nodules polymétalliques dans la Zone

L'Assemblée de l'Autorité internationale des fonds marins,

Ayant examiné les modifications à apporter au Règlement relatif à la prospection et à l'exploration des nodules polymétalliques dans la Zone, telles qu'elles ont été adoptées à titre provisoire par le Conseil à sa 190ᵉ séance, le 22 juillet 2013,

Approuve les modifications du Règlement relatif à la prospection et à l'exploration des nodules polymétalliques dans la Zone reproduites en annexe à la décision du Conseil[1].

142ᵉ séance
25 juillet 2013

---

[1] ISBA/19/C/17, annexe.

Autorité internationale des fonds marins — ISBA/19/C/17

Conseil

Distr. générale
22 juillet 2013
Français
Original : anglais

Dix-neuvième session
Kingston (Jamaïque)
15-26 juillet 2013

Décision du Conseil de l'Autorité internationale des fonds marins concernant les modifications à apporter au Règlement relatif à la prospection et à l'exploration des nodules polymétalliques dans la Zone et des questions connexes

Le Conseil de l'Autorité internationale des fonds marins

1. *Adopte* les modifications du Règlement relatif à la prospection et à l'exploration des nodules polymétalliques dans la Zone reproduites en annexe à la présente décision;

2. *Décide* d'appliquer à titre provisoire le Règlement ainsi modifié à compter du jour de son adoption par le Conseil, en attendant son approbation par l'Assemblée de l'Autorité internationale des fonds marins;

3. *Prie* le Secrétaire général, en présence d'une demande d'approbation d'un plan de travail relatif à l'exploration de nodules polymétalliques soumis avant l'entrée en vigueur du Règlement modifié, de convenir avec le demandeur de toutes modifications utiles des clauses contractuelles types avant la signature de tout contrat d'exploration;

4. *Prie* la Commission juridique et technique de l'Autorité de soumettre au Conseil pour examen, à sa vingtième session, une recommandation tendant à aligner l'article 21 du Règlement relatif à la prospection et à l'exploration des sulfures polymétalliques dans la Zone[1] sur l'article 21 du Règlement relatif à la prospection et à l'exploration des encroûtements cobaltifères de ferromanganèse dans la Zone[2];

5. *Décide* que, tant qu'il n'aura pas reçu la recommandation de la Commission juridique et technique visée au paragraphe 4 ci-dessus, l'alinéa b) du paragraphe 1 de l'article 21 du Règlement relatif à la prospection et à l'exploration des sulfures polymétalliques dans la Zone ne s'appliquera pas;

---

[1] ISBA/16/A/12/Rev.1
[2] ISBA/18/A/11.

6. *Prie en outre* la Commission juridique et technique d'examiner les dispositions du Règlement relatif à la prospection et à l'exploration des nodules polymétalliques dans la Zone, du Règlement relatif à la prospection et à l'exploration des sulfures polymétalliques dans la Zone et du Règlement relatif à la prospection et à l'exploration des encroûtements cobaltifères de ferromanganèse dans la Zone qui concernent l'exercice d'un monopole sur la conduite d'activités dans la Zone et la possibilité d'offrir une participation au capital d'une entreprise conjointe, en vue d'harmoniser éventuellement les trois règlements sur ces points, et de lui soumettre pour examen, à sa vingtième session, une recommandation là-dessus.

190ᵉ séance
22 juillet 2013

Annexe

Règlement relatif à la prospection et à l'exploration des nodules polymétalliques dans la Zone

Préambule

Aux termes de la Convention des Nations Unies sur le droit de la mer du 10 décembre 1982 (« la Convention »), les fonds marins et leur sous-sol au-delà des limites de la juridiction nationale ainsi que les ressources qu'ils recèlent sont le patrimoine commun de l'humanité dont l'exploration et l'exploitation se feront dans l'intérêt de l'humanité tout entière, au nom de laquelle agit l'Autorité internationale des fonds marins. Le présent Règlement a pour objet d'organiser la prospection et l'exploration des nodules polymétalliques.

Partie I
Introduction

Article 1
Emploi des termes et champ d'application

1. Les termes utilisés dans le présent Règlement s'entendent dans le sens qui leur est donné dans la Convention.

2. Conformément à l'Accord relatif à l'application de la partie XI de la Convention des Nations Unies sur le droit de la mer du 10 décembre 1982 (« l'Accord »), les dispositions de l'Accord et la partie XI de la Convention doivent être interprétées et appliquées ensemble comme un seul et même instrument; le présent Règlement et les renvois à la Convention qui y figurent doivent être interprétés et appliqués en conséquence.

3. Aux fins du présent Règlement, on entend par :

   a) « Exploitation » la collecte à des fins commerciales de nodules polymétalliques dans la Zone et l'extraction des minéraux qu'ils contiennent, notamment la construction et l'exploitation de systèmes d'extraction minière, de traitement et de transport pour la production et la vente de minéraux;

   b) « Exploration » la recherche, faisant l'objet de droits exclusifs, de gisements de nodules polymétalliques dans la Zone, l'analyse de ces gisements, l'utilisation et l'essai des procédés et du matériel d'extraction, des installations de traitement et des systèmes de transport, et l'établissement d'études des facteurs environnementaux, techniques, économiques, commerciaux et autres à prendre en considération dans l'exploitation;

   c) « Milieu marin » les éléments et facteurs physiques, chimiques, géologiques et biologiques, entre autres, qui agissent les uns sur les autres et déterminent la productivité, l'état, la condition et la qualité de l'écosystème marin, les eaux des mers et des océans et l'espace aérien surjacent ainsi que les fonds marins et leur sous-sol;

d) « Nodules polymétalliques » l'une des ressources de la Zone constituée par tout gisement ou agglomérat de nodules, situé à la surface des grands fonds marins ou juste en dessous, qui contient du manganèse, du nickel, du cobalt et du cuivre;

e) « Prospection » la recherche, sans droits exclusifs, de gisements de nodules polymétalliques dans la Zone, notamment l'évaluation de la composition, de la taille et de la répartition des gisements de nodules polymétalliques et de leur valeur économique;

f) « Dommage grave au milieu marin » tout effet d'activités menées dans la Zone sur le milieu marin se traduisant par une modification défavorable considérable du milieu marin déterminée conformément aux règles, règlements, procédures et directives adoptés par l'Autorité, sur la base des normes et des pratiques internationalement reconnues.

4. Le présent Règlement n'affecte d'aucune façon ni la liberté de la recherche scientifique, conformément à l'article 87 de la Convention, ni le droit de faire de la recherche scientifique marine dans la Zone conformément aux articles 143 et 256 de la Convention. Aucune disposition du présent Règlement ne peut être interprétée comme restreignant l'exercice par les États de la liberté de la haute mer au sens de l'article 87 de la Convention.

5. Le présent Règlement pourra être complété par d'autres règles, règlements et procédures, notamment en ce qui concerne la protection et la préservation du milieu marin. Il est assujetti à la Convention des Nations Unies sur le droit de la mer, à l'Accord relatif à l'application de la partie XI de ladite Convention et à toute autre norme de droit international qui n'est pas incompatible avec la Convention.

Partie II
Prospection

Article 2
Prospection

1. La prospection est réalisée conformément à la Convention et au présent Règlement et ne peut démarrer qu'après que le prospecteur a été informé par le Secrétaire général de l'enregistrement de sa notification conformément à l'article 4 2).

2. Les prospecteurs et l'Autorité appliquent le principe de précaution posé par le principe 15 de la Déclaration de Rio sur l'environnement et le développement[3]. Il ne doit pas être entrepris de prospection s'il y a de bonnes raisons de craindre un dommage grave au milieu marin.

3. Il ne doit pas être entrepris de prospection dans une zone visée par un plan de travail relatif à l'exploration des nodules polymétalliques approuvé ni dans un secteur réservé et il ne peut non plus en être entrepris dans une zone dont le Conseil a exclu la mise en exploitation en raison d'un risque de dommage grave au milieu marin.

---

[3] *Rapport de la Conférence des Nations Unies sur l'environnement et le développement, Rio de Janeiro, 3-14 juin 1992* (publication des Nations Unies, numéro de vente : F.93.I.8 et rectificatif), vol. I, *Résolutions adoptées par la Conférence*, résolution 1, annexe I.

4. La prospection ne confère au prospecteur aucun droit sur les ressources. Le prospecteur peut toutefois extraire une quantité raisonnable de minéraux, à savoir la quantité nécessaire aux fins d'expérimentation et non à des fins commerciales.

5. La prospection n'est pas limitée dans le temps; toutefois, il y est mis un terme lorsque le Secrétaire général notifie par écrit au prospecteur qu'un plan de travail relatif à l'exploration portant sur la zone prospectée a été approuvé.

6. La prospection peut être réalisée simultanément par plusieurs prospecteurs dans la même zone ou les mêmes zones.

Article 3
Notification de prospection

1. Le futur prospecteur doit notifier à l'Autorité son intention d'entreprendre des activités de prospection.

2. Chaque notification de prospection est présentée dans les formes prescrites à l'annexe I du présent Règlement, est adressée au Secrétaire général et doit satisfaire aux conditions énoncées dans le présent Règlement.

3. Chaque notification est présentée :

   a) Dans le cas d'un État, par l'autorité désignée à cet effet par ledit État;

   b) Dans le cas d'une entité, par les représentants désignés de celle-ci;

   c) Dans le cas de l'Entreprise, par l'autorité compétente de celle-ci.

4. Chaque notification est présentée dans l'une des langues de l'Autorité et doit comporter :

   a) Le nom, la nationalité et l'adresse du futur prospecteur et de son représentant désigné;

   b) Les coordonnées de la ou des grandes zones devant être prospectées, conformément aux normes internationales généralement acceptées les plus récentes utilisées par l'Autorité;

   c) Une description générale du programme de prospection, notamment la date de démarrage prévue et la durée approximative du programme;

   d) Un engagement écrit satisfaisant du futur prospecteur :

   i) Qu'il respectera la Convention et les règles, règlements et procédures de l'Autorité concernant :

   a. La coopération aux programmes de formation en matière de recherche scientifique marine et de transfert des techniques visés aux articles 143 et 144 de la Convention; et

   b. La protection et la préservation du milieu marin;

   ii) Qu'il acceptera la vérification par l'Autorité du respect dudit engagement; et

   iii) Qu'il mettra à la disposition de l'Autorité, dans la mesure du possible, les données pouvant être utiles à la protection et à la préservation du milieu marin.

Article 4
Examen des notifications

1. Le Secrétaire général accuse par écrit réception de chaque notification donnée en vertu de l'article 3, en spécifiant la date de réception.

2. Le Secrétaire général examine la notification dans un délai de 45 jours à compter de sa réception. Si la notification satisfait aux conditions de la Convention et du présent Règlement, il inscrit les renseignements qu'elle contient dans le registre tenu à cet effet et informe par écrit le prospecteur que la notification a été dûment enregistrée.

3. Le Secrétaire général fait savoir par écrit au futur prospecteur, dans un délai de 45 jours à compter de la réception de la notification, si celle-ci porte sur une partie d'une zone visée par un plan de travail approuvé relatif à l'exploration ou à l'exploitation de l'une quelconque des catégories de ressources, ou sur une partie quelconque d'un secteur réservé, ou sur toute partie d'une zone dont le Conseil a exclu la mise en exploitation en raison d'un risque de dommage grave au milieu marin, ou si l'engagement écrit n'est pas satisfaisant, et en fait connaître les raisons par écrit au futur prospecteur. Ce dernier peut alors modifier sa notification dans un délai de 90 jours. Le Secrétaire général examine à nouveau la notification et statue sur elle dans un délai de 45 jours.

4. Le prospecteur informe le Secrétaire général par écrit de toute modification des informations figurant dans la notification.

5. Le Secrétaire général s'abstient de divulguer les informations contenues dans la notification, si ce n'est avec le consentement écrit de celui-ci. Toutefois, il informe de temps à autre les membres de l'Autorité de l'identité des prospecteurs et des zones prospectées.

Article 5
Protection et préservation du milieu marin pendant la prospection

1. Chaque prospecteur prend les mesures nécessaires pour prévenir, réduire et maîtriser autant que raisonnablement possible la pollution du milieu marin et les autres risques découlant de la prospection, en appliquant le principe de précaution ainsi que les meilleures pratiques écologiques. En particulier, chaque prospecteur réduit au minimum ou élimine :

   a) Les effets néfastes de la prospection sur l'environnement; et

   b) Les conflits effectifs ou potentiels avec des activités de recherche scientifique marine déjà engagées ou prévues, ou la perturbation de ces activités, conformément aux futures directives pertinentes.

2. Les prospecteurs coopèrent avec l'Autorité à la mise en place et à l'exécution de programmes de surveillance et d'évaluation des effets potentiels sur le milieu marin de l'exploration et de l'exploitation de nodules polymétalliques.

3. Le prospecteur notifie immédiatement par écrit au Secrétaire général, en utilisant les recours aux moyens les plus efficaces, tout incident résultant de la prospection qui a causé, qui cause ou qui menace de causer un dommage grave au milieu marin. Dès réception d'une telle notification, le Secrétaire général agit conformément à l'article 33.

Article 6
Rapport annuel

1. Le prospecteur doit présenter à l'Autorité, dans les 90 jours qui suivent la fin de l'année civile, un rapport sur l'état d'avancement de la prospection. Ces rapports sont soumis à la Commission juridique et technique par le Secrétaire général. Chaque rapport doit comporter :

   a) Une description générale de l'état d'avancement de la prospection et des résultats obtenus;

   b) Des informations sur la façon dont le prospecteur remplit l'engagement visé à l'article 3 4) d); et

   c) Des informations sur la façon dont le prospecteur se conforme aux futures directives pertinentes à cet égard.

2. S'il entend inclure les dépenses de prospection dans les dépenses de mise en valeur encourues avant le démarrage de la production commerciale, le prospecteur soumet un état annuel, établi conformément aux principes comptables internationalement reconnus et certifié par un cabinet d'experts comptables dûment agréé, des dépenses d'exploration directes et effectives qu'il a encourues dans le cadre de la prospection.

Article 7
Confidentialité des données et informations contenues dans le rapport annuel

1. Le Secrétaire général garantit la confidentialité de toutes les données et informations figurant dans les rapports soumis en vertu de l'article 6, en appliquant *mutatis mutandis* les dispositions des articles 36 et 37, étant entendu que les données et informations relatives à la protection et la préservation du milieu marin, en particulier celles qui émanent du programme de surveillance de l'environnement, ne sont pas considérées confidentielles. Le prospecteur peut demander que ces données ne soient pas divulguées pendant un délai pouvant aller jusqu'à trois ans à compter de la date où le rapport les contenant a été soumis.

2. Le Secrétaire général peut, à tout moment, avec le consentement du prospecteur concerné, divulguer les données et informations concernant la prospection dans la zone pour laquelle il a reçu une notification. Si après avoir fait pendant au moins deux ans tous les efforts raisonnablement possibles pour communiquer avec le prospecteur, le Secrétaire général constate que celui-ci n'existe plus ou ne peut plus être localisé, il peut divulguer ces données et informations.

Article 8
Objets ayant un caractère archéologique ou historique

Le prospecteur notifie immédiatement par écrit au Secrétaire général toute découverte dans la Zone d'objets ayant ou susceptibles d'avoir un caractère archéologique ou historique et leur emplacement. Le Secrétaire général en avise le Directeur général de l'Organisation des Nations Unies pour l'éducation, la science et la culture.

Partie III
Demandes d'approbation de plans de travail relatifs à l'exploration revêtant la forme de contrats

Section 1
Dispositions générales

Article 9
Dispositions générales

Sous réserve des dispositions de la Convention, les entités ci-après peuvent présenter à l'Autorité des demandes d'approbation de plans de travail relatifs à l'exploration :

a) L'Entreprise, en son nom propre, ou dans le cadre d'un accord de coentreprise;

b) Les États parties, les entreprises d'État ou les personnes physiques ou morales possédant la nationalité d'États parties ou effectivement contrôlés par eux ou leurs ressortissants, lorsqu'elles sont patronnées par ces États, ou tout groupe des catégories précitées qui satisfait aux conditions stipulées dans le présent Règlement.

Section 2
Teneur des demandes

Article 10
Forme des demandes

1. Toute demande d'approbation d'un plan de travail relatif à l'exploration est présentée dans les formes prescrites à l'annexe II du présent Règlement, est adressée au Secrétaire général et doit satisfaire aux conditions énoncées dans le présent Règlement.

2. Toute demande est présentée :

a) Lorsqu'elle émane d'un État partie, par l'autorité désignée à cet effet par ledit État;

b) Lorsqu'elle émane d'une entité, par le représentant désigné par celle-ci ou l'autorité désignée à cet effet par l'État ou les États patronnant la demande; et

c) Lorsqu'elle émane de l'Entreprise, par l'autorité compétente de celle-ci.

3. Toute demande émanant d'une entreprise d'État ou de l'une des entités visées à l'article 9 b) doit comporter également :

a) Des renseignements permettant de déterminer la nationalité du demandeur ou l'identité de l'État ou des États, ou de leurs ressortissants, qui contrôlent effectivement le demandeur; et

b) L'établissement principal ou le domicile et, le cas échéant, le lieu d'immatriculation du demandeur.

4. Toute demande émanant d'une association ou d'un consortium d'entités doit comporter les renseignements requis concernant chaque membre de l'association ou du consortium.

Article 11
Certificat de patronage

1. Toute demande émanant d'une entreprise d'État ou de l'une des entités visées à l'article 9 b) doit être accompagnée d'un certificat de patronage délivré par l'État dont le demandeur est ressortissant ou par lequel ou les ressortissants duquel il est effectivement contrôlé. Si le demandeur a plus d'une nationalité, ce qui est le cas d'une association ou d'un consortium d'entités relevant de plusieurs États, chacun de ces États délivre un certificat de patronage.

2. Si le demandeur a la nationalité d'un État mais est effectivement contrôlé par un autre État ou par ses ressortissants, chacun de ces États délivre un certificat de patronage.

3. Tout certificat de patronage doit être dûment signé au nom de l'État qui le présente et doit comporter les éléments ci-après :

    a) Le nom du demandeur;

    b) Le nom de l'État patronnant la demande;

    c) Une attestation indiquant que le demandeur est :

    i) Ressortissant de l'État patronnant la demande; ou

    ii) Sous le contrôle effectif de l'État patronnant la demande ou de ses ressortissants;

    d) Une déclaration indiquant que l'État patronne le demandeur;

    e) La date du dépôt de son instrument de ratification de la Convention, ou d'adhésion ou de succession à celle-ci, par l'État patronnant la demande;

    f) Une déclaration indiquant que l'État patronnant la demande assume les responsabilités prévues aux articles 139 et 153 4) de la Convention et à l'annexe III, article 4 4) de la Convention.

4. Les États ou entités ayant passé un accord de coentreprise avec l'Entreprise sont également tenus de se conformer aux dispositions du présent article.

Article 12
Capacité financière et technique

1. Toute demande d'approbation d'un plan de travail relatif à l'exploration doit comporter des informations précises et suffisantes pour permettre au Conseil de s'assurer que le demandeur est financièrement et techniquement capable d'exécuter le plan de travail proposé et de s'acquitter de ses obligations financières vis-à-vis de l'Autorité.

2. Toute demande d'approbation d'un plan de travail relatif à l'exploration soumise au nom d'un État ou d'une entité, ou d'une composante d'une entité visés au paragraphe 1 a) ii) ou iii) de la résolution II autre qu'un investisseur pionnier enregistré, ayant déjà entrepris des activités substantielles dans la Zone avant l'entrée en vigueur de la Convention, ou ses ayants cause, est réputée répondre aux conditions financières et techniques auxquelles est subordonnée l'approbation du plan de travail proposé si l'État ou les États qui patronnent la demande certifient que le demandeur a investi l'équivalent d'au moins 30 millions de dollars des États-Unis

dans des activités de recherche et d'exploration et a consacré 10 % au moins de ce montant à la localisation, à l'étude topographique et à l'évaluation du secteur visé dans le plan de travail relatif à l'exploration.

3. Toute demande d'approbation d'un plan de travail relatif à l'exploration émanant de l'Entreprise doit être accompagnée d'une déclaration de l'autorité compétente de celle-ci certifiant que l'Entreprise a les ressources financières nécessaires pour couvrir le coût estimatif du plan de travail proposé.

4. Toute demande d'approbation d'un plan de travail relatif à l'exploration émanant d'un État ou d'une entreprise d'État, autre qu'un investisseur pionnier enregistré ou une entité visés au paragraphe 1 a) ii) ou iii) de la résolution II, doit être accompagnée d'une déclaration par laquelle ledit État ou l'État patronnant la demande certifie que le demandeur dispose des ressources financières nécessaires pour couvrir le coût estimatif du plan de travail proposé.

5. Toute demande d'approbation d'un plan de travail relatif à l'exploration émanant d'une entité, autre qu'un investisseur pionnier enregistré ou une entité visés au paragraphe 1 a) ii) ou iii) de la résolution II, doit être accompagnée de copies de ses états financiers vérifiés, y compris les bilans et les comptes de profits et pertes correspondant aux trois années précédentes, établis conformément aux principes comptables internationalement reconnus et certifiés par un cabinet d'experts comptables dûment agréé.

6. Si le demandeur est une entité nouvellement créée et qu'un bilan vérifié n'est pas disponible, la demande d'approbation doit être accompagnée d'un bilan pro forma certifié par un représentant compétent du demandeur.

7. Si le demandeur est une filiale d'une autre entité, la demande d'approbation doit être accompagnée de copies de ces mêmes états financiers concernant cette entité et d'une déclaration de cette entité, établie conformément aux principes comptables internationalement reconnus et certifiée par un cabinet d'experts comptables dûment agréé, attestant que le demandeur disposera des ressources financières nécessaires pour exécuter le plan de travail relatif à l'exploration.

8. Si le demandeur est placé sous le contrôle d'un État ou d'une entreprise d'État, la demande d'approbation doit être accompagnée d'une déclaration de l'État ou de l'entreprise d'État attestant que le demandeur disposera des ressources financières nécessaires pour exécuter le plan de travail proposé.

9. Si un demandeur qui demande l'approbation d'un plan de travail relatif à l'exploration a l'intention de financer le plan de travail proposé grâce à des emprunts, sa demande doit comporter une déclaration indiquant le montant, l'échéancier et le taux d'intérêt de ces emprunts.

10. Sous réserve des dispositions prévues au paragraphe 2, toute demande doit comprendre :

    a) Une description générale de l'expérience, des connaissances, des compétences et du savoir-faire techniques utiles pour l'exécution du plan de travail proposé acquis antérieurement par le demandeur;

    b) Une description générale du matériel et des méthodes qu'il est prévu d'utiliser pour exécuter le plan de travail proposé et d'autres informations utiles, qui ne sont pas propriété industrielle, portant sur les caractéristiques des techniques envisagées; et

c) Une description générale de la capacité financière et technique dont dispose le demandeur pour faire face à tout incident ou activité causant un dommage grave au milieu marin.

11. Si le demandeur est une association ou un consortium d'entités liées entre elles par un accord de coentreprise, chaque membre de l'association ou du consortium doit fournir les renseignements exigés dans le présent article.

Article 13
Précédents contrats avec l'Autorité

Si le demandeur ou, lorsque la demande émane d'une association ou d'un consortium d'entités liées entre elles par un accord de coentreprise, si un membre de l'association ou du consortium a précédemment obtenu un contrat de l'Autorité, sont indiqués dans la demande :

a) La date du contrat ou des contrats antérieurs;

b) La date, le numéro de référence et le titre de tout rapport relatif au(x) contrat(s) soumis à l'Autorité; et

c) La date de résiliation du contrat ou des contrats, le cas échéant.

Article 14
Engagements

Dans sa demande d'approbation d'un plan de travail relatif à l'exploration, tout demandeur, y compris l'Entreprise, s'engage par écrit vis-à-vis de l'Autorité à :

a) Accepter comme exécutoires et respecter les obligations qui lui incombent en vertu de la Convention et des règles, règlements et procédures de l'Autorité, des décisions des organes de l'Autorité et des clauses des contrats qu'il a conclus avec celle-ci;

b) Accepter que l'Autorité exerce sur les activités menées dans la Zone le contrôle autorisé par la Convention; et

c) Fournir à l'Autorité l'assurance écrite qu'il s'acquittera de bonne foi des obligations qui lui incombent en vertu du contrat.

Article 15
Superficie totale de la zone visée par la demande

Toute demande d'approbation d'un plan de travail relatif à l'exploration doit délimiter, conformément aux normes internationales généralement acceptées les plus récentes utilisées par l'Autorité, la zone qu'elle vise en en indiquant la liste des coordonnées géographiques. Les demandes autres que celles présentées en vertu de l'article 17 doivent couvrir une zone, pas nécessairement d'un seul tenant, ayant une superficie totale et une valeur commerciale estimative suffisantes pour permettre deux opérations d'extraction minière. Le demandeur indique les coordonnées permettant de diviser la zone en deux parties de valeur commerciale estimative égale. L'attribution de zones est subordonnée aux dispositions de l'article 25.

Article 16
Données et informations à fournir avant la désignation d'un secteur réservé

1. Toute demande doit contenir suffisamment de données et informations prescrites à l'annexe II, section II du présent Règlement relatives à la zone qu'elle couvre pour permettre au Conseil de désigner, sur la recommandation de la Commission juridique et technique, un secteur réservé en se fondant sur la valeur commerciale estimative de chaque partie. Ces données et informations sont celles dont dispose le demandeur sur les deux parties de la zone couverte par la demande, notamment les données utilisées pour déterminer la valeur commerciale de celles-ci.

2. Le Conseil, se fondant sur les données et informations fournies par le demandeur conformément à l'annexe II, section II du présent Règlement, s'il les juge satisfaisantes, et compte tenu de la recommandation de la Commission juridique et technique, désigne la partie de la zone couverte par la demande qui sera réservée. La partie ainsi désignée devient le secteur réservé dès que le plan de travail relatif à l'exploration du secteur non réservé est approuvé et le contrat signé. Si le Conseil estime devoir disposer d'informations supplémentaires, en conformité avec le présent Règlement et l'annexe II, pour désigner le secteur réservé, il renvoie la question à la Commission pour qu'elle la réexamine, en indiquant les informations supplémentaires requises.

3. Une fois que le plan de travail relatif à l'exploration a été approuvé et un contrat passé, les informations fournies à l'Autorité par le demandeur au sujet du secteur réservé peuvent être communiquées par celle-ci conformément à l'article 14 3) de l'annexe III de la Convention.

Article 17
Demandes d'approbation de plans de travail concernant un secteur réservé

1. Tout État en développement ou toute personne physique ou morale patronnée par lui et effectivement contrôlée par lui ou par un autre État en développement, ou tout groupe des catégories précitées, peut notifier à l'Autorité son désir de soumettre un plan de travail relatif à l'exploration pour un secteur réservé. Le Secrétaire général transmet ladite notification à l'Entreprise qui, dans les six mois, fait savoir par écrit au Secrétaire général si elle a l'intention ou non de mener des activités dans ledit secteur; si elle a l'intention de mener des activités dans le secteur, elle en informe aussi par écrit, en application du paragraphe 4, le contractant dont la demande d'approbation d'un plan de travail relatif à l'exploration couvrait initialement ce secteur.

2. Toute demande d'approbation d'un plan de travail relatif à l'exploration d'un secteur réservé peut être présentée à tout moment après qu'un tel secteur devient disponible à la suite d'une décision de l'Entreprise de ne pas y mener d'activités ou lorsque l'Entreprise, dans les six mois de la notification par le Secrétaire général, n'a ni décidé si elle entend mener des activités dans ledit secteur ni notifié par écrit au Secrétaire général qu'elle est en pourparlers au sujet d'une entreprise conjointe potentielle. Dans ce dernier cas, l'Entreprise dispose d'un an à compter de la date de la notification pour décider si elle entend mener des activités dans le secteur.

3. Lorsque ni l'Entreprise ni aucun État en développement ou aucune des entités visées au paragraphe 1 ne présente une demande d'approbation d'un plan de travail relatif à l'exploration d'un secteur réservé dans un délai de 15 ans après que l'Entreprise a commencé d'exercer ses fonctions indépendamment du Secrétariat de l'Autorité ou dans un délai de 15 ans à compter de la date à laquelle ledit secteur a été réservé à l'Autorité, si cette date est postérieure, le contractant dont la demande d'approbation d'un plan de travail relatif à l'exploration couvrait initialement ce secteur a le droit de présenter une demande d'approbation d'un plan de travail relatif à l'exploration de celui-ci, à charge pour lui d'offrir de bonne foi d'associer l'Entreprise à ses activités dans le cadre d'une entreprise conjointe.

4. Le contractant a un droit de priorité pour conclure avec l'Entreprise un accord d'entreprise conjointe en vue de l'exploration du secteur compris dans sa demande d'approbation d'un plan de travail relatif à l'exploration et désigné par le Conseil comme secteur réservé.

Article 18
Données et informations à fournir pour l'approbation du plan de travail relatif à l'exploration

Tout demandeur soumet, en vue d'obtenir l'approbation de son plan de travail relatif à l'exploration sous la forme d'un contrat, les informations suivantes :

a) La description générale et le calendrier du programme d'exploration proposé, y compris le programme d'activités pour les cinq années à venir, tels que les études à réaliser concernant les facteurs écologiques, techniques, économiques et autres facteurs appropriés à prendre en compte pour l'exploration;

b) La description du programme d'études océanographiques et écologiques prescrite par le présent Règlement et les règles, règlements et procédures d'ordre environnemental établis par l'Autorité, qui permettraient d'évaluer l'impact environnemental potentiel – y compris, sans y être limité, l'impact sur la diversité biologique – des activités d'exploration proposées, compte tenu de toutes recommandations formulées par la Commission juridique et technique;

c) L'évaluation préliminaire de l'impact que les activités d'exploration proposées sont susceptibles d'avoir sur le milieu marin;

d) La description des mesures proposées pour la prévention, la réduction et la maîtrise de la pollution et autres risques ainsi que de l'impact possible sur le milieu marin;

e) Les données nécessaires pour permettre au Conseil de procéder aux vérifications visées à l'article 12 1); et

f) Le calendrier des dépenses annuelles prévues pour le programme d'activités des cinq années à venir.

Section 3
Droits

Article 19
Droit afférent aux demandes

1. Le droit à acquitter pour l'étude d'une demande d'approbation d'un plan de travail relatif à l'exploration de nodules polymétalliques est de 500 000 dollars des États-Unis, ou l'équivalent dans une monnaie librement convertible, payable par le demandeur au moment où il présente sa demande.

2. Si les dépenses d'administration engagées par l'Autorité pour traiter une demande sont inférieures au montant fixé au paragraphe 1, l'Autorité rembourse la différence au demandeur. Si les dépenses d'administration engagées par l'Autorité pour traiter une demande sont supérieures au montant fixé au paragraphe 1, le demandeur paie la différence à l'Autorité, étant entendu que le montant supplémentaire à payer par le demandeur ne dépassera pas 10 % du montant fixé au paragraphe 1.

3. Compte tenu des critères établis à cette fin par la Commission des finances, le Secrétaire général détermine le montant des différences visées au paragraphe 2 et notifie ce montant au demandeur. La notification inclut un état des dépenses engagées par l'Autorité. Le montant dû est acquitté par le demandeur ou remboursé par l'Autorité dans un délai de trois mois à compter de la signature du contrat visé à l'article 23.

4. Le Conseil examine périodiquement le montant du droit à acquitter prévu au paragraphe 1 pour s'assurer qu'il couvre les dépenses d'administration prévues pour le traitement des demandes et pour éviter que les demandeurs n'aient à acquitter les montants supplémentaires visés au paragraphe 2 ci-dessus.

Section 4
Traitement des demandes

Article 20
Réception, accusé de réception et garde des demandes

Le Secrétaire général :

a) Accuse réception par écrit, dans les 30 jours de sa réception, de toute demande d'approbation d'un plan de travail relatif à l'exploration soumis conformément à la présente partie, en spécifiant la date de la réception;

b) Dépose la demande avec ses pièces jointes et annexes en lieu sûr et veille à ce que la confidentialité de toutes les données et informations confidentielles fournies dans la demande soit protégée; et

c) Avise les membres de l'Autorité de la réception de la demande et leur communique les renseignements non confidentiels d'ordre général y relatifs.

Article 21
Examen des demandes par la Commission juridique et technique

1. Dès réception d'une demande d'approbation d'un plan de travail relatif à l'exploration, le Secrétaire général en avise les membres de la Commission juridique et technique et en inscrit l'examen à l'ordre du jour de la réunion suivante de la Commission. La Commission n'examine que les demandes qui ont été notifiées et au sujet desquelles des renseignements ont été communiqués par le Secrétaire général conformément à l'alinéa c) de l'article 20, au moins 30 jours avant le début de la réunion au cours de laquelle elles doivent être examinées.

2. La Commission examine les demandes dans l'ordre de leur réception.

3. La Commission s'assure que le demandeur :

    a) S'est conformé aux dispositions du présent Règlement;

    b) A pris les engagements et donné les assurances visés à l'article 14;

    c) Dispose de la capacité financière et technique nécessaire pour exécuter le plan de travail relatif à l'exploration proposé et lui a communiqué des informations détaillées attestant sa capacité à exécuter rapidement des ordres émis en cas d'urgence; et

    d) S'est dûment acquitté des obligations qui lui incombaient en vertu de tout contrat conclu antérieurement avec l'Autorité.

4. Conformément aux dispositions du présent Règlement et à ses procédures, la Commission détermine si le plan de travail relatif à l'exploration proposé :

    a) Assure une protection effective de la santé et de la sécurité des êtres humains;

    b) Assure une protection et une préservation effectives du milieu marin, y compris, mais sans s'y limiter, du point de vue de son impact sur la diversité biologique;

    c) Apporte la garantie que les installations ne seront pas mises en place là où elles risqueraient d'entraver l'utilisation des voies de circulation reconnues essentielles à la navigation internationale ni dans des zones où se pratique une pêche intensive.

5. Si elle conclut que les conditions énoncées au paragraphe 3 sont remplies et que le plan de travail relatif à l'exploration proposé satisfait à celles posées au paragraphe 4, la Commission recommande au Conseil d'approuver le plan de travail relatif à l'exploration.

6. La Commission ne recommande pas l'approbation du plan de travail relatif à l'exploration si une partie ou la totalité de la zone visée par le plan proposé est comprise :

    a) Dans un plan de travail relatif à l'exploration de nodules polymétalliques approuvé par le Conseil;

    b) Dans un plan de travail relatif à l'exploration ou l'exploitation d'autres ressources approuvé par le Conseil, si le plan de travail proposé pour l'exploration des nodules polymétalliques risque d'entraver indûment les activités menées dans le cadre du plan approuvé pour d'autres ressources; ou

c) Dans une zone dont le Conseil a exclu l'exploitation parce que des éléments substantiels attestent qu'il existe un risque de causer un dommage grave au milieu marin; ou

d) Si le plan de travail relatif à l'exploration proposé est soumis ou patronné par un État qui a déjà fait approuver :

i) Des plans de travail relatifs à l'exploration et à l'exploitation, ou exclusivement à l'exploitation, dans des secteurs non réservés dont la superficie, ajoutée à celle de l'une ou l'autre partie de la zone visée par le plan proposé, dépasserait 30 % de la superficie d'une zone circulaire de 400 000 kilomètres carrés déterminée à partir du centre de l'une ou l'autre partie de la zone visée par le plan proposé;

ii) Des plans de travail relatifs à l'exploration et à l'exploitation, ou exclusivement à l'exploitation, dans des secteurs non réservés représentant ensemble 2 % de la superficie totale de la partie de la Zone qui n'a pas été réservée et dont l'exploitation n'a pas été exclue en application de l'article 162 2) x) de la Convention.

7. La Commission juridique et technique peut recommander l'approbation d'un plan de travail si elle établit que cette approbation n'autorisera pas un État partie ou d'autres entités qu'il patronne à exercer un monopole sur la conduite d'activités en rapport avec des nodules polymétalliques dans la Zone ou à empêcher d'autres États parties de se livrer à des activités du même type dans la Zone[4].

8. Sauf dans le cas de demandes présentées par l'Entreprise en son nom propre ou au nom d'une entreprise conjointe et de demandes relevant de l'article 17, la Commission ne recommande pas l'approbation du plan de travail relatif à l'exploration proposé si une partie ou la totalité de la zone sur laquelle il porte est comprise dans un secteur réservé ou un secteur désigné par le Conseil comme devant être réservé.

9. Si la Commission conclut qu'une demande n'est pas conforme au présent Règlement, elle adresse au demandeur, par l'intermédiaire du Secrétaire général, une notification écrite motivée. Le demandeur peut modifier sa demande dans un délai de 45 jours à compter de cette notification. Si la Commission estime, après examen de la demande modifiée, qu'elle ne doit pas recommander l'approbation du plan de travail relatif à l'exploration, elle en informe le demandeur, lequel dispose alors d'un délai de 30 jours pour présenter des observations. La Commission tient compte de ces observations dans son rapport et sa recommandation au Conseil.

10. Lorsqu'elle examine un plan de travail relatif à l'exploration, la Commission tient compte des principes, politiques et objectifs concernant les activités menées dans la Zone énoncés dans la partie XI et l'annexe III de la Convention et dans l'Accord.

11. La Commission examine les demandes avec diligence et soumet dès que possible au Conseil, compte tenu du calendrier des réunions de l'Autorité, son

---

[4] ISBA/20/A/9, en date du 24 juillet 2014, modifications.

rapport et ses recommandations concernant la désignation des secteurs et le plan de travail relatif à l'exploration.

12. Dans l'exercice de ses attributions, la Commission applique le présent Règlement et les règles, règlements et procédures de l'Autorité de façon uniforme et non discriminatoire.

Article 22
Examen et approbation par le Conseil des plans de travail relatifs à l'exploration

Le Conseil examine les rapports et recommandations de la Commission concernant l'approbation des plans de travail relatifs à l'exploration, conformément aux paragraphes 11 et 12 de la section 3 de l'annexe de l'Accord.

Partie IV
Contrats relatifs à l'exploration

Article 23
Le contrat

1. Une fois approuvé par le Conseil, le plan de travail relatif à l'exploration est consigné dans un contrat conclu entre l'Autorité et le demandeur conformément à l'annexe III du présent Règlement. Chaque contrat doit contenir les clauses types énoncées à l'annexe IV, en vigueur à la date de prise d'effet du contrat.

2. Le contrat est signé par le Secrétaire général agissant au nom de l'Autorité et par le demandeur. Le Secrétaire général avise par écrit tous les membres de l'Autorité de la conclusion de chaque contrat.

3. Conformément au principe de non-discrimination, les contrats conclus avec les États ou entités, ou les composantes des entités, visés au paragraphe 6 a) i) de la section 1 de l'annexe de l'Accord doivent comprendre des dispositions similaires à celles convenues avec les investisseurs pionniers enregistrés et non moins favorables que celles-ci. Si un État ou une entité, ou toute composante de cet État ou entité, visé au paragraphe 6 a) i) de la section 1 de l'annexe de l'Accord se voit accorder des dispositions plus favorables, le Conseil doit prendre des dispositions similaires et non moins favorables à l'égard des droits et obligations assumés par les investisseurs pionniers enregistrés pourvu que de telles dispositions soient prises sous réserve des intérêts de l'Autorité.

Article 24
Droits du contractant

1. Le contractant a le droit exclusif d'explorer le secteur visé par le plan de travail relatif à l'exploration de nodules polymétalliques. L'Autorité garantit qu'aucune autre entité n'exerce dans le même secteur des activités portant sur d'autres ressources d'une façon qui puisse gêner les activités du contractant.

2. Un contractant qui a fait approuver un plan de travail portant uniquement sur l'exploration a préférence et priorité sur les demandeurs qui soumettent un plan de travail portant sur l'exploitation du même secteur et des mêmes ressources. Cette préférence et ce rang de priorité peuvent toutefois lui être retirés par le Conseil s'il

ne s'est pas conformé aux stipulations du plan de travail relatif à l'exploration approuvé dans le délai fixé dans la ou les notifications que le Conseil lui a adressées par écrit pour lui signaler les stipulations non respectées. Le délai prescrit dans une telle notification ne doit pas être déraisonnable. Une possibilité raisonnable de faire valoir ses arguments est donnée au contractant avant que la décision de lui retirer la préférence ou le rang de priorité ne devienne définitive. Le Conseil motive sa décision de retrait et examine toute réponse du contractant. La décision du Conseil tient compte de cette réponse et est fondée sur des preuves suffisantes.

3. Le retrait d'une préférence ou d'un rang de priorité ne peut devenir effectif tant que le contractant n'a pas eu raisonnablement la possibilité d'épuiser les recours judiciaires dont il dispose conformément à la section 5 de la partie XI de la Convention.

Article 25
Superficie du secteur et restitution

1. La superficie totale du secteur attribué au contractant par le contrat ne doit pas dépasser 150 000 kilomètres carrés. Le contractant restitue des portions du secteur qui lui a été attribué, qui redeviennent partie intégrante de la Zone. Trois ans au plus à compter de la date de conclusion du contrat, le contractant doit avoir restitué 20 % du secteur qui lui a été attribué; cinq ans au plus à compter de la date de la conclusion du contrat, le contractant doit avoir restitué une fraction supplémentaire du secteur attribué égale à 10 % de sa superficie; et huit ans à compter de la date de conclusion du contrat, le contractant doit avoir restitué une fraction supplémentaire du secteur attribué égale à 20 % de sa superficie ou une fraction plus importante, de manière que la superficie du secteur d'exploitation ne dépasse pas celle qu'a fixée l'Autorité, étant entendu qu'il ne sera pas demandé au contractant de restituer une portion quelconque du secteur qui lui a été attribué si la superficie du secteur ne dépasse pas 75 000 kilomètres carrés.

2. À la demande du contractant et sur recommandation de la Commission, le Conseil peut, à titre exceptionnel, différer l'exécution du calendrier de restitution. Les circonstances exceptionnelles sont déterminées par le Conseil et comprennent, notamment, la situation économique du contractant ou d'autres situations imprévisibles survenant à l'occasion de ses activités opérationnelles.

Article 26
Durée des contrats

1. Les plans de travail relatifs à l'exploration sont approuvés pour 15 ans. Lorsqu'un plan de travail relatif à l'exploration arrive à expiration, le contractant doit, à moins qu'il ne l'ait déjà fait, que le plan n'ait été prorogé ou qu'il ne décide de renoncer à ses droits dans la zone visée par le plan, présenter une demande d'approbation d'un plan de travail relatif à l'exploitation.

2. Au plus tard six mois avant l'expiration d'un plan de travail relatif à l'exploration, le contractant peut en demander la prorogation pour des périodes ne dépassant pas cinq ans chacune. Ces prorogations sont approuvées par le Conseil, sur recommandation de la Commission, si le contractant s'est efforcé de bonne foi de se conformer aux stipulations du plan de travail mais n'a pas pu, pour des raisons indépendantes de sa volonté, achever les travaux préparatoires nécessaires pour

passer à la phase d'exploitation ou si les circonstances économiques du moment ne justifient pas le passage à cette phase.

**Article 27
Formation**

En application de l'article 15 de l'annexe III de la Convention, chaque contrat comporte en annexe un programme de formation pratique du personnel de l'Autorité et d'États en développement, établi par le contractant en coopération avec l'Autorité et le ou les États patronnant la demande. Les programmes sont axés sur la formation à l'exploration et doivent permettre la pleine participation de ce personnel à toutes les activités sur lesquelles porte le contrat. Les programmes de formation peuvent être modifiés et développés de temps à autre, selon que de besoin, par consentement mutuel.

**Article 28
Examen périodique de l'exécution du plan de travail relatif à l'exploration**

1. Le contractant et le Secrétaire général procèdent en commun tous les cinq ans à un examen de l'exécution du plan de travail relatif à l'exploration. Le Secrétaire général peut demander au contractant de lui communiquer toutes données et informations supplémentaires qui peuvent être nécessaires aux fins de cet examen.

2. À la lumière de l'examen, le contractant indique son programme d'activités pour les cinq années suivantes en ajustant son programme d'activités antérieur comme nécessaire.

3. Le Secrétaire général rend compte de cet examen à la Commission et au Conseil. Il indique dans son rapport s'il a été tenu compte, aux fins de l'examen, des observations qui auront pu lui être communiquées par des États parties à la Convention sur la manière dont le contractant s'est acquitté des obligations qui lui incombent en vertu du présent Règlement concernant la protection et la préservation du milieu marin.

**Article 29
Cessation du patronage**

1. Tout contractant doit être dûment patronné pendant toute la durée du contrat.

2. Si un État met fin à son patronage, il adresse sans retard au Secrétaire général une notification écrite et motivée. La cessation du patronage prend effet six mois après la date de réception de la notification par le Secrétaire général, à moins que la notification ne spécifie une date plus tardive.

3. S'il est mis fin à un patronage, le contractant doit, dans le délai prévu au paragraphe 2, trouver un nouvel État pour le patronner. Celui-ci doit présenter un certificat de patronage conformément à l'article 11. Si le contractant n'obtient pas de patronage dans le délai prescrit, il est mis fin à son contrat.

4. Un État ayant patronné une demande n'est libéré en raison de la cessation de son patronage d'aucune des obligations mises à sa charge pendant qu'il avait la qualité d'État patronnant, et la cessation du patronage est sans effet sur les droits et obligations créés en cours de patronage.

5. Le Secrétaire général notifie aux membres de l'Autorité toute cessation ou tout changement de patronage.

Article 30
Responsabilité

La responsabilité du contractant et celle de l'Autorité sont régies par la Convention. Le contractant demeure responsable de tout dommage résultant d'actes illicites commis dans la conduite de ses opérations, en particulier de tout dommage au milieu marin, après l'achèvement de la phase d'exploration.

Partie V
Protection et préservation du milieu marin

Article 31
Protection et préservation du milieu marin

1. L'Autorité, conformément à la Convention et à l'Accord, établit et revoit périodiquement des règles, règlements et procédures en matière d'environnement afin de protéger efficacement le milieu marin des effets nocifs pouvant résulter d'activités menées dans la Zone.

2. Afin de protéger efficacement le milieu marin contre les effets nocifs pouvant résulter d'activités menées dans la Zone, l'Autorité et les États qui patronnent ces activités leur appliquent le principe de précaution posé dans le Principe 15 de la Déclaration de Rio et les meilleures pratiques écologiques.

3. La Commission juridique et technique fait des recommandations au Conseil concernant l'application des paragraphes 1 et 2 ci-dessus.

4. La Commission formule et applique les procédures voulues pour déterminer, à partir des informations scientifiques et techniques disponibles les plus sûres, notamment les informations communiquées en application de l'article 18 du présent Règlement, si des activités d'exploration qu'il est proposé de mener dans la Zone risquent d'entraîner des effets nocifs importants sur des écosystèmes marins vulnérables, et pour garantir que les activités d'exploration proposées dont il aura été ainsi déterminé qu'elles risquent d'entraîner des effets nocifs importants sur des écosystèmes marins vulnérables ou bien soient menées de façon à éviter ces effets nocifs ou bien ne reçoivent pas l'autorisation nécessaire.

5. Conformément à l'article 145 de la Convention et au paragraphe 2 du présent article, chaque contractant prend les mesures nécessaires pour prévenir, réduire et maîtriser autant qu'il est raisonnablement possible la pollution du milieu marin et faire face aux autres risques qui menacent celui-ci du fait des activités qu'il mène dans la Zone, en appliquant le principe de précaution ainsi que les meilleures pratiques écologiques.

6. Les contractants, les États qui les patronnent et les autres États ou entités intéressés coopèrent avec l'Autorité à l'élaboration et à l'exécution de programmes de surveillance et d'évaluation de l'impact sur le milieu marin de l'extraction minière dans les grands fonds marins. Lorsqu'ils sont demandés par le Conseil, ces programmes comprennent des propositions concernant des zones à mettre en réserve et à utiliser exclusivement comme zones témoins d'impact et de préservation. Le

terme « zone témoin d'impact » s'entend d'une zone qui doit être utilisée pour évaluer les effets sur le milieu marin des activités menées dans la Zone et qui est représentative des caractéristiques environnementales de la Zone. Le terme « zone témoin de préservation » s'entend d'une zone dans laquelle toute activité d'extraction minière est exclue afin de préserver des biotes stables et représentatifs des fonds marins et d'évaluer tous changements de la diversité biologique du milieu marin.

Article 32
Profils écologiques témoins et surveillance du milieu marin

1. Tout contrat requiert du contractant qu'il collecte des données écologiques de base et établisse, en tenant compte de toute recommandation que pourrait formuler la Commission juridique et technique en application de l'article 39, des profils écologiques témoins par rapport auxquels seront évalués les effets que les activités menées au titre de son plan de travail relatif à l'exploration sont susceptibles d'avoir sur le milieu marin, ainsi qu'un programme destiné à surveiller ces effets et à en rendre compte. Dans ses recommandations, la Commission peut notamment énumérer les activités d'exploration qui ne sont pas susceptibles d'avoir des effets nocifs sur le milieu marin. Le contractant coopère avec l'Autorité et l'État ou les États qui le patronnent pour élaborer et appliquer ce programme de surveillance.

2. Le contractant rend compte chaque année par écrit au Secrétaire général de l'application et des résultats du programme de surveillance visé au paragraphe 1 et soumet des données et informations, compte tenu de toutes recommandations formulées par la Commission en application de l'article 39. Le Secrétaire général transmet ces rapports des contractants à la Commission pour examen en application de l'article 165 de la Convention.

Article 33
Ordres en cas d'urgence

1. Le contractant notifie promptement par écrit au Secrétaire général, en utilisant les moyens les plus efficaces, tout incident résultant de ses activités qui a causé, qui cause ou qui menace de causer un dommage grave au milieu marin.

2. Lorsqu'un incident résultant des activités d'un contractant dans la Zone ou occasionné par celles-ci, qui a causé, cause ou menace de causer un dommage grave au milieu marin, lui est notifié par un contractant ou vient autrement à sa connaissance, le Secrétaire général fait donner notification générale de l'incident, en avise par écrit le contractant et l'État ou les États qui le patronnent, et fait immédiatement rapport à la Commission juridique et technique, au Conseil et à tous les autres membres de l'Autorité. Copie du rapport est communiquée à tous les membres de l'Autorité, aux organisations internationales compétentes et aux organisations et organes sous-régionaux, régionaux et mondiaux concernés. Dans tous les cas d'incident de ce type, le Secrétaire général suit l'évolution de la situation et, s'il le juge nécessaire, fait rapport à la Commission, au Conseil et à tous les autres membres de l'Autorité.

3. En attendant que le Conseil statue, le Secrétaire général prend immédiatement toutes les mesures conservatoires d'ordre pratique qui peuvent raisonnablement être prises en l'espèce pour prévenir, maîtriser et réduire au minimum tout dommage ou menace de dommage grave au milieu marin. Ces mesures restent en vigueur pendant

au maximum 90 jours ou jusqu'à ce que le Conseil décide, à sa prochaine session ordinaire ou à une session extraordinaire, des éventuelles dispositions à prendre en application du paragraphe 6 du présent article.

4. Après avoir reçu le rapport du Secrétaire général, la Commission détermine, sur la base des éléments qui lui sont communiqués et compte tenu des mesures déjà prises par le contractant, les dispositions nécessaires pour faire face efficacement audit incident et prévenir, maîtriser et réduire au minimum tout dommage ou menace de dommage grave au milieu marin, et fait ses recommandations au Conseil.

5. Le Conseil examine les recommandations de la Commission.

6. Le Conseil, compte tenu des recommandations de la Commission, du rapport du Secrétaire général, de toute information fournie par le contractant et de toute autre information pertinente, peut émettre les ordres en cas d'urgence – y compris, le cas échéant, l'ordre de suspendre ou de modifier les opérations – raisonnablement nécessaires pour prévenir, maîtriser et réduire au minimum tout dommage ou menace de dommage grave au milieu marin résultant d'activités menées dans la Zone.

7. Si un contractant ne se conforme pas rapidement à un ordre donné en cas d'urgence pour prévenir, maîtriser et réduire au minimum un dommage ou une menace de dommage grave au milieu marin résultant de ses activités dans la Zone, le Conseil prend, lui-même ou par l'intermédiaire de tiers agissant en son nom, les mesures concrètes nécessaires pour prévenir, maîtriser ou réduire au minimum ce dommage ou cette menace de dommage grave au milieu marin.

8. Afin de permettre au Conseil, si nécessaire, de prendre immédiatement les mesures concrètes visées au paragraphe 7 pour prévenir, maîtriser et réduire au minimum un dommage ou une menace de dommage grave au milieu marin, le contractant, avant de commencer l'expérimentation des procédés de collecte et de traitement, fournit au Conseil une garantie de son aptitude financière et technique à se conformer rapidement aux ordres donnés en cas d'urgence ou à faire en sorte que le Conseil puisse prendre des mesures d'urgence. Si le contractant ne donne pas au Conseil une telle garantie, l'État ou les États qui le patronnent, en réponse à une demande du Secrétaire général et en application des articles 139 et 235 de la Convention, prennent les dispositions requises pour que le contractant fournisse ladite garantie ou pour qu'une aide soit apportée à l'Autorité dans l'exercice des responsabilités qui lui incombent en vertu du paragraphe 7.

Article 34
Droits des États côtiers

1. Aucune disposition du présent Règlement ne porte atteinte aux droits des États côtiers tels que définis à l'article 142 et dans les autres dispositions pertinentes de la Convention.

2. Tout État côtier qui a des raisons de penser qu'une activité menée dans la Zone par un contractant est susceptible de causer ou de menacer de causer un dommage grave au milieu marin dans des zones maritimes sur lesquelles il exerce sa juridiction ou sa souveraineté peut en aviser par écrit le Secrétaire général pour lui exposer ces raisons. Le Secrétaire général donne au contractant et à l'État ou aux États qui le patronnent la possibilité raisonnable d'examiner les preuves fournies, le cas échéant, par l'État côtier à l'appui de ses dires. Le contractant et l'État ou les

États qui le patronnent peuvent présenter leurs observations sur la question au Secrétaire général dans un délai raisonnable.

3. S'il existe des raisons sérieuses de croire que le milieu marin risque de subir un dommage grave, le Secrétaire général prend les dispositions décrites à l'article 33 et, si nécessaire, prend immédiatement des mesures conservatoires comme prévu au paragraphe 3 dudit article.

4. Les contractants prennent toutes les mesures nécessaires pour que leurs activités soient menées de manière à ne pas causer de dommage grave – y compris, mais sans s'y limiter, de pollution – au milieu marin se trouvant sous la juridiction ou la souveraineté d'États côtiers et pour que les dommages graves ou les pollutions résultant d'incidents survenus ou d'activités menées dans leur zone d'exploration ne s'étendent pas au-delà de cette zone.

Article 35
Restes humains, objets et sites présentant un caractère archéologique ou historique

Le contractant notifie immédiatement par écrit au Secrétaire général toute découverte, dans son secteur d'exploration, de tous restes humains, objets ou sites présentant un caractère archéologique ou historique et leur emplacement, ainsi que les mesures de conservation et de protection qu'il a prises. Le Secrétaire général transmet ces informations au Directeur général de l'Organisation des Nations Unies pour l'éducation, la science et la culture et à toute autre organisation internationale compétente. Lorsque de tels restes humains, objets ou sites sont découverts dans un secteur d'exploration, et pour éviter d'en altérer l'état, il ne sera mené aucune nouvelle activité de prospection ou d'exploration dans un rayon de dimension raisonnable tant que le Conseil n'en aura pas décidé autrement en tenant compte des avis du Directeur général de l'Organisation des Nations Unies pour l'éducation, la science et la culture ou de toute autre organisation internationale compétente.

Partie VI
Confidentialité

Article 36
Confidentialité des données et informations

1. Sont réputées confidentielles les données et informations présentées ou communiquées à l'Autorité, ou à toute personne participant à un programme ou une activité de l'Autorité en application du présent Règlement ou d'un contrat émis en vertu du présent Règlement, que le contractant, en consultation avec le Secrétaire général, a désignées comme telles, à moins qu'il ne s'agisse de données et informations :

a) Qui sont de notoriété publique ou facilement accessibles auprès d'autres sources;

b) Que leur propriétaire a antérieurement rendues accessibles sans obligation de confidentialité; ou

c) Dont l'Autorité est déjà en possession sans obligation de confidentialité.

2. Les données et informations qui sont nécessaires à l'élaboration par l'Autorité des règles, règlements et procédures relatifs à la protection et à la préservation du milieu marin et à la sécurité, autres que les données relatives à la conception de l'équipement réputées être propriété industrielle, ne sont pas considérées comme confidentielles.

3. Le Secrétaire général, le personnel du Secrétariat, avec l'autorisation du Secrétaire général, et les membres de la Commission juridique et technique peuvent utiliser les données et informations confidentielles uniquement dans la mesure nécessaire à l'exercice effectif de leurs attributions et fonctions. Le Secrétaire général n'en autorise l'accès aux membres du personnel du Secrétariat et de la Commission juridique et technique que dans le cadre de leurs fonctions et attributions et pour un usage précis.

4. Dix ans après la date à laquelle les données et informations confidentielles ont été communiquées à l'Autorité ou la date d'expiration du contrat d'exploration si celle-ci est postérieure, et tous les cinq ans par la suite, le Secrétaire général et le contractant passent en revue ces données et informations pour déterminer si elles doivent demeurer confidentielles. Demeurent confidentielles celles dont le contractant considère que la divulgation serait susceptible de lui causer injustement un grave préjudice économique. Aucune donnée ou information n'est divulguée avant que le contractant n'ait raisonnablement eu la possibilité d'épuiser les recours judiciaires dont il dispose conformément à la section 5 de la partie XI de la Convention.

5. Si, à tout moment après l'expiration du contrat d'exploration, le contractant conclut un contrat d'exploitation relatif à un secteur de la zone d'exploration, les données et informations confidentielles se rapportant à ce secteur restent confidentielles, conformément au contrat d'exploitation.

6. Le contractant peut, à tout moment, lever la confidentialité des données et informations.

Article 37
Protection de la confidentialité

1. Le Secrétaire général veille au respect du caractère confidentiel de toutes les données et informations et ne les divulgue pas à des personnes extérieures à l'Autorité, sauf autorisation écrite préalable du contractant. Pour garantir la confidentialité des données et informations, il met au point des procédures, conformément aux dispositions de la Convention, qui régissent l'utilisation des informations confidentielles par le Secrétariat, les membres de la Commission juridique et technique et toute autre personne participant à une activité ou un programme de l'Autorité. Ces procédures consistent notamment :

a) À conserver en lieu sûr les données et informations confidentielles et à prévoir des mesures de sécurité pour prévenir tout accès non autorisé à ces données et informations ou leur saisie;

b) À mettre au point un système de classement, d'enregistrement et d'inventaire de toutes les données et informations écrites reçues, y compris le type, l'origine et le cheminement de ces données et informations depuis leur réception jusqu'à leur dernière utilisation.

2. Les personnes autorisées à accéder à des données et informations confidentielles en vertu du présent Règlement ne les divulguent pas, sauf dans les cas prévus par la Convention et le présent Règlement. Le Secrétaire général demande à toute personne ayant accès à des données et informations confidentielles de faire une déclaration écrite en sa présence ou en présence de son représentant accrédité, aux termes de laquelle cette personne :

   a) Reconnaît qu'elle est juridiquement tenue, en vertu de la Convention et du présent Règlement, de ne pas divulguer les données et informations confidentielles;

   b) S'engage à respecter les règles et procédures établies pour garantir le caractère confidentiel de ces données et informations.

3. La Commission juridique et technique protège la confidentialité de toutes les données et informations qui lui sont communiquées conformément au présent Règlement ou à un contrat émis en vertu du présent Règlement. En application de l'article 163 8) de la Convention, les membres de la Commission ne doivent divulguer, même après la cessation de leurs fonctions, aucun secret industriel, aucune donnée qui est propriété industrielle et qui a été communiquée à l'Autorité en application de l'article 14 de l'annexe III de la Convention, ni aucun autre renseignement confidentiel dont ils ont connaissance à raison de leurs fonctions au service de l'Autorité.

4. Le Secrétaire général et le personnel de l'Autorité ne doivent divulguer, même après la cessation de leurs fonctions, aucun secret industriel, aucune donnée qui est propriété industrielle et qui a été communiquée à l'Autorité en application de l'article 14 de l'annexe III de la Convention, ni aucun autre renseignement confidentiel dont ils ont connaissance à raison de leurs fonctions au service de l'Autorité.

5. Compte tenu de sa responsabilité visée à l'article 22 de l'annexe III de la Convention, l'Autorité peut prendre des mesures appropriées contre toute personne qui, à raison de fonctions au service de l'Autorité, a accès à des données et informations confidentielles et n'a pas observé les obligations de confidentialité énoncées dans la Convention et dans le présent Règlement.

Partie VII
Procédures de caractère général

Article 38
Notification et procédures de caractère général

1. Toute demande, requête, notification, approbation, renonciation, directive ou instruction ou tout rapport ou consentement aux fins du présent Règlement sont formulés par écrit par le Secrétaire général ou par le représentant désigné du prospecteur, du demandeur ou du contractant, selon le cas. Les notifications sont faites à personne ou par télex, télécopie, lettre recommandée expédiée par avion ou courrier électronique authentifié par une signature électronique autorisée adressés au Secrétaire général au siège de l'Autorité ou au représentant désigné.

2. La notification à personne prend effet au moment où elle est faite. La notification par télex est réputée effectuée le jour ouvrable suivant le jour où la

mention « réponse » apparaît sur l'appareil de télex de l'expéditeur. La notification par télécopie prend effet lorsque l'expéditeur reçoit « l'accusé de réception » confirmant la transmission au numéro de télécopie publié du destinataire. La notification par lettre recommandée expédiée par avion est réputée effectuée 21 jours après que la lettre a été postée. Un courrier électronique est réputé reçu par son destinataire lorsqu'il entre dans un système informatique conçu ou utilisé par le destinataire pour recevoir des documents du type de celui qui lui est adressé et qu'il peut être récupéré et traité par ce destinataire.

3. La notification au représentant désigné du prospecteur, du demandeur ou du contractant vaut notification au prospecteur, demandeur ou contractant aux fins du présent Règlement, et le représentant désigné est le représentant du prospecteur, du demandeur ou du contractant aux fins de signification ou de notification à l'occasion de toute instance devant toute juridiction compétente.

4. La notification au Secrétaire général vaut notification de l'Autorité aux fins du présent Règlement, et le Secrétaire général est le représentant de celle-ci aux fins de signification ou de notification à l'occasion de toute instance devant toute juridiction compétente.

Article 39
Recommandations à l'intention des contractants

1. La Commission juridique et technique peut formuler de temps à autre des recommandations de caractère technique ou administratif à l'intention des contractants pour aider ceux-ci à appliquer les règles, règlements et procédures de l'Autorité.

2. Le texte intégral de ces recommandations est communiqué au Conseil. S'il estime qu'une recommandation est incompatible avec le but et l'objet du présent Règlement, le Conseil peut en demander la modification ou le retrait.

Partie VIII
Règlement des différends

Article 40
Différends

1. Tout différend relatif à l'interprétation ou à l'application du présent Règlement est réglé conformément à la section 5 de la partie XI de la Convention.

2. Toute décision définitive rendue par une cour ou un tribunal ayant compétence en vertu de la Convention au sujet des droits et obligations de l'Autorité et du contractant est exécutoire sur le territoire de tout État partie à la Convention.

Partie IX
Ressources autres que les nodules polymétalliques

Article 41
Ressources autres que les nodules polymétalliques

Si un prospecteur ou un contractant trouve dans la Zone des ressources autres que des nodules polymétalliques, la prospection, l'exploration et l'exploitation de ces ressources sont soumises aux règles, règlements et procédures de l'Autorité concernant ces ressources, conformément à la Convention et à l'Accord. Le prospecteur ou le contractant notifie sa découverte à l'Autorité.

Partie X
Révision

Article 42
Révision

1. Cinq ans après l'approbation par l'Assemblée du présent Règlement révisé ou à tout autre moment par la suite, le Conseil procède à un examen de la manière dont le Règlement a fonctionné dans la pratique.

2. Si le progrès des connaissances ou des techniques fait apparaître que le Règlement n'est pas adéquat, tout État partie ainsi que la Commission juridique et technique et tout contractant agissant sous couvert de l'État qui le patronne ont, à tout moment, la faculté de demander au Conseil d'examiner, à sa prochaine session ordinaire, des projets de révision du Règlement.

3. À la lumière de cet examen, le Conseil peut adopter et appliquer à titre provisoire, en attendant qu'ils soient approuvés par l'Assemblée, des amendements au présent Règlement en tenant compte des recommandations de la Commission juridique et technique ou des autres organes subsidiaires compétents. De tels amendements ne portent pas atteinte aux droits acquis par un contractant de l'Autorité en vertu d'un contrat conclu conformément au Règlement en vigueur à la date où lesdits amendements ont été adoptés.

4. Au cas où l'une quelconque des dispositions du présent Règlement serait modifiée, le contractant et l'Autorité peuvent réviser le contrat conformément à l'article 24 de l'annexe IV.

Annexe I

Notification d'intention de prospecter

1. Nom ou raison sociale du prospecteur :
2. Domicile :
3. Adresse postale (si elle diffère du domicile) :
4. Numéro de téléphone :
5. Numéro de télécopie :
6. Adresse électronique :
7. Nationalité du prospecteur :
8. Si le prospecteur est une personne morale :

    a) Indiquer son lieu d'immatriculation;

    b) Indiquer son établissement principal/domicile;

    c) Joindre copie de son certificat d'immatriculation.

9. Nom du représentant désigné du prospecteur :

10. Domicile du représentant désigné du prospecteur (s'il diffère du domicile du demandeur) :

11. Adresse postale (si elle diffère du domicile) :

12. Numéro de téléphone :

13. Numéro de télécopie :

14. Adresse électronique :

15. Joindre les coordonnées de la ou des grandes zones devant être prospectées (par référence au Système géodésique mondial WGS 84).

16. Joindre une description générale du programme de prospection, notamment la date à laquelle il doit démarrer et sa durée approximative.

17. Joindre une lettre dans laquelle le prospecteur s'engage à :

    a) Respecter les dispositions de la Convention et des règles, règlements et procédures de l'Autorité concernant :

        i) La coopération aux programmes de formation en matière de recherche scientifique marine et les transferts de techniques visés aux articles 143 et 144 de la Convention; et

        ii) La protection et la préservation du milieu marin; et à

    b) Accepter que l'Autorité vérifie qu'il s'acquitte effectivement de ces obligations.

18. Fournir la liste de toutes les pièces jointes et annexes à la présente notification (toutes les données et informations doivent être présentées sur support papier et sous la forme numérique prescrite par l'Autorité).

Date : _____   _____
                                            Signature du représentant désigné
                                            du prospecteur

Attestation :

_____
Signature de l'auteur de l'attestation

_____
Nom de l'auteur de l'attestation

_____
Qualité de l'auteur de l'attestation

Annexe II

Demande d'approbation d'un plan de travail relatif à l'exploration aux fins de l'obtention d'un contrat

Section I
Renseignements concernant le demandeur

1. Nom ou raison sociale du demandeur :

2. Domicile :

3. Adresse postale (si elle diffère du domicile) :

4. Numéro de téléphone :

5. Numéro de télécopie :

6. Adresse électronique :

7. Nom du représentant désigné du demandeur :

8. Domicile du représentant désigné du demandeur (s'il diffère du domicile du demandeur) :

9. Adresse postale (si elle diffère du domicile) :

10. Numéro de téléphone :

11. Numéro de télécopie :

12. Adresse électronique :

13. Si le demandeur est une personne morale :

    a) Indiquer son lieu d'immatriculation;

    b) Indiquer son établissement principal/domicile;

    c) Joindre copie de son certificat d'immatriculation.

14. Indiquer l'État ou les États patronnant la demande.

15. Pour chaque État patronnant la demande, préciser la date à laquelle il a déposé son instrument de ratification de la Convention des Nations Unies sur le droit de la mer du 10 décembre 1982 ou son instrument d'adhésion ou de succession à cette convention, ainsi que la date à laquelle il a consenti à être lié par l'Accord relatif à l'application de la partie XI de la Convention.

16. Joindre un certificat de patronage délivré par l'État patronnant la demande. Si le demandeur a plus d'une nationalité, comme dans le cas d'une association ou d'un consortium composé d'entités relevant de plus d'un État, joindre les certificats de patronage délivrés par chacun des États concernés.

Section II
Informations relatives à la zone visée par la demande

17. Délimiter la zone visée par la demande en joignant une liste des coordonnées géographiques (par référence au Système géodésique mondial WGS 84).

18. Joindre une carte (à l'échelle et selon la projection prescrites par l'Autorité) et une liste des coordonnées permettant de diviser la zone visée par la demande en deux parties de valeur commerciale estimative égale.

19. Fournir dans une pièce jointe suffisamment d'informations pour permettre au Conseil de désigner un secteur réservé en se fondant sur la valeur estimative commerciale de chaque partie de la zone visée par la demande. Dans cette pièce doivent figurer les données dont dispose le demandeur sur les deux parties de ladite zone, notamment :

   a) Des données sur l'emplacement, le relevé et l'évaluation des nodules polymétalliques dans les secteurs, y compris :

   i) La description des techniques de collecte et de traitement des nodules polymétalliques, qui est nécessaire pour désigner un secteur réservé;

   ii) Une carte indiquant les caractéristiques physiques et géologiques de la zone, telles que la topographie des fonds marins, les données bathymétriques et les courants de fond, ainsi que des informations sur la fiabilité de ces données;

   iii) Des données indiquant la densité moyenne (abondance) des nodules polymétalliques, exprimée en kilogrammes par mètre carré, ainsi que la carte correspondante indiquant l'emplacement des endroits où ont été prélevés les échantillons;

   iv) Des données montrant la composition élémentaire des métaux présentant un intérêt économique (teneur) obtenues à partir d'analyses chimiques en poids (sec), auxquelles sera jointe une carte des teneurs;

   v) Des cartes combinant l'abondance et la teneur des nodules polymétalliques;

   vi) Les calculs effectués par des méthodes généralement acceptées, notamment l'analyse statistique, sur la base des données présentées et des hypothèses de calcul, qui autorisent à penser que les deux secteurs contiennent des nodules polymétalliques d'une valeur commerciale estimative égale, exprimée en fonction des métaux qu'il est possible d'extraire de ces secteurs;

   vii) Une description des techniques utilisées par le demandeur;

   b) Des données sur l'environnement (tant saisonnières que relevées au cours de la période d'expérimentation), notamment la vitesse et la direction des vents, la salinité et la température de l'eau et la biocénose.

20. Si la zone visée par la demande comprend une partie quelconque d'un secteur réservé, joindre la liste des coordonnées de la zone comprise dans le secteur réservé et indiquer les qualifications du demandeur conformément à l'article 17 du Règlement.

Section III
Informations financières et techniques[a]

21. Fournir suffisamment d'informations pour permettre au Conseil de déterminer si le demandeur est financièrement capable d'exécuter le plan de travail relatif à l'exploration proposé et de s'acquitter de ses obligations financières vis-à-vis de l'Autorité :

   a) Si la demande émane de l'Entreprise, joindre une attestation de l'autorité compétente certifiant que l'Entreprise dispose des ressources financières nécessaires pour couvrir le coût estimatif du plan de travail relatif à l'exploration proposé;

   b) Si la demande émane d'un État ou d'une entreprise d'État, joindre une attestation de l'État demandeur ou de l'État qui patronne la demande certifiant que le demandeur dispose des ressources financières nécessaires pour couvrir le coût estimatif du plan de travail relatif à l'exploration proposé;

   c) Si la demande émane d'une entité, joindre une copie des états financiers vérifiés du demandeur, y compris les bilans et les comptes de profits et pertes correspondant aux trois années précédentes, établis conformément aux principes comptables internationalement reconnus et certifiés par un cabinet d'experts-comptables dûment agréé; et

   i) Si le demandeur est une entité nouvellement créée et si l'on ne dispose pas d'un bilan vérifié, un bilan pro forma certifié par un représentant autorisé du demandeur;

   ii) Si le demandeur est une filiale d'une autre entité, copie des mêmes états financiers concernant cette entité et une déclaration de la part de celle-ci, établie conformément aux principes comptables internationalement acceptés et certifiée par un cabinet d'experts-comptables dûment agréé, attestant que le demandeur disposera des ressources financières nécessaires pour exécuter le plan de travail relatif à l'exploration;

   iii) Si le demandeur est sous le contrôle d'un État ou d'une entreprise d'État, une déclaration de l'État ou de l'entreprise d'État attestant que le demandeur disposera des ressources financières nécessaires pour exécuter le plan de travail relatif à l'exploration.

22. Si le demandeur a l'intention de financer le plan de travail relatif à l'exploration proposé au moyen d'emprunts, joindre une déclaration indiquant le montant, l'échéancier et le taux d'intérêt de ces emprunts.

23. Fournir suffisamment d'informations pour permettre au Conseil de déterminer si le demandeur possède la capacité technique nécessaire pour exécuter le plan de travail relatif à l'exploration proposé, notamment :

---

[a] Toute demande d'approbation d'un plan de travail relatif à l'exploration soumise au nom d'un État ou d'une entité, ou d'une composante d'une entité, visés au paragraphe 1 a) ii) ou iii) de la résolution II, autre qu'un investisseur pionnier enregistré, ayant déjà entrepris des activités substantielles dans la Zone avant l'entrée en vigueur de la Convention, ou ses ayants cause, est réputée répondre aux conditions financières et techniques auxquelles est subordonnée l'approbation du plan de travail proposé, si l'État ou les États qui patronnent la demande certifient que le demandeur a investi l'équivalent d'au moins 30 millions de dollars des États-Unis dans des activités de recherche et d'exploration et a consacré 10 % au moins de ce montant à la localisation, à l'étude topographique et à l'évaluation du secteur visé dans le plan de travail.

a) Une description générale de l'expérience, des connaissances, des compétences, du savoir-faire et des qualifications techniques du demandeur intéressant l'exécution du plan de travail relatif à l'exploration proposé;

b) Une description générale du matériel et des méthodes qu'il est prévu d'utiliser pour exécuter le plan de travail relatif à l'exploration proposé et d'autres informations utiles, qui ne sont pas propriété industrielle, sur les caractéristiques des techniques envisagées; et

c) Une description générale de la capacité de réaction financière et technique du demandeur au cas où un incident ou une activité causerait un dommage grave au milieu marin.

Section IV
Plan de travail relatif à l'exploration

24. Fournir les informations ci-après concernant le plan de travail relatif à l'exploration :

a) La description générale et le calendrier du programme d'exploration proposé, y compris le programme d'activités des cinq prochaines années, notamment les études à mener sur les facteurs écologiques, techniques et économiques et les autres facteurs à prendre en considération pour l'exploration;

b) La description d'un programme d'études océanographiques et environnementales visant à établir des profils océanographiques et écologiques témoins, conformément au Règlement et aux règles, règlements et procédures de l'Autorité concernant l'environnement, qui permette d'évaluer l'impact potentiel sur l'environnement – y compris, mais sans s'y limiter, l'impact sur la diversité biologique – des activités d'exploration proposée, compte tenu de toutes recommandations de la Commission juridique et technique;

c) Une évaluation préliminaire de l'impact possible des activités d'exploration proposées sur le milieu marin;

d) La description des mesures proposées pour prévenir, réduire et maîtriser la pollution et autres risques, ainsi que leur impact possible sur le milieu marin;

e) Le calendrier des dépenses annuelles prévues au titre du programme d'activités des cinq prochaines années.

Section V
Engagements

25. Joindre une déclaration par laquelle le demandeur s'engage par écrit à :

a) Accepter comme exécutoires et respecter les obligations qui lui incombent en vertu de la Convention, des règles, règlements et procédures de l'Autorité, des décisions des organes compétents de celle-ci et des clauses des contrats qu'il a conclus avec l'Autorité;

b) Accepter que l'Autorité exerce sur les activités menées dans la Zone le contrôle autorisé par la Convention;

c) Fournir à l'Autorité l'assurance écrite qu'il s'acquittera de bonne foi de ses obligations contractuelles.

Section VI
Contrats antérieurs

26. Si le demandeur ou, si la demande émane d'une association ou d'un consortium d'entités liées entre elles par un accord de coentreprise, un membre de l'association ou du consortium ou une entité apparentée a précédemment conclu un contrat avec l'Autorité, la demande doit indiquer :

    a) La date du contrat ou des contrats antérieurs;

    b) La date, la cote et l'intitulé de chacun des rapports relatifs à ce(s) contrat(s) présentés à l'Autorité; et

    c) La date de résiliation de ce(s) contrat(s), le cas échéant.

Section VII
Pièces jointes

27. Fournir la liste de toutes les pièces et annexes jointes à la présente demande (toutes les données et informations doivent être présentées sur support papier et sous la forme numérique spécifiée par l'Autorité.)

Date : _____ _____

Signature du représentant désigné du demandeur

Attestation :

_____

Signature de l'auteur de l'attestation

_____

Nom de l'auteur de l'attestation

_____

Qualité de l'auteur de l'attestation

Annexe III

Contrat d'exploration

LE PRÉSENT CONTRAT conclu le _____ entre l'**AUTORITÉ INTERNATIONALE DES FONDS MARINS** (ci-après dénommée « l'Autorité »), représentée par son SECRÉTAIRE GÉNÉRAL, _____ et _____ (ci-après dénommé(e) « le contractant »), représenté(e) par _____, **STIPULE** ce qui suit :

Incorporation des clauses types

1. Les clauses types énoncées à l'annexe IV du Règlement relatif à la prospection et à l'exploration des nodules polymétalliques dans la Zone (ci-après dénommé le « Règlement ») font partie du présent contrat et produisent le même effet que si elles y étaient intégralement reproduites.

Zone d'exploration

2. Aux fins du présent contrat, on entend par « zone d'exploration » la partie de la Zone attribuée au contractant aux fins d'exploration, qui est délimitée par les coordonnées indiquées à l'annexe I du présent contrat, telle qu'elle peut être réduite de temps à autre en application des clauses types et du Règlement.

Cession de droits

3. Eu égard à a) leur intérêt mutuel dans la conduite d'activités d'exploration dans la zone d'exploration conformément à la Convention des Nations Unies sur le droit de la mer du 10 décembre 1982 et à l'Accord relatif à l'application de la partie XI de la Convention, b) la responsabilité qui incombe à l'Autorité d'organiser et de contrôler les activités menées dans la Zone, en particulier en vue d'en administrer les ressources, conformément au régime juridique institué dans la partie XI de la Convention et dans l'Accord et dans la partie XII de la Convention, et c) l'intérêt que présente pour le contractant la conduite d'activités dans la zone d'exploration et son engagement financier à cette fin, et les conventions réciproques souscrites dans le présent contrat, l'Autorité accorde au contractant le droit exclusif d'explorer les nodules polymétalliques dans la zone d'exploration conformément aux clauses du présent contrat.

Entrée en vigueur et durée du contrat

4. Le présent contrat prendra effet dès qu'il aura été signé par les deux parties et, sous réserve des clauses types, restera en vigueur pendant une période de 15 ans à compter de cette date à moins que :

   a) Le contractant n'obtienne un contrat d'exploitation dans la zone d'exploration prenant effet avant l'expiration de ladite période de 15 ans; ou que

   b) Le contrat ne soit résilié plus tôt, étant entendu que sa durée pourra être prolongée conformément aux articles 3.2 et 17.2 des clauses types.

Annexes

5. Aux fins du présent contrat, les annexes visées dans les clauses types, à savoir les articles 4 et 8, sont les annexes 2 et 3, respectivement.

Intégralité de l'accord

6. Le présent contrat exprime l'intégralité de l'accord entre les parties et aucune convention orale ni aucun écrit antérieur n'en modifient les termes.

EN FOI DE QUOI les soussignés, à ce dûment autorisés par les parties respectives, ont signé le présent contrat à _____, le _____.

Annexe 1

[Coordonnées et carte du secteur d'exploration]

Annexe 2

[Programme d'activité quinquennal en cours, tel que révisé périodiquement]

Annexe 3

[Le programme de formation deviendra une annexe au contrat lorsqu'il aura été approuvé par l'Autorité conformément à l'article 8 des clauses types.]

Annexe IV

Clauses types de contrat d'exploration

Article 1
Définitions

1.1 Dans les clauses ci-après :

a) On entend par « zone d'exploration » la partie de la Zone attribuée au contractant pour exploration, décrite à l'annexe 1 du présent contrat, telle qu'elle peut être réduite de temps à autre en application du présent contrat et du Règlement;

b) On entend par « programme d'activités » le programme défini à l'annexe 2 du présent contrat; il peut être modifié de temps à autre conformément aux articles 4.3 et 4.4 ci-après;

c) On entend par « Règlement » le Règlement relatif à la prospection et à l'exploration des nodules polymétalliques dans la Zone adopté par l'Autorité.

1.2 Les termes et expressions définis dans le Règlement sont utilisés dans le même sens dans les présentes clauses types.

1.3 L'Accord relatif à l'application de la partie XI de la Convention des Nations Unies sur le droit de la mer du 10 décembre 1982 stipule que ses dispositions et la partie XI de la Convention doivent être interprétées et appliquées ensemble comme un seul et même instrument; le présent contrat et les références à la Convention qui y sont faites doivent être interprétés et appliqués en conséquence.

1.4 Le présent contrat inclut ses annexes, qui en font partie intégrante.

Article 2
Garantie du titre

2.1 Le contractant a la garantie du titre et le présent contrat ne peut être suspendu, résilié ou révisé que conformément à ses articles 20, 21 et 24.

2.2 Le contractant a le droit exclusif d'explorer les nodules polymétalliques dans la zone d'exploration conformément aux clauses du présent contrat. L'Autorité veille à ce qu'aucune autre entité n'exerce dans la même zone des activités portant sur une catégorie différente de ressources d'une façon qui puisse gêner outre mesure celles que mène le contractant.

2.3 Le contractant a le droit, moyennant notification à l'Autorité, de renoncer à tout moment à tout ou partie de ses droits sur la zone d'exploration sans encourir de pénalité étant entendu qu'il demeure tenu de toutes les obligations qu'il a contractées avant la date de cette renonciation en ce qui concerne la zone à laquelle il renonce.

2.4 Aucune disposition du présent contrat ne peut être considérée comme conférant au contractant d'autres droits que ceux qui y sont expressément prévus. L'Autorité se réserve le droit de conclure avec des tiers des contrats concernant les ressources autres que les nodules polymétalliques de la zone visée par le présent contrat.

Article 3
Durée du contrat

3.1 Le présent contrat prendra effet à la date de sa signature par les deux parties et restera en vigueur pendant une période de 15 ans à compter de cette date à moins :

    a) Que le contractant n'obtienne un contrat d'exploitation dans la zone d'exploration entrant en vigueur avant l'expiration de la période de 15 ans; ou

    b) Qu'il ne soit résilié plus tôt, étant entendu que sa durée pourra être prolongée conformément aux articles 3.2 et 17.2 ci-après.

3.2 Si le contractant en fait la demande au plus tard six mois avant qu'il vienne à expiration, le présent contrat pourra être prorogé pour des périodes ne dépassant pas cinq ans chacune, aux clauses et conditions dont l'Autorité et le contractant pourront convenir alors conformément au Règlement. Ces prorogations sont accordées si le contractant s'est efforcé de bonne foi de se conformer aux stipulations du présent contrat mais n'a pas pu, pour des raisons indépendantes de sa volonté, mener à bien les travaux préparatoires nécessaires pour passer à la phase d'exploitation ou si les circonstances économiques du moment ne justifient pas le passage à la phase d'exploitation.

3.3 Nonobstant l'expiration du présent contrat conformément à son article 3.1, si le contractant a, 90 jours au moins avant la date d'expiration, sollicité un contrat d'exploitation, ses droits et obligations seront maintenus jusqu'à ce que sa demande ait été examinée et qu'un contrat d'exploitation ait été émis ou refusé.

Article 4
Exploration

4.1 Le contractant entreprend l'exploration conformément au calendrier arrêté dans le programme d'activités figurant à l'annexe 2 du présent contrat et respecte ce calendrier ou toute modification y afférente comme il est prévu par le présent contrat.

4.2 Le contractant exécute le programme d'activités figurant à l'annexe 2 du présent contrat. Ce faisant, pour chaque année du contrat, il consacre aux dépenses effectives et directes d'exploration un montant au moins équivalent à celui qui est prévu dans le programme considéré ou dans toute modification y afférente.

4.3 Le contractant peut, avec le consentement de l'Autorité, que celle-ci ne peut refuser sans motif raisonnable, apporter de temps à autre au programme d'activités et aux dépenses qui y sont prévues les modifications pouvant être nécessaires et prudentes selon la bonne pratique de l'industrie minière et compte tenu de la situation sur le marché des métaux que renferment les nodules polymétalliques et de la situation économique générale.

4.4 Le contractant et le Secrétaire général procèdent conjointement à l'examen des résultats des activités d'exploration menées en vertu du présent contrat, au plus tard 90 jours avant l'expiration de chaque période de cinq ans à compter de la date d'entrée en vigueur prévue à l'article 3. Le Secrétaire général peut exiger du contractant qu'il lui communique les données et informations supplémentaires pouvant être nécessaires pour cet examen. À l'issue de cet examen, le contractant apporte à son plan de travail les ajustements nécessaires, indique son programme d'activités pour la période de cinq ans suivante, y compris un calendrier révisé des dépenses annuelles qu'il prévoit. L'annexe 2 est modifiée en conséquence.

Article 5
Surveillance de l'environnement

5.1 Le contractant prend les mesures nécessaires pour prévenir, réduire et maîtriser la pollution du milieu marin et les autres dangers découlant pour ce milieu de ses activités dans la Zone en appliquant le principe de précaution ainsi que les meilleures pratiques écologiques.

5.2 Avant de commencer les activités d'exploration, le contractant soumet à l'Autorité :

　　a) Une étude d'impact indiquant les effets potentiels des activités proposées sur le milieu marin;

　　b) Une proposition pour un programme de surveillance en vue de déterminer l'effet potentiel des activités proposées sur le milieu marin; et

　　c) Des données pouvant être utilisées pour établir un profil écologique témoin par rapport auquel l'effet des activités proposées pourra être évalué.

5.3 Le contractant réunit, conformément au Règlement, des données environnementales au fur et à mesure des activités d'exploration et établit des profils écologiques témoins par rapport auxquels seront évalués les effets probables de ses activités sur le milieu marin.

5.4 Le contractant, conformément au Règlement, conçoit et exécute un programme de surveillance des effets de ses activités sur le milieu marin. Il coopère avec l'Autorité pour assurer cette surveillance.

5.5 Le contractant rend compte au Secrétaire général, au plus tard 90 jours après la fin de chaque année civile, de l'exécution et des résultats du programme de surveillance visé à l'article 5.4 du présent contrat et communique les données et informations prescrites par le Règlement.

Article 6
Plans et interventions d'urgence

6.1 Avant d'entamer son programme d'activités en vertu du présent contrat, le contractant soumet au Secrétaire général un plan d'urgence, qui permet de faire face efficacement aux incidents pouvant résulter des activités qu'il entend mener dans la zone d'exploration et qui sont susceptibles de causer ou de menacer de causer un dommage grave au milieu marin. Ledit plan d'urgence établit des procédures spéciales et prévoit les équipements appropriés pour faire face à de tels incidents, et comprend en particulier des dispositions assurant que :

　　a) L'alerte générale soit immédiatement donnée dans le secteur d'activités;

　　b) Le Secrétaire général soit immédiatement avisé;

　　c) Les navires qui seraient sur le point d'entrer dans le voisinage immédiat soient avertis;

d) Le Secrétaire général soit en permanence tenu informé de toutes les circonstances de l'incident, des mesures déjà prises et des nouvelles mesures nécessaires;

e) Les substances polluantes soient enlevées, s'il y a lieu;

f) Tout dommage grave au milieu marin soit réduit au minimum et, dans la mesure du possible, prévenu, et que ses effets soient atténués;

g) S'il y a lieu, le contractant coopère avec d'autres contractants et avec l'Autorité pour faire face à la situation d'urgence; et que

h) Des exercices d'intervention d'urgence soient organisés périodiquement.

6.2 Le contractant signale sans délai au Secrétaire général tout incident résultant de ses activités qui a causé, qui cause ou qui menace de causer un dommage grave au milieu marin. Il donne dans son rapport des renseignements détaillés sur cet incident, notamment :

a) Les coordonnées de la zone affectée ou dont on peut raisonnablement craindre qu'elle sera affectée;

b) Une description des mesures qu'il a prises pour prévenir, maîtriser, réduire au minimum ou réparer le dommage ou la menace de dommage grave au milieu marin;

c) Une description des mesures qu'il a prises pour surveiller les effets de l'incident sur le milieu marin; et

d) Toute autre information que le Secrétaire général peut raisonnablement lui demander.

6.3 Le contractant exécute les ordres émis en cas d'urgence par le Conseil et les mesures temporaires d'exécution immédiate arrêtées par le Secrétaire général conformément au Règlement, qui peuvent comprendre l'ordre de suspendre ou de modifier immédiatement toutes activités dans la zone d'exploration, afin de prévenir, maîtriser, réduire au minimum ou réparer un dommage ou une menace de dommage grave au milieu marin.

6.4 Si le contractant n'exécute pas rapidement ces ordres ou ces mesures temporaires d'exécution immédiate, le Conseil peut prendre les mesures raisonnables pouvant être nécessaires pour prévenir, maîtriser, réduire au minimum ou réparer, aux frais du contractant, un dommage ou une menace de dommage grave au milieu marin. Le contractant rembourse sans délai à l'Autorité le montant des dépenses ainsi encourues, qui vient en sus de toutes pénalités pécuniaires qui pourraient lui être imposées en vertu des clauses du présent contrat ou du Règlement.

Article 7
Restes humains, objets et sites présentant un caractère archéologique ou historique

Le contractant notifie immédiatement par écrit au Secrétaire général toute découverte, dans son secteur d'exploration, de tous restes humains, objets ou sites présentant un caractère archéologique ou historique, et leur emplacement, ainsi que les mesures de conservation et de protection qu'il a prises. Le Secrétaire général transmet ces informations au Directeur général de l'Organisation des Nations Unies pour l'éducation, la science et la culture et à toute autre organisation internationale compétente. Lorsque de tels restes humains, objets ou sites sont découverts dans un secteur d'exploration, et pour éviter d'en altérer l'état, il ne sera mené aucune nouvelle activité de prospection ou d'exploration dans un rayon de dimension raisonnable tant que le Conseil n'en aura pas décidé autrement en tenant compte des avis du Directeur général de l'Organisation des Nations Unies pour l'éducation, la science et la culture ou de toute autre organisation internationale compétente.

Article 8
Formation

8.1 Conformément au Règlement, avant de commencer l'exploration en vertu du présent contrat, le contractant soumet pour approbation à l'Autorité des projets de programme de formation du personnel de l'Autorité et d'États en développement, prévoyant notamment la participation dudit personnel à toutes les activités qu'il mène en vertu du présent contrat.

8.2 La portée et le financement du programme de formation sont sujets à négociation entre le contractant, l'Autorité et l'État ou les États patronnant le contractant.

8.3 Le contractant assure la formation conformément au programme de formation du personnel visé expressément à l'article 8.1 du présent contrat approuvé par l'Autorité en application du Règlement; ce programme, qui est révisé et étoffé de temps à autre, devient partie intégrante du présent contrat en tant qu'annexe 3.

Article 9
Livres et pièces comptables

Le contractant tient une série complète et appropriée de livres, comptes et états financiers conformes aux principes comptables internationalement reconnus. Ces livres, comptes et états financiers doivent contenir des informations renseignant pleinement sur les dépenses engagées effectivement et directement pour l'exploration et tous autres renseignements susceptibles de faciliter un audit effectif de ces dépenses.

Article 10
Rapports annuels

10.1 Le contractant soumet au Secrétaire général, au plus tard 90 jours après la fin de chaque année civile, un rapport, sous la forme recommandée de temps à autre par la Commission juridique et technique, sur les activités qu'il a menées dans la zone d'exploration comportant, le cas échéant, des renseignements suffisamment détaillés sur :

    a) Les activités d'exploration menées au cours de l'année civile, y compris les cartes, diagrammes et graphiques illustrant les travaux effectués et les résultats obtenus;

    b) Le matériel utilisé pour les activités d'exploration, y compris les résultats de l'expérimentation des techniques d'extraction proposées, mais à l'exclusion des spécifications techniques relatives aux équipements; et

c) L'exécution des programmes de formation, y compris les révisions et extensions proposées.

10.2 Ce rapport comprend également :

a) Les résultats des programmes de surveillance de l'environnement, y compris les observations, mesures, évaluations et analyses des paramètres environnementaux;

b) Un état de la quantité de nodules polymétalliques prélevés à titre d'échantillons ou à des fins d'expérimentation;

c) Un état, établi conformément aux principes comptables internationalement reconnus et certifié par un cabinet d'experts comptables dûment agréé ou, lorsque le contractant est un État ou une entreprise d'État, par l'État qui le patronne, des dépenses directes et effectives d'exploration encourues par le contractant dans l'exécution du programme d'activités au cours de son année comptable – dépenses que le contractant peut présenter comme faisant partie des dépenses de mise en valeur encourues avant le démarrage de la production commerciale; et

d) Des renseignements détaillés sur les aménagements qu'il est envisagé d'apporter au programme d'activités et les motifs de ces aménagements.

10.3 Le contractant soumet également, en complément des rapports mentionnés aux paragraphes 10.1 et 10.2 du présent article, tous renseignements complémentaires que le Secrétaire général peut, de temps à autre, raisonnablement demander pour permettre à l'Autorité de s'acquitter de ses fonctions en vertu de la Convention, du Règlement et du présent contrat.

10.4 Le contractant conserve en bon état une fraction représentative des échantillons de nodules polymétalliques prélevés au cours de l'exploration jusqu'à l'expiration du présent contrat. L'Autorité peut demander par écrit au contractant de lui remettre, aux fins d'analyse, une fraction de ces échantillons prélevés au cours de l'exploration.

10.5 Le Contractant acquitte, à la date à laquelle il soumet un rapport annuel, une participation annuelle aux frais généraux de 47 000 dollars (ou tel montant qui pourra être fixé conformément aux dispositions du paragraphe 10.6 du présent article) destinée à couvrir les dépenses engagées par l'Autorité pour administrer et superviser le contrat visé et pour examiner les rapports annuels qui lui sont soumis en application du paragraphe 10.1 du présent article.

10.6 Le montant de la participation annuelle aux frais généraux peut être révisé par l'Autorité pour l'aligner sur les dépenses effectivement et raisonnablement engagées[5].

Article 11
Données et informations à présenter à l'expiration du contrat

11.1 Le contractant communique à l'Autorité toutes données et informations pertinentes qui lui sont nécessaires pour exercer efficacement ses pouvoirs et

---

[5] ISBA/19/A/12, en date du 25 juillet 2013, modifications.

fonctions en ce qui concerne la zone d'exploration, conformément aux dispositions du présent article.

11.2 À l'expiration ou à la résiliation du présent contrat, le contractant, s'il ne l'a pas encore fait, présente au Secrétaire général les données et informations ci-après :

a) Copie de toutes les données géologiques, environnementales, géochimiques et géophysiques pertinentes qu'il a acquises au cours de l'exécution du programme d'activités et qui sont nécessaires à l'Autorité pour exercer efficacement ses pouvoirs et fonctions en ce qui concerne la zone d'exploration;

b) Une estimation des secteurs exploitables, quand ces secteurs ont été identifiés, comprenant des renseignements détaillés sur la teneur et la quantité des réserves de nodules polymétalliques avérées, probables et possibles, et des prévisions concernant les conditions d'extraction;

c) Copie de tous les rapports géologiques, techniques, financiers et économiques pertinents qu'il a établis ou fait établir et qui sont nécessaires à l'Autorité pour exercer efficacement ses pouvoirs et fonctions en ce qui concerne la zone d'exploration;

d) Des renseignements suffisamment détaillés sur le matériel utilisé lors des activités d'exploration, y compris les résultats de l'expérimentation des techniques extractives proposées, mais à l'exclusion des spécifications techniques de ce matériel;

e) Un état de la quantité de nodules polymétalliques prélevés à titre d'échantillons ou aux fins d'expérimentation; et

f) Une déclaration indiquant comment et où les échantillons sont conservés et comment l'Autorité peut y avoir accès.

11.3 Les données et informations visées à l'article 11.2 ci-dessus sont également communiquées au Secrétaire général si, avant l'expiration du présent contrat, le contractant demande l'approbation d'un plan de travail relatif à l'exploitation ou renonce à ses droits dans la zone d'exploration, dans la mesure où ces données et informations ont trait au secteur auquel il a renoncé.

Article 12
Confidentialité

Les données et informations qui sont communiquées à l'Autorité en vertu du présent contrat sont considérées comme confidentielles conformément aux dispositions du Règlement.

Article 13
Engagements

13.1 Le contractant procède à l'exploration conformément aux termes du présent contrat, au Règlement, à la partie XI de la Convention, à l'Accord et aux autres règles de droit international qui ne sont pas incompatibles avec la Convention.

13.2 Le contractant s'engage à :

a) Accepter les clauses du présent contrat comme exécutoires et à les respecter;

b) Exécuter les obligations qui lui incombent en vertu des dispositions de la Convention, des règles, règlements et procédures de l'Autorité et des décisions des organes compétents de l'Autorité;

c) Accepter que l'Autorité exerce sur les activités menées dans la Zone le contrôle autorisé par la Convention;

d) Exécuter de bonne foi les obligations qui lui incombent en vertu du présent contrat; et

e) Respecter, dans toute la mesure où cela lui est raisonnablement possible, toutes recommandations que la Commission juridique et technique peut formuler de temps à autre.

13.3 Le contractant s'efforce d'exécuter le programme d'activités :

a) Avec la diligence, l'efficacité et l'économie voulues;

b) En tenant dûment compte des effets de ses activités sur le milieu marin; et

c) En tenant raisonnablement compte des autres activités menées dans le milieu marin.

13.4 L'Autorité s'engage à exercer de bonne foi les pouvoirs et les fonctions que lui confèrent la Convention et l'Accord, conformément à l'article 157 de la Convention.

Article 14
Inspection

14.1 Le contractant autorise l'Autorité à envoyer ses inspecteurs à bord des navires et installations qu'il utilise pour ses activités dans la zone d'exploration pour :

a) S'assurer qu'il respecte les termes du présent contrat et les dispositions du Règlement; et

b) Surveiller les effets desdites activités sur le milieu marin.

14.2 Le Secrétaire général notifie au contractant, suffisamment à l'avance, la date et la durée probables des inspections, le nom des inspecteurs et toutes activités pour lesquelles ceux-ci auront probablement besoin de matériel spécialisé ou d'une assistance spéciale du personnel du contractant.

14.3 Les inspecteurs sont habilités à inspecter tout navire ou toute installation, y compris le journal de bord, les équipements, les registres, les installations, toutes les autres données enregistrées et tous documents nécessaires pour déterminer si le contractant exécute ses obligations.

14.4 Le contractant, ses agents et ses employés aident les inspecteurs à s'acquitter de leurs fonctions et :

a) Acceptent que ceux-ci embarquent sans délai et en toute sécurité à bord des navires et installations et leur en facilitent l'accès;

b) Coopèrent et concourent à l'inspection de tout navire et de toute installation effectuée conformément aux présentes procédures;

c) Donnent aux inspecteurs accès, à toute heure raisonnable, à tous les matériels, équipements et personnels se trouvant à bord des navires et installations;

d) S'abstiennent de gêner les inspecteurs dans l'exercice de leurs fonctions, d'y faire obstacle ou de les intimider;

e) Fournissent aux inspecteurs des services convenables, et notamment pourvoient, le cas échéant, à leur restauration et à leur hébergement; et

f) Facilitent le débarquement des inspecteurs en toute sécurité.

14.5 Les inspecteurs évitent d'entraver le déroulement normal, dans des conditions de sécurité, des opérations à bord des navires et installations utilisées par le contractant pour mener ses activités dans la zone inspectée et agissent conformément au Règlement et aux dispositions adoptées pour protéger la confidentialité des données et informations.

14.6 Le Secrétaire général et tout représentant dûment autorisé de celui-ci ont accès, aux fins d'audit et d'examen, à tous les livres, documents, pièces et écritures du contractant, nécessaires pour vérifier les dépenses visées à l'article 10.2 c) et concernant directement ces dépenses.

14.7 Le Secrétaire général communique au contractant et à l'État ou aux États qui le patronnent toute information pertinente provenant des rapports des inspecteurs au cas où des mesures s'imposent.

14.8 Si pour une raison ou une autre, le contractant ne poursuit pas l'exploration et ne présente pas une demande de contrat d'exploitation, il doit, avant de se retirer de la zone d'exploration, en informer par écrit le Secrétaire général afin que l'Autorité puisse, si elle le décide, procéder à une inspection conformément aux dispositions du présent article.

Article 15
Normes de sécurité, d'emploi et de santé

15.1 Le contractant agit conformément aux règles et normes internationales généralement acceptées qui ont été établies par les organisations internationales compétentes ou par des conférences diplomatiques générales, concernant la protection de la vie humaine en mer et la prévention des abordages, ainsi qu'aux règles, règlements, procédures et directives que l'Autorité pourrait adopter touchant la sécurité en mer. Tout navire utilisé pour mener des activités dans la Zone doit être en possession des certificats valides requis par lesdites règles et normes internationales et délivrés en application de celles-ci.

15.2 Tout contractant qui se livre à des activités d'exploration en vertu du présent contrat doit observer et respecter les règles, règlements, procédures et directives que l'Autorité pourrait adopter en matière de protection contre la discrimination dans l'emploi, de prévention des accidents du travail et des maladies professionnelles, de relations professionnelles, de sécurité sociale, de sécurité de l'emploi et en ce qui concerne les conditions de vie sur le lieu de travail. Ces règles, règlements et procédures doivent tenir compte des conventions et recommandations de l'Organisation internationale du Travail et des autres organisations internationales compétentes.

Article 16
Responsabilité

16.1 Le contractant est responsable du dommage effectif, y compris les dommages causés au milieu marin, imputable à ses actes ou omissions illicites et à ceux de ses employés, sous-traitants et agents et de toutes autres personnes travaillant ou agissant pour le compte de ceux-ci dans la conduite des opérations effectuées en vertu du présent contrat, y compris le coût des mesures raisonnables prises pour prévenir ou limiter les dommages au milieu marin, compte tenu le cas échéant des actes ou omissions de l'Autorité ayant contribué au dommage.

16.2 Le contractant met l'Autorité, ses employés, sous-traitants et agents hors de cause en cas de réclamations ou actions en responsabilité de tiers fondées sur un acte ou une omission illicite du contractant ou de ses employés, agents et sous-traitants et de toutes autres personnes travaillant ou agissant pour le compte de ceux-ci dans la conduite des opérations effectuées en vertu du présent contrat.

16.3 L'Autorité est responsable du dommage effectif causé au contractant par les actes illicites qu'elle commet dans l'exercice de ses pouvoirs et fonctions, y compris les violations de l'article 168 2) de la Convention, compte tenu de la part de responsabilité imputable au contractant, à ses employés, agents et sous-traitants et toutes personnes travaillant ou agissant pour le compte de ceux-ci, dans la conduite des opérations effectuées en vertu du présent contrat, à raison de leurs actes ou omissions.

16.4 L'Autorité met le contractant, ses employés, sous-traitants et agents et toutes autres personnes travaillant ou agissant pour le compte de ceux-ci dans la conduite des opérations effectuées en vertu du présent contrat hors de cause en cas de réclamations ou actions en responsabilité de tiers fondées sur un acte ou une omission illicite commis par l'Autorité dans l'exercice de ses pouvoirs et fonctions dans le cadre du présent contrat, y compris les violations de l'article 168 2) de la Convention.

16.5 Le contractant souscrit auprès de compagnies d'assurance de renommée internationale les polices d'assurance appropriées, conformément à la pratique internationale généralement acceptée en matières maritimes.

Article 17
Force majeure

17.1 Le contractant n'est responsable d'aucun retard inévitable dans l'exécution ni de l'inexécution de l'une quelconque des obligations qui lui incombent en vertu du présent contrat imputables à la force majeure. Aux fins du présent contrat, on entend par « force majeure » un événement ou une situation que le contractant ne saurait raisonnablement pas être censé prévenir ou maîtriser, à condition que l'événement ou la situation en question ne résulte pas d'une négligence ou de l'inobservation des bonnes pratiques en matière d'extraction minière.

17.2 S'il le demande, le contractant se verra accorder un délai supplémentaire égal à la durée du retard dans l'exécution imputable à la force majeure, la durée du présent contrat étant prolongée en conséquence.

17.3 En cas de force majeure, le contractant prend toutes les mesures pouvant raisonnablement être prises pour rétablir sa capacité d'exécution et se conformer aux clauses du présent contrat avec le minimum de retard.

17.4 Le contractant notifie, aussitôt qu'il peut raisonnablement le faire, à l'Autorité la survenue d'un cas de force majeure et lui notifie pareillement le retour à la normale.

Article 18
Démenti

Ni le contractant, ni une entreprise apparentée, ni un sous-traitant ne peuvent faire valoir ou déclarer expressément ou indirectement que l'Autorité ou l'un de ses fonctionnaires a, ou a exprimé, telle ou telle opinion concernant les nodules polymétalliques se trouvant dans la zone d'exploration, et aucune déclaration en ce sens se référant directement ou indirectement au présent contrat ne pourra figurer dans un prospectus, un avis, une circulaire, une annonce publicitaire, un communiqué de presse ou un document similaire émanant du contractant, d'une entreprise apparentée ou d'un sous-traitant. Aux fins du présent article, on entend par « entreprise apparentée » toute personne, firme, société ou entreprise publique qui contrôle le contractant, est contrôlée par lui ou est assujettie au même contrôle que lui.

Article 19
Renonciation

Le contractant peut, moyennant notification à l'Autorité, renoncer à ses droits et résilier le présent contrat sans encourir de pénalité, étant toutefois entendu qu'il reste en ce cas tenu par toutes les obligations qu'il aura pu contracter avant la date de cette renonciation et par celles qui lui incombent après la résiliation en application du Règlement.

Article 20
Cessation du patronage

20.1 Si la nationalité du contractant ou l'entité qui le contrôle change ou si l'État qui le patronne, tel qu'il est défini dans le Règlement, met fin à son patronage, le contractant en informe l'Autorité sans délai.

20.2 Dans l'un et l'autre cas, si le contractant n'obtient pas d'un autre patron réunissant les conditions prescrites par le Règlement qu'il présente à l'Autorité un certificat de patronage sous la forme prescrite et dans les délais fixés par le Règlement, le présent contrat prend immédiatement fin.

Article 21
Suspension et résiliation du contrat et pénalités

21.1 Le Conseil peut suspendre le présent contrat ou y mettre fin, sans préjudice de tous autres droits que l'Autorité peut avoir, dans l'un quelconque des cas ci-après :

   a) Lorsque, en dépit de ses avertissements écrits, le contractant a mené ses activités de telle manière qu'elles se traduisent par des infractions graves, réitérées et délibérées aux clauses fondamentales du présent contrat, à la partie XI de la Convention, à l'Accord et aux règles, règlements et procédures de l'Autorité; ou

b) Lorsque le contractant ne s'est pas conformé à une décision définitive et obligatoire prise à son égard par l'organe de règlement des différends; ou

c) Lorsque le contractant devient insolvable, est déclaré en cessation de paiements ou conclut un concordat avec ses créanciers, ou est mis en liquidation ou placé sous administration judiciaire à sa demande ou obligatoirement, ou encore requiert ou sollicite d'un tribunal la désignation d'un administrateur ou d'un syndic, ou engage une instance le concernant en vertu d'une loi sur la faillite, l'insolvabilité ou l'aménagement de la dette alors en vigueur, à des fins autres que le redressement.

21.2 Le Conseil peut, sans préjudice de l'article 17, après avoir consulté le contractant, suspendre le présent contrat ou y mettre fin, sans préjudice de tous autres droits que peut avoir l'Autorité, si le contractant est empêché d'exécuter ses obligations dans le cadre du présent contrat par un événement ou une situation de force majeure, telle que celle-ci est définie à l'article 17.1, qui dure depuis plus de deux ans sans interruption alors même que le contractant a pris toutes les mesures raisonnablement possibles pour surmonter son incapacité d'exécuter ses obligations et se conformer aux termes et conditions du présent contrat avec un minimum de retard.

21.3 Toute suspension ou résiliation s'effectue par l'intermédiaire du Secrétaire général sous forme d'une notification qui doit indiquer les motifs de sa décision. La suspension ou la résiliation prend effet 60 jours après ladite notification, à moins que durant cette période le contractant ne conteste le droit de l'Autorité de suspendre ou de résilier le présent contrat conformément à la partie XI, section 5, de la Convention.

21.4 Si le contractant prend une telle initiative, le présent contrat ne sera suspendu ou résilié que conformément à une décision définitive et obligatoire prise conformément à la partie XI, section 5, de la Convention.

21.5 Si le Conseil suspend le présent contrat, il peut, moyennant notification, exiger du contractant qu'il reprenne ses opérations et se conforme aux clauses du présent contrat, au plus tard 60 jours après cette notification.

21.6 Le Conseil peut, en cas d'infraction au présent contrat non visée au paragraphe 21.1 a) du présent article, ou au lieu de suspendre ou de résilier le présent contrat en vertu de ce paragraphe 21.1, imposer au contractant des pénalités pécuniaires proportionnelles à la gravité de l'infraction.

21.7 Le Conseil ne peut donner effet à une décision imposant des pénalités d'amende au contractant tant qu'une possibilité raisonnable n'a pas été donnée à celui-ci d'épuiser les votes de recours judiciaire dont il dispose en vertu de la partie XI, section 5 de la Convention.

21.8 Si le présent contrat est résilié ou vient à expiration, le contractant se conforme aux dispositions du Règlement et retire l'ensemble des installations, équipements et matériels de la zone d'exploration et laisse celle-ci dans des conditions de sécurité telles qu'elle ne présente aucun danger pour les personnes, le transport maritime ou le milieu marin.

Article 22
Cession des droits et obligations

22.1 Les droits et obligations du contractant au titre du présent contrat ne peuvent être cédés en tout ou partie qu'avec le consentement de l'Autorité et conformément au Règlement.

22.2 L'Autorité ne refuse pas sans motifs suffisants son consentement à la cession si le cessionnaire proposé est, à tous égards, un demandeur qualifié au regard du Règlement et assume toutes les obligations du contractant, et si le transfert n'a pas pour résultat de lui faire attribuer un plan de travail dont l'approbation serait interdite en vertu de l'article 6 3) c) de l'annexe III de la Convention.

22.3 Les clauses, engagements et conditions prévus par le présent contrat sont à l'avantage des parties et de leurs ayants droit et cessionnaires respectifs, et ont force obligatoire envers eux.

Article 23
Clause de non-exonération

Aucune décision prise par l'une des parties d'exonérer l'autre partie d'un quelconque manquement aux clauses et conditions du présent contrat dont l'exécution lui incombe ne peut être interprétée comme impliquant de sa part exonération de tout manquement subséquent à la même clause ou à toute autre clause ou condition à la charge de l'autre partie.

Article 24
Révision

24.1 Lorsqu'il se présente ou qu'il pourrait se présenter des circonstances qui, de l'avis de l'Autorité ou du contractant, auraient pour effet de rendre le présent contrat inéquitable ou de compromettre ou d'empêcher la réalisation des objectifs prévus par celui-ci ou par la partie XI de la Convention ou par l'Accord, les parties engagent des négociations en vue de réviser ledit contrat en conséquence.

24.2 Le présent contrat peut également être révisé par accord entre le contractant et l'Autorité afin de faciliter l'application de règles, règlements et procédures adoptés par l'Autorité après l'entrée en vigueur du présent contrat.

24.3 Le présent contrat ne peut être révisé, amendé ou autrement modifié qu'avec le consentement du contractant et de l'Autorité exprimé dans un instrument approprié signé par les représentants autorisés des parties.

Article 25
Différends

25.1 Tout différend entre les parties relatif à l'interprétation ou à l'application du présent contrat est réglé conformément à la partie XI, section 5, de la Convention.

25.2 En application de l'article 21 2) de l'annexe III de la Convention, toute décision définitive rendue par une cour ou un tribunal ayant compétence en vertu de la Convention au sujet des droits et obligations de l'Autorité et du contractant est exécutoire sur le territoire de tout État partie à la Convention affecté par elle.

**Article 26
Notification**

26.1 Toute demande, requête, notification, approbation, renonciation, directive ou instruction et tout rapport ou consentement prévus dans le présent contrat sont formulés par écrit par le Secrétaire général ou le représentant désigné du contractant, selon le cas. Les notifications sont faites à personne ou par télex, télécopie, lettre recommandée expédiée par avion ou courrier électronique authentifié par une signature électronique autorisée adressés au Secrétaire général au siège de l'Autorité ou au représentant désigné. L'obligation de fournir des informations par écrit en application du présent Règlement est satisfaite si ces informations sont fournies dans un courrier électronique comportant une signature numérique.

26.2 L'une et l'autre partie ont le droit de changer d'adresse en en informant l'autre partie au moins 10 jours à l'avance.

26.3 La notification à personne prend effet au moment où elle est faite. La notification par télex est réputée effectuée le jour ouvrable suivant le jour où la mention « réponse » apparaît sur l'appareil de télex de l'expéditeur. La notification par télécopie prend effet lorsque l'expéditeur reçoit « l'accusé de réception » confirmant la transmission au numéro de télécopie publié du destinataire. La notification par lettre recommandée expédiée par avion est réputée effectuée vingt et un jours après que la lettre a été postée. Un courrier électronique est réputé reçu par son destinataire lorsqu'il entre dans un système informatique conçu ou utilisé par le destinataire pour recevoir des documents du type de celui qui lui est adressé et qu'il peut être récupéré et traité par ce destinataire.

26.4 La notification au représentant désigné du contractant vaut notification au contractant aux fins du présent contrat, et le représentant désigné est le représentant du contractant aux fins de signification ou de notification à l'occasion de toute instance devant toute juridiction compétente.

26.5 La notification au Secrétaire général vaut notification à l'Autorité aux fins du présent contrat, et le Secrétaire général est le représentant de celle-ci aux fins de signification ou de notification à l'occasion de toute instance devant toute juridiction compétente.

**Article 27
Droit applicable**

27.1 Le présent contrat est régi par ses dispositions, les règles, règlements et procédures de l'Autorité, la partie XI de la Convention, l'Accord et les autres règles de droit international qui ne sont pas incompatibles avec la Convention.

27.2 Le contractant, ses employés, sous-traitants et agents et toutes les personnes travaillant ou agissant pour eux dans la conduite des opérations effectuées en vertu du présent contrat observent le droit applicable visé à l'article 27.1 ci-dessus et ne se livrent directement ou indirectement à aucune transaction interdite par ce droit.

27.3 Aucune disposition du présent contrat ne peut être interprétée comme dispensant de la nécessité de demander et d'obtenir le permis ou l'autorisation pouvant être requis pour l'une quelconque des activités prévues par le présent contrat.

Article 28
Interprétation

La subdivision du présent contrat en articles et paragraphes de même que les intitulés qui y figurent sont dictés uniquement par un souci de commodité et n'en affectent pas l'interprétation.

Article 29
Documents supplémentaires

Chacune des parties accepte de signer et de communiquer tous autres instruments et d'accomplir tous autres actes et formalités qui pourraient être nécessaires ou opportuns pour donner effet aux dispositions du présent contrat.

Autorité internationale des fonds marins ISBA/16/A/12/Rev.1*

Assemblée

Distr. générale
4 mai 2010
Français
Original : anglais

Seizième session
Kingston (Jamaïque)
26 avril-7 mai 2010

Décision de l'Assemblée concernant le Règlement relatif à la prospection et à l'exploration des sulfures polymétalliques dans la Zone

L'Assemblée de l'Autorité internationale des fonds marins,

Ayant examiné le Règlement relatif à la prospection et à l'exploration des sulfures polymétalliques dans la Zone, tel qu'adopté provisoirement par le Conseil à sa 161ᵉ séance, le 6 mai 2010 (ISBA/16/C/L.5),

Approuve le Règlement relatif à la prospection et à l'exploration des sulfures polymétalliques dans la Zone, tel qu'il figure à l'annexe du présent document.

* Nouveau tirage pour raisons techniques (6 décembre 2010).

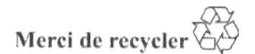

Annexe

Règlement relatif à la prospection et à l'exploration des sulfures polymétalliques dans la Zone

Préambule

Aux termes de la Convention des Nations Unies sur le droit de la mer (« la Convention »), les fonds marins et leur sous-sol au-delà des limites de la juridiction nationale ainsi que les ressources qu'ils recèlent sont le patrimoine commun de l'humanité, dont l'exploration et l'exploitation se feront dans l'intérêt de l'humanité tout entière, au nom de laquelle agit l'Autorité internationale des fonds marins. Le présent Règlement a pour objet d'organiser la prospection et l'exploration des sulfures polymétalliques.

Partie I
Introduction

Article 1
Emploi des termes et champ d'application

1. Les termes utilisés dans le présent Règlement s'entendent dans le sens qui leur est donné dans la Convention.

2. Conformément à l'Accord relatif à l'application de la partie XI de la Convention des Nations Unies sur le droit de la mer du 10 décembre 1982 (« l'Accord »), les dispositions de l'Accord et la partie XI de la Convention doivent être interprétées et appliquées ensemble comme un seul et même instrument; le présent Règlement et les références à la Convention qui y sont faites doivent être interprétés et appliqués en conséquence.

3. Aux fins du présent Règlement :

   a) On entend par « exploitation » la collecte à des fins commerciales de sulfures polymétalliques dans la Zone et l'extraction des minéraux qu'ils contiennent, notamment la construction et l'exploitation de systèmes d'extraction minière, de traitement et de transport pour la production et la vente de minéraux;

   b) On entend par « exploration » la recherche, faisant l'objet de droits exclusifs, de gisements de sulfures polymétalliques dans la Zone, l'analyse de ces gisements, l'utilisation et l'essai des procédés et du matériel d'extraction, des installations de traitement et des systèmes de transport, et l'établissement d'études des facteurs environnementaux, techniques, économiques, commerciaux et autres à prendre en considération dans l'exploitation;

   c) On entend par « milieu marin » les éléments et facteurs physiques, chimiques, géologiques et biologiques, entre autres, qui agissent les uns sur les autres et déterminent la productivité, l'état, la condition et la qualité de l'écosystème marin, les eaux des mers et des océans et l'espace aérien surjacent ainsi que les fonds marins et leur sous-sol;

   d) On entend par « sulfures polymétalliques » des gisements de minéraux sulfurés d'origine hydrothermale et les ressources minérales qui leur sont associées dans la Zone, qui contiennent des concentrations de métaux, notamment de cuivre, de plomb, de zinc, d'or et d'argent;

   e) On entend par « prospection » la recherche, sans droits exclusifs, de gisements de sulfures polymétalliques dans la Zone, notamment l'évaluation de la composition, de la taille et de la répartition des gisements de sulfures polymétalliques et de leur valeur économique;

   f) On entend par « dommage grave au milieu marin » tout effet sur le milieu marin d'activités menées dans la Zone se traduisant par une modification défavorable considérable du milieu marin déterminée conformément aux règles, règlements, procédures et directives adoptés par l'Autorité, sur la base des normes et des pratiques internationalement reconnues.

4. Le présent Règlement n'affecte d'aucune façon ni la liberté de la recherche scientifique, conformément à l'article 87 de la Convention, ni le droit de faire de la recherche scientifique marine dans la Zone conformément aux articles 143 et 256 de la Convention. Aucune disposition du présent Règlement ne peut être interprétée comme restreignant l'exercice par les États de la liberté de la haute mer au sens de l'article 87 de la Convention.

5. Le présent Règlement pourra être complété par d'autres règles, règlements et procédures, notamment en ce qui concerne la protection et la préservation du milieu marin. Il est assujetti à la Convention des Nations Unies sur le droit de la mer, à l'Accord relatif à l'application de la partie XI de ladite Convention et à toute autre norme de droit international qui n'est pas incompatible avec la Convention.

Partie II
Prospection

Article 2
Prospection

1. La prospection est réalisée conformément à la Convention et au présent Règlement et ne peut démarrer qu'après que le prospecteur a été informé par le Secrétaire général de l'enregistrement de sa notification conformément à l'article 4, paragraphe 2.

2. Les prospecteurs et le Secrétaire général appliquent le principe de précaution posé par le principe 15 de la Déclaration de Rio[1]. Il ne doit pas être entrepris de prospection s'il y a de bonnes raisons de craindre un dommage grave au milieu marin.

3. Il ne doit pas être entrepris de prospection dans une zone visée par un plan de travail relatif à l'exploration de sulfures polymétalliques approuvé ni dans un secteur réservé et il ne peut non plus en être entrepris dans une zone dont le Conseil a exclu la mise en exploitation en raison d'un risque de dommage grave au milieu marin.

---

[1] *Rapport de la Conférence des Nations Unies sur l'environnement et le développement, Rio de Janeiro, 3-14 juin 1992* (publication des Nations Unies, numéro de vente : F.91.I.8 et rectificatifs), vol. I : *Résolutions adoptées par la Conférence*, résolution 1, annexe 1.

4. La prospection ne confère au prospecteur aucun droit sur les ressources. Le prospecteur peut toutefois extraire une quantité raisonnable de minéraux, à savoir la quantité nécessaire aux fins d'expérimentation et non à des fins commerciales.

5. La prospection n'est pas limitée dans le temps; toutefois, il y est mis un terme lorsque le Secrétaire général notifie par écrit au prospecteur qu'un plan de travail relatif à l'exploration portant sur la zone prospectée a été approuvé.

6. La prospection peut être réalisée simultanément par plusieurs prospecteurs dans la même zone ou les mêmes zones.

Article 3
Notification de prospection

1. Le futur prospecteur doit notifier à l'Autorité son intention d'entreprendre des activités de prospection.

2. Chaque notification de prospection est présentée dans les formes prescrites à l'annexe 1 du présent Règlement, est adressée au Secrétaire général et doit satisfaire aux conditions énoncées dans le présent Règlement.

3. Chaque notification est présentée :

   a) Dans le cas d'un État, par l'autorité désignée à cet effet par ledit État;

   b) Dans le cas d'une entité, par les représentants désignés de celle-ci;

   c) Dans le cas de l'Entreprise, par l'autorité compétente de celle-ci.

4. Chaque notification est présentée dans l'une des langues de l'Autorité et doit comporter :

   a) Le nom, la nationalité et l'adresse du futur prospecteur et de son représentant désigné;

   b) Les coordonnées de la ou des grandes zones devant être prospectées, conformément aux normes internationales généralement acceptées les plus récentes utilisées par l'Autorité;

   c) Une description générale du programme de prospection, notamment la date de démarrage prévue et la durée approximative du programme;

   d) Un engagement écrit satisfaisant du futur prospecteur indiquant :

   i) Qu'il respectera la Convention et les règles, règlements et procédures de l'Autorité concernant :

   a. La coopération aux programmes de formation en matière de recherche scientifique marine et de transfert des techniques visés aux articles 143 et 144 de la Convention; et

   b. La protection et la préservation du milieu marin;

   ii) Qu'il acceptera la vérification par l'Autorité du respect dudit engagement; et

   iii) Qu'il mettra à la disposition de l'Autorité, dans la mesure du possible, les données pouvant être utiles à la protection et à la préservation du milieu marin.

Article 4
Examen des notifications

1. Le Secrétaire général accuse par écrit réception de chaque notification donnée en vertu de l'article 3, en spécifiant la date de réception.

2. Le Secrétaire général examine la notification dans un délai de 45 jours à compter de sa réception. Si la notification satisfait aux conditions de la Convention et du présent Règlement, il inscrit les renseignements qu'elle contient dans le registre tenu à cet effet et informe par écrit le prospecteur que la notification a été dûment enregistrée.

3. Le Secrétaire général fait savoir par écrit au futur prospecteur, dans un délai de 45 jours à compter de la réception de la notification, si celle-ci porte sur une partie d'une zone visée par un plan de travail approuvé relatif à l'exploration ou à l'exploitation de l'une quelconque des catégories de ressources, ou sur une partie quelconque d'un secteur réservé, ou sur toute partie d'une zone dont le Conseil a exclu la mise en exploitation en raison d'un risque de dommage grave au milieu marin, ou si l'engagement écrit n'est pas satisfaisant, et en fait connaître les raisons par écrit au futur prospecteur. Ce dernier peut alors modifier sa notification dans un délai de 90 jours. Le Secrétaire général examine à nouveau la notification et statue sur elle dans un délai de 45 jours.

4. Le prospecteur informe le Secrétaire général par écrit de toute modification des informations figurant dans la notification.

5. Le Secrétaire général s'abstient de divulguer les informations contenues dans la notification, si ce n'est avec le consentement écrit du prospecteur. Toutefois, il informe de temps à autre tous les membres de l'Autorité de l'identité des prospecteurs et des zones prospectées.

Article 5
Protection et préservation du milieu marin pendant la prospection

1. Chaque prospecteur prend les mesures nécessaires pour prévenir, réduire et maîtriser autant que raisonnablement possible la pollution du milieu marin et les autres risques découlant de la prospection, en appliquant le principe de précaution ainsi que les meilleures pratiques écologiques. En particulier, chaque prospecteur réduit au minimum ou élimine :

   a) Les effets néfastes de la prospection sur l'environnement; et

   b) Les conflits effectifs ou potentiels avec des activités de recherche scientifique marine déjà engagées ou prévues, ou la perturbation de ces activités, conformément aux futures directives pertinentes.

2. Les prospecteurs coopèrent avec l'Autorité à la mise en place et à l'exécution de programmes de surveillance et d'évaluation des effets potentiels sur le milieu marin de l'exploration et de l'exploitation de sulfures polymétalliques.

3. Le prospecteur notifie immédiatement par écrit au Secrétaire général, en utilisant les recours aux moyens les plus efficaces, tout incident résultant de la prospection qui a causé, qui cause ou qui menace de causer un dommage grave au milieu marin. Dès réception d'une telle notification, le Secrétaire général agit conformément à l'article 35.

Article 6
Rapport annuel

1. Le prospecteur doit présenter à l'Autorité, dans les 90 jours qui suivent la fin de l'année civile, un rapport sur l'état d'avancement de la prospection. Ces rapports sont soumis à la Commission juridique et technique par le Secrétaire général. Chaque rapport doit comporter :

    a) Une description générale de l'état d'avancement de la prospection et des résultats obtenus;

    b) Des informations sur la façon dont le prospecteur remplit l'engagement visé à l'article 3, paragraphe 4 d); et

    c) Des informations sur la façon dont le prospecteur se conforme aux futures directives pertinentes à cet égard.

2. S'il entend inclure les dépenses de prospection dans les dépenses de mise en valeur encourues avant le démarrage de la production commerciale, le prospecteur soumet un état annuel, établi conformément aux principes comptables internationalement reconnus et certifié par un cabinet d'experts comptables dûment agréé, des dépenses directes et effectives qu'il a encourues dans le cadre de la prospection.

Article 7
Confidentialité des données et informations contenues dans le rapport annuel

1. Le Secrétaire général garantit la confidentialité de toutes les données et informations figurant dans les rapports soumis en vertu de l'article 6, en appliquant *mutatis mutandis* les dispositions des articles 38 et 39, étant entendu que les données et informations relatives à la protection et la préservation du milieu marin, en particulier celles qui émanent de programmes de surveillance de l'environnement, ne sont pas considérées comme confidentielles. Le prospecteur peut demander que ces données ne soient pas divulguées pendant un délai pouvant aller jusqu'à trois ans à compter de la date où le rapport les contenant a été soumis.

2. Le Secrétaire général peut, à tout moment, avec le consentement du prospecteur concerné, divulguer les données et informations concernant la prospection dans la zone pour laquelle il a reçu une notification. Si après avoir fait pendant au moins deux ans tous les efforts raisonnablement possibles pour communiquer avec le prospecteur, le Secrétaire général constate que celui-ci n'existe plus ou ne peut être localisé, il peut divulguer ces données et informations.

Article 8
Objets ayant un caractère archéologique ou historique

Le prospecteur notifie immédiatement par écrit au Secrétaire général toute découverte dans la Zone d'objets ayant ou susceptibles d'avoir un caractère archéologique ou historique et leur emplacement. Le Secrétaire général en avise le Directeur général de l'Organisation des Nations Unies pour l'éducation, la science et la culture.

Partie III
Demandes d'approbation de plans de travail relatifs à l'exploration revêtant la forme de contrats

Section 1
Dispositions générales

Article 9
Dispositions générales

Sous réserve des dispositions de la Convention, les entités ci-après peuvent présenter à l'Autorité des demandes d'approbation de plans de travail relatifs à l'exploration :

a) L'Entreprise, en son nom propre, ou dans le cadre d'un accord de coentreprise;

b) Les États Parties, les entreprises d'État ou les personnes physiques ou morales possédant la nationalité d'États Parties ou effectivement contrôlées par eux ou leurs ressortissants, lorsqu'elles sont patronnées par ces États, ou tout groupe des catégories précitées qui satisfait aux conditions stipulées dans le présent Règlement.

Section 2
Teneur des demandes

Article 10
Forme des demandes

1. Toute demande d'approbation d'un plan de travail relatif à l'exploration est présentée dans les formes prescrites à l'annexe 2 du présent Règlement, est adressée au Secrétaire général et doit satisfaire aux conditions énoncées dans le présent Règlement.

2. Toute demande est présentée :

a) Lorsqu'elle émane d'un État Partie, par l'autorité désignée à cet effet par ledit État;

b) Lorsqu'elle émane d'une entité, par le représentant désigné par celle-ci ou l'autorité désignée à cet effet par l'État ou les États patronnant la demande; et

c) Lorsqu'elle émane de l'Entreprise, par l'autorité compétente de celle-ci.

3. Toute demande émanant d'une entreprise d'État ou de l'une des entités visées à l'article 9, alinéa b), doit comporter également :

a) Des renseignements permettant de déterminer la nationalité du demandeur ou l'identité de l'État ou des États, ou de leurs ressortissants, qui contrôlent effectivement le demandeur; et

b) L'établissement principal ou le domicile et, le cas échéant, le lieu d'immatriculation du demandeur.

4. Toute demande émanant d'une association ou d'un consortium d'entités doit comporter les renseignements requis concernant chaque membre de l'association ou du consortium.

Article 11
Certificat de patronage

1. Toute demande émanant d'une entreprise d'État ou de l'une des entités visées à l'article 9, alinéa b), doit être accompagnée d'un certificat de patronage délivré par l'État dont le demandeur est ressortissant ou par lequel ou les ressortissants duquel il est effectivement contrôlé. Si le demandeur a plus d'une nationalité, ce qui est le cas d'une association ou d'un consortium d'entités relevant de plusieurs États, chacun de ces États délivre un certificat de patronage.

2. Si le demandeur a la nationalité d'un État mais est effectivement contrôlé par un autre État ou par ses ressortissants, chacun de ces États délivre un certificat de patronage.

3. Tout certificat de patronage doit être dûment signé au nom de l'État qui le présente et doit comporter les éléments ci-après :

    a) Le nom du demandeur;

    b) Le nom de l'État patronnant la demande;

    c) Une attestation indiquant que le demandeur est :

    i) Ressortissant de l'État patronnant la demande; ou

    ii) Sous le contrôle effectif de l'État patronnant la demande ou de ses ressortissants;

    d) Une déclaration indiquant que l'État patronne le demandeur;

    e) La date du dépôt de son instrument de ratification de la Convention, ou d'adhésion ou de succession à celle-ci, par l'État patronnant la demande;

    f) Une déclaration indiquant que l'État patronnant la demande assume les responsabilités prévues à l'article 139, à l'article 153, paragraphe 4, et à l'annexe III, article 4, paragraphe 4, de la Convention.

4. Les États ou entités ayant passé un accord de coentreprise avec l'Entreprise sont également tenus de se conformer aux dispositions du présent article.

Article 12
Zone visée par la demande

1. Aux fins du présent Règlement, on entend par « bloc de sulfures polymétalliques » une maille d'une grille définie par l'Autorité, d'environ 10 kilomètres sur 10 kilomètres et d'une superficie de 100 kilomètres carrés au maximum.

2. La zone visée par chaque demande d'approbation d'un plan de travail relatif à l'exploration des sulfures polymétalliques comprend 100 blocs de sulfures polymétalliques au maximum, qui sont répartis par le demandeur en au moins cinq grappes comme indiqué au paragraphe 3 ci-après.

3. Chaque grappe de blocs de sulfures polymétalliques comprend au moins cinq blocs contigus. Deux blocs qui se touchent en un point quelconque sont considérés comme contigus. Les grappes de blocs de sulfures polymétalliques ne doivent pas nécessairement être contiguës, mais elles doivent être proches les unes des autres et situées à l'intérieur d'une zone rectangulaire dont la superficie ne dépasse pas 300 000 kilomètres carrés et dont le côté le plus long ne dépasse pas 1 000 kilomètres.

4. Nonobstant les dispositions du paragraphe 2 ci-dessus, lorsque le demandeur a choisi de remettre un secteur réservé pour les activités devant être menées au titre de l'annexe III, article 9 de la Convention, conformément à l'article 17 du présent Règlement, la superficie totale de la zone visée par sa demande est limitée à 200 blocs de sulfures polymétalliques. Ces blocs sont répartis en deux groupes de même valeur commerciale estimative, et chacun de ces deux groupes de blocs de sulfures polymétalliques est réparti en grappes par le demandeur comme indiqué au paragraphe 3 ci-dessus.

Article 13
Capacité financière et technique

1. Toute demande d'approbation d'un plan de travail relatif à l'exploration doit comporter des informations précises et suffisantes pour permettre au Conseil de s'assurer que le demandeur est financièrement et techniquement capable d'exécuter le plan de travail proposé et de s'acquitter de ses obligations financières vis-à-vis de l'Autorité.

2. Toute demande d'approbation d'un plan de travail relatif à l'exploration émanant de l'Entreprise doit être accompagnée d'une déclaration de l'autorité compétente de celle-ci certifiant que l'Entreprise a les ressources financières nécessaires pour couvrir le coût estimatif du plan de travail proposé.

3. Toute demande d'approbation d'un plan de travail relatif à l'exploration émanant d'un État ou d'une entreprise d'État doit être accompagnée d'une déclaration par laquelle ledit État ou l'État patronnant la demande certifie que le demandeur dispose des ressources financières nécessaires pour couvrir le coût estimatif du plan de travail proposé.

4. Toute demande d'approbation d'un plan de travail relatif à l'exploration émanant d'une entité doit être accompagnée de copies des états financiers vérifiés de l'entité, y compris les bilans et les comptes de profits et pertes correspondant aux trois années précédentes, établis conformément aux principes comptables internationalement reconnus et certifiés par un cabinet d'experts comptables dûment agréé; et

　　a) Si le demandeur est une entité nouvellement créée et qu'un bilan vérifié n'est pas disponible, d'un bilan pro forma certifié par un représentant compétent du demandeur;

　　b) Si le demandeur est une filiale d'une autre entité, de copies de ces mêmes états financiers concernant cette entité et d'une déclaration de cette entité, établie conformément aux principes comptables internationalement reconnus et certifiée par un cabinet d'experts comptables dûment agréé, attestant que le demandeur disposera des ressources financières nécessaires pour exécuter le plan de travail relatif à l'exploration;

c) Si le demandeur est placé sous le contrôle d'un État ou d'une entreprise d'État, d'une déclaration de l'État ou de l'entreprise d'État attestant que le demandeur disposera des ressources financières nécessaires pour exécuter le plan de travail proposé.

5. Si un demandeur visé au paragraphe 4 a l'intention de financer le plan de travail proposé grâce à des emprunts, sa demande doit comporter une déclaration indiquant le montant, l'échéancier et le taux d'intérêt de ces emprunts.

6. Toute demande doit comprendre :

a) Une description générale de l'expérience, des connaissances, des compétences et du savoir-faire techniques utiles pour l'exécution du plan de travail proposé acquis antérieurement par le demandeur;

b) Une description générale du matériel et des méthodes qu'il est prévu d'utiliser pour exécuter le plan de travail proposé et d'autres informations utiles, qui ne sont pas propriété industrielle, portant sur les caractéristiques des techniques envisagées; et

c) Une description générale de la capacité financière et technique dont dispose le demandeur pour faire face à tout incident ou activité causant un dommage grave au milieu marin.

7. Si le demandeur est une association ou un consortium d'entités liées entre elles par un accord de coentreprise, chaque membre de l'association ou du consortium doit fournir les renseignements exigés dans le présent article.

Article 14
Précédents contrats avec l'Autorité

Si le demandeur ou, lorsque la demande émane d'une association ou d'un consortium d'entités liées entre elles par un accord de coentreprise, si un membre de l'association ou du consortium a précédemment obtenu un contrat de l'Autorité, sont indiqués dans la demande :

a) La date du contrat ou des contrats précédents;

b) La date, le numéro de référence et le titre de tout rapport relatif au(x) contrat(s) soumis à l'Autorité; et

c) La date de résiliation du contrat ou des contrats, le cas échéant.

Article 15
Engagements

Dans sa demande d'approbation d'un plan de travail relatif à l'exploration, tout demandeur, y compris l'Entreprise, s'engage par écrit vis-à-vis de l'Autorité à :

a) Accepter comme exécutoires et respecter les obligations qui lui incombent en vertu de la Convention et des règles, règlements et procédures de l'Autorité, des décisions des organes de l'Autorité et des clauses des contrats qu'il a conclus avec celle-ci;

b) Accepter que l'Autorité exerce sur les activités menées dans la Zone le contrôle autorisé par la Convention; et

c) Fournir à l'Autorité l'assurance écrite qu'il s'acquittera de bonne foi des obligations qui lui incombent en vertu du contrat.

Article 16
Choix du demandeur entre la remise d'un secteur réservé ou une offre de participation à une entreprise conjointe

Dans sa demande, le demandeur choisit entre les options suivantes :

a) Remettre un secteur réservé pour les activités devant être menées au titre de l'annexe III, article 9, de la Convention, conformément à l'article 17 du présent Règlement; ou

b) Offrir une participation au capital d'une entreprise conjointe conformément à l'article 19 du présent Règlement.

Article 17
Données et informations à fournir avant la désignation d'un secteur réservé

1. Lorsque le demandeur choisit de remettre un secteur réservé pour les activités devant être menées au titre de l'annexe III, article 9 de la Convention, la zone couverte par sa demande doit être suffisamment étendue et avoir une valeur commerciale estimative suffisante pour permettre deux opérations d'extraction minière et est configurée par le demandeur conformément au paragraphe 4 de l'article 12.

2. Une telle demande doit contenir suffisamment de données et informations prescrites à l'annexe 2, section II, du présent Règlement relatives à la zone qu'elle couvre pour permettre au Conseil de désigner, sur la recommandation de la Commission juridique et technique, un secteur réservé en se fondant sur la valeur commerciale estimative de chaque partie. Ces données et informations sont celles dont dispose le demandeur sur les deux parties de la zone couverte par la demande, notamment les données utilisées pour déterminer la valeur commerciale de celles-ci.

3. Le Conseil, se fondant sur les données et informations fournies par le demandeur conformément à l'annexe 2, section II, du présent Règlement, s'il les juge satisfaisantes, et compte tenu de la recommandation de la Commission juridique et technique, désigne la partie de la zone couverte par la demande qui sera réservée. La partie ainsi désignée devient le secteur réservé dès que le plan de travail relatif à l'exploration du secteur non réservé est approuvé et le contrat signé. Si le Conseil estime devoir disposer d'informations supplémentaires, en conformité avec le présent Règlement et l'annexe 2, pour désigner le secteur réservé, il renvoie la question à la Commission pour qu'elle la réexamine, en indiquant les informations supplémentaires requises.

4. Une fois le plan de travail relatif à l'exploration approuvé et un contrat passé, les informations fournies à l'Autorité par le demandeur au sujet du secteur réservé peuvent être communiquées par celle-ci conformément à l'annexe III, article 14, paragraphe 3, de la Convention.

Article 18
Demandes d'approbation de plans de travail concernant un secteur réservé

1. Tout État en développement ou toute personne physique ou morale patronnée par lui et effectivement contrôlée par lui ou par un autre État en développement, ou tout groupe des catégories précitées, peut notifier à l'Autorité son désir de soumettre un plan de travail relatif à l'exploration d'un secteur réservé. Le Secrétaire général transmet ladite notification à l'Entreprise qui, dans les six mois, fait savoir par écrit au Secrétaire général si elle a l'intention ou non de mener des activités dans le secteur; si elle a l'intention de mener des activités dans le secteur, elle en informe aussi par écrit, en application du paragraphe 4, le contractant dont la demande d'approbation d'un plan de travail relatif à l'exploration couvrait initialement ce secteur.

2. Toute demande d'approbation d'un plan de travail relatif à l'exploration d'un secteur réservé peut être présentée à tout moment après qu'un tel secteur devient disponible à la suite d'une décision de l'Entreprise de ne pas y mener d'activités ou lorsque l'Entreprise, dans les six mois de la notification par le Secrétaire général, n'a ni décidé si elle entend mener des activités dans le secteur ni notifié par écrit au Secrétaire général qu'elle est en pourparlers au sujet d'une entreprise conjointe potentielle. Dans ce dernier cas, l'Entreprise dispose d'un an à compter de la date de la notification pour décider si elle entend mener des activités dans le secteur.

3. Lorsque ni l'Entreprise ni aucun État en développement ou aucune des entités visées au paragraphe 1 ne présente une demande d'approbation d'un plan de travail relatif à l'exploration d'un secteur réservé dans un délai de 15 ans après que l'Entreprise a commencé d'exercer ses fonctions indépendamment du Secrétariat de l'Autorité ou dans un délai de 15 ans à compter de la date à laquelle ledit secteur a été réservé à l'Autorité, si cette date est postérieure, le contractant dont la demande d'approbation d'un plan de travail relatif à l'exploration couvrait initialement ce secteur a le droit de présenter une demande d'approbation d'un plan de travail relatif à l'exploration de celui-ci, à charge pour lui d'offrir de bonne foi d'associer l'Entreprise à ses activités dans le cadre d'une entreprise conjointe.

4. Le contractant a un droit de priorité pour conclure avec l'Entreprise un accord d'entreprise conjointe en vue de l'exploration du secteur compris dans sa demande d'approbation d'un plan de travail relatif à l'exploration et désigné par le Conseil comme secteur réservé.

Article 19
Participation à une entreprise conjointe

1. Un demandeur qui opte pour une offre de participation au capital d'une entreprise conjointe doit soumettre les données et informations spécifiées à l'article 20 du présent Règlement. Le secteur devant lui être attribué sera régi par les dispositions de l'article 27 ci-dessous.

2. L'accord d'entreprise conjointe, qui prend effet au moment où le demandeur conclut un contrat d'exploitation, doit comporter les éléments ci-après :

    a) L'Entreprise obtiendra au minimum une participation de 20 % du capital de l'entreprise conjointe dans les conditions suivantes :

        i) La moitié de cette participation sera obtenue sans aucun paiement, direct ou indirect, au demandeur et sera traitée à toutes fins sur un pied d'égalité avec la participation de celui-ci;

        ii) Le reste de la participation sera traité à toutes fins sur un pied d'égalité avec la participation du demandeur, si ce n'est que l'Entreprise ne touchera aucun dividende pour cette partie de sa participation tant que le demandeur n'aura pas recouvré la totalité de son apport au capital de l'entreprise conjointe;

    b) Nonobstant l'alinéa a) ci-dessus, le demandeur offrira à l'Entreprise la possibilité d'acquérir une nouvelle tranche de 30 % du capital de l'entreprise conjointe ou toute nouvelle tranche d'un montant inférieur à 30 % du capital qu'elle souhaiterait acquérir, à toutes fins sur un pied d'égalité avec le demandeur[2];

    c) Sauf disposition expresse de l'accord entre le demandeur et l'Entreprise, le fait que celle-ci participe au capital de l'entreprise conjointe ne lui impose aucunement l'obligation de fournir des fonds ou des crédits, de se porter garante ou d'accepter aucune autre obligation financière pour l'entreprise conjointe ou en son nom, ni de souscrire des parts supplémentaires du capital de cette entreprise pour conserver le même pourcentage de ce capital.

Article 20
Données et informations à fournir pour l'approbation du plan de travail relatif à l'exploration

1. Tout demandeur soumet, en vue d'obtenir l'approbation de son plan de travail relatif à l'exploration sous la forme d'un contrat, les informations suivantes :

    a) La description générale et le calendrier du programme d'exploration proposé, y compris le programme d'activités pour les cinq années à venir, telles que les études à réaliser concernant les facteurs écologiques, techniques, économiques et autres facteurs appropriés à prendre en compte pour l'exploration;

    b) La description du programme d'études océanographiques et écologiques prescrite par le présent Règlement et les règles, règlements et procédures d'ordre environnemental établis par l'Autorité, qui permettraient d'évaluer l'impact environnemental potentiel – y compris, sans y être limité, l'impact sur la diversité biologique – des activités d'exploration proposées, compte tenu de toutes recommandations formulées par la Commission juridique et technique;

    c) L'évaluation préliminaire de l'impact que les activités d'exploration proposées sont susceptibles d'avoir sur le milieu marin;

---

[2] Il y aura lieu d'élaborer plus avant les conditions à prévoir pour l'obtention d'une telle participation au capital.

d) La description des mesures proposées pour la prévention, la réduction et la maîtrise de la pollution et autres risques ainsi que de l'impact possible sur le milieu marin;

e) Les données nécessaires pour permettre au Conseil de procéder aux vérifications visées à l'article 13, paragraphe 1; et

f) Le calendrier des dépenses annuelles prévues pour le programme d'activités des cinq premières années.

2. Lorsque le demandeur choisit de remettre un secteur réservé, il communique à l'Autorité les données et informations relatives à ce secteur une fois que le Conseil a désigné ce secteur conformément à l'article 17, paragraphe 3.

3. Lorsque le demandeur choisit d'offrir une participation au capital d'une entreprise conjointe, il communique à l'Autorité les données et informations relatives au secteur considéré au moment où il fait son choix.

Section 3
Droits

Article 21
Droits afférents aux demandes

1. Le droit à acquitter pour l'étude des demandes d'approbation d'un plan de travail relatif à l'exploration des sulfures polymétalliques est d'un montant fixe de 500 000 dollars des États-Unis ou l'équivalent dans une monnaie librement convertible, payable intégralement au moment de la présentation de la demande.

2. Si les dépenses d'administration qu'elle a engagées pour traiter une demande sont inférieures au montant forfaitaire prévu au paragraphe 1 ci-dessus, l'Autorité rembourse la différence au demandeur. Si les dépenses d'administration que l'Autorité a engagées pour traiter une demande sont supérieures au montant forfaitaire prévu au paragraphe 1 ci-dessus, le demandeur doit verser la différence à l'Autorité, étant entendu que tout montant supplémentaire à verser par le demandeur ne peut excéder 10 % dudit montant forfaitaire.

3. Compte tenu des critères établis à cette fin par la Commission des finances, le Secrétaire général fixe le montant des différences visées au paragraphe 2 et en donne notification au demandeur. La notification fait état des dépenses engagées par l'Autorité. Le montant dû est acquitté par le demandeur ou remboursé par l'Autorité dans un délai de trois mois à compter de la signature du contrat visé à l'article 25 ci-après.

4. Le Conseil réexamine périodiquement le montant forfaitaire prévu au paragraphe 1 ci-dessus pour s'assurer qu'il couvre les dépenses d'administration afférentes au traitement des demandes et éviter que le demandeur n'ait à verser des montants supplémentaires conformément au paragraphe 2 ci-dessus[3].

---

[3] ISBA/20/A/10, en date du 24 juillet 2014, modifications

Section 4
Traitement des demandes

Article 22
Réception, accusé de réception et garde des demandes

Le Secrétaire général :

a) Accuse réception par écrit, dans les 30 jours de sa réception, toute demande d'approbation d'un plan de travail relatif à l'exploration soumis conformément à la présente Partie, en spécifiant la date de la réception;

b) Dépose la demande avec ses pièces jointes et annexes en lieu sûr et veille à ce que la confidentialité de toutes les données et informations confidentielles fournies dans la demande soit protégée; et

c) Avise les membres de l'Autorité de la réception de la demande et leur communique les renseignements non confidentiels d'ordre général y relatifs.

Article 23
Examen des demandes par la Commission juridique et technique

1. Dès réception d'une demande d'approbation d'un plan de travail relatif à l'exploration, le Secrétaire général en avise les membres de la Commission juridique et technique et en inscrit l'examen à l'ordre du jour de la réunion suivante de la Commission. La Commission n'examine que les demandes dont le Secrétaire général l'a avisée et au sujet desquelles il lui a communiqué des renseignements, conformément à l'alinéa c) de l'article 22, au moins 30 jours avant le début de la réunion au cours de laquelle elles doivent être examinées.

2. La Commission examine les demandes dans l'ordre de leur réception.

3. La Commission s'assure que le demandeur :

a) S'est conformé aux dispositions du présent Règlement;

b) A pris les engagements et donné les assurances visés à l'article 15;

c) Dispose de la capacité financière et technique nécessaire pour exécuter le plan de travail relatif à l'exploration proposé et lui a communiqué des informations détaillées attestant sa capacité à exécuter rapidement des ordres émis en cas d'urgence; et

d) S'est dûment acquitté des obligations qui lui incombaient en vertu de tout contrat conclu antérieurement avec l'Autorité.

4. Conformément aux dispositions du Règlement et à ses procédures, la Commission détermine si le plan de travail relatif à l'exploration proposé :

a) Assure une protection effective de la santé et de la sécurité des êtres humains;

b) Assure une protection et une préservation effectives du milieu marin, y compris mais sans s'y limiter, du point de vue de son impact sur la diversité biologique;

c) Apporte la garantie que des installations ne seront pas mises en place là où elles risqueraient d'entraver l'utilisation de voies de circulation reconnues essentielles à la navigation internationale ni dans des zones où se pratique une pêche intensive.

5. Si elle conclut que les conditions énoncées au paragraphe 3 sont remplies et que le plan de travail relatif à l'exploration proposé satisfait à celles posées au paragraphe 4, la Commission recommande au Conseil d'approuver le plan de travail relatif à l'exploration.

6. La Commission ne recommande pas l'approbation du plan de travail relatif à l'exploration si une partie ou la totalité de la zone visée par le plan proposé est comprise :

a) Dans un plan de travail relatif à l'exploration de sulfures polymétalliques approuvé par le Conseil;

b) Dans un plan de travail relatif à l'exploration ou l'exploitation d'autres ressources approuvé par le Conseil, si le plan de travail proposé pour l'exploration de sulfures polymétalliques risque d'entraver indûment les activités menées dans le cadre du plan approuvé pour d'autres ressources; ou

c) Dans une zone dont le Conseil a exclu l'exploitation parce que des éléments substantiels attestent qu'il existe un risque de causer un dommage grave au milieu marin.

7. La Commission juridique et technique peut recommander l'approbation d'un plan de travail si elle estime que cette approbation n'autorisera pas un État partie ou d'autres entités parrainées par lui à exercer un monopole sur la conduite d'activités en rapport avec des sulfures polymétalliques dans la Zone ou à empêcher d'autres États parties de se livrer à des activités du même type dans la Zone.

8. Sauf dans le cas de demandes présentées par l'Entreprise en son nom propre ou au nom d'une entreprise conjointe et de demandes relevant de l'article 18, la Commission ne recommande pas l'approbation du plan de travail relatif à l'exploration proposé si une partie ou la totalité de la zone sur laquelle il porte est comprise dans un secteur réservé ou un secteur désigné par le Conseil comme devant être réservé.

9. Si elle conclut qu'une demande n'est pas conforme au présent Règlement, la Commission adresse au demandeur, par l'intermédiaire du Secrétaire général, une notification écrite motivée. Le demandeur peut modifier sa demande dans un délai de 45 jours à compter de ladite notification. Si la Commission estime, après examen de la demande modifiée, qu'elle ne doit pas recommander l'approbation du plan de travail relatif à l'exploration, elle en informe le demandeur, lequel dispose alors d'un délai de 30 jours pour présenter des observations. La Commission tient compte de ces observations dans son rapport et sa recommandation au Conseil.

10. Lorsqu'elle examine un plan de travail relatif à l'exploration, la Commission tient compte des principes, politiques et objectifs concernant les activités menées dans la Zone énoncés dans la partie XI et l'annexe III de la Convention et dans l'Accord.

11. La Commission examine les demandes avec diligence et soumet dès que possible, compte tenu du calendrier des réunions de l'Autorité, au Conseil son

rapport et ses recommandations concernant la désignation des secteurs et le plan de travail relatif à l'exploration.

12. Dans l'exercice de ses attributions, la Commission applique le présent Règlement et les règles, règlements et procédures de l'Autorité de façon uniforme et non discriminatoire.

Article 24
Examen et approbation par le Conseil des plans de travail relatifs à l'exploration

Le Conseil examine les rapports et recommandations de la Commission concernant l'approbation des plans de travail relatifs à l'exploration, conformément aux paragraphes 11 et 12 de la section 3 de l'annexe de l'Accord.

Partie IV
Contrats relatifs à l'exploration

Article 25
Le contrat

1. Une fois approuvé par le Conseil, le plan de travail relatif à l'exploration est consigné dans un contrat conclu entre l'Autorité et le demandeur conformément à l'annexe 3 du présent Règlement. Chaque contrat doit contenir les clauses types énoncées à l'annexe 4, en vigueur à la date de prise d'effet du contrat.

2. Le contrat est signé par le Secrétaire général agissant au nom de l'Autorité et par le demandeur. Le Secrétaire général avise par écrit tous les membres de l'Autorité de la conclusion de chaque contrat.

Article 26
Droits du contractant

1. Le contractant a le droit exclusif d'explorer le secteur visé par le plan de travail relatif à l'exploration de sulfures polymétalliques. L'Autorité garantit qu'aucune autre entité n'exerce dans le même secteur des activités portant sur d'autres ressources d'une façon qui puisse gêner les activités du contractant.

2. Un contractant qui a fait approuver un plan de travail portant uniquement sur l'exploration a préférence et priorité sur les demandeurs qui soumettent un plan de travail portant sur l'exploitation du même secteur et des mêmes ressources. Cette préférence et ce rang de priorité peuvent toutefois lui être retirés par le Conseil s'il ne s'est pas conformé aux stipulations du plan de travail relatif à l'exploration approuvé dans le délai fixé dans la ou les notifications que le Conseil lui a adressées par écrit pour lui signaler les stipulations non respectées. Le délai prescrit dans une telle notification ne doit pas être déraisonnable. La possibilité raisonnable de faire valoir ses arguments est donnée au contractant avant que la décision de retirer à celui-ci la préférence ou le rang de priorité ne devienne définitive. Le Conseil motive sa décision de retrait et examine toute réponse du contractant. La décision du Conseil tient compte de cette réponse et est fondée sur des preuves suffisantes.

3. Le retrait d'une préférence ou d'un rang de priorité ne peut devenir effectif tant que le contractant n'a pas eu raisonnablement la possibilité d'épuiser les

recours judiciaires dont il dispose conformément à la section 5 de la partie XI de la Convention.

Article 27
Superficie du secteur et restitution

1. Le contractant restitue conformément au paragraphe 2 du présent article le secteur qui lui a été attribué. Les zones à restituer ne sont pas nécessairement contiguës et sont délimitées par le contractant sous forme de sous-blocs comprenant une ou plusieurs mailles d'une grille définie par l'Autorité.

2. La superficie totale du secteur attribué au contractant en vertu du contrat ne peut dépasser 10 000 kilomètres carrés. Le contractant restitue des parties de la zone qui lui a été attribuée, selon le calendrier suivant :

   a) À la fin de la huitième année suivant la date du contrat, le contractant doit avoir restitué 50 % au moins du secteur initial qui lui a été attribué;

   b) À la fin de la dixième année suivant la date du contrat, le contractant doit avoir restitué 75 % au moins du secteur initial qui lui a été attribué; ou

3. Avant les dates prévues dans le calendrier défini au paragraphe 2, le contractant peut à tout moment restituer des parties du secteur qui lui a été attribué, à condition qu'il ne soit pas tenu de restituer d'autres parties de ce secteur lorsque la superficie de la partie restant après la restitution ne dépasse pas 2 500 kilomètres carrés.

4. Les secteurs restitués retournent à la Zone.

5. À la fin de la quinzième année suivant la date du contrat, ou à la date à laquelle il présente une demande de droit d'exploitation, si cette date est antérieure, le contractant désigne dans le secteur restant qui lui a été attribué un secteur qu'il conservera aux fins d'exploitation.

6. Dans des circonstances exceptionnelles, le Conseil peut, à la demande du contractant et sur recommandation de la Commission, suspendre le calendrier des restitutions. Ces circonstances exceptionnelles sont déterminées par le Conseil et incluent notamment les circonstances économiques du moment ou d'autres circonstances exceptionnelles imprévues liées aux activités opérationnelles du contractant.

Article 28
Durée des contrats

1. Les plans de travail relatifs à l'exploration sont approuvés pour 15 ans. Lorsqu'un plan de travail relatif à l'exploration arrive à expiration, le contractant doit, à moins qu'il ne l'ait déjà fait, que le plan n'ait été prorogé ou qu'il ne décide de renoncer à ses droits dans la zone visée par le plan, présenter une demande d'approbation d'un plan de travail relatif à l'exploitation.

2. Au plus tard six mois avant l'expiration d'un plan de travail relatif à l'exploration, le contractant peut en demander la prorogation pour des périodes ne dépassant pas cinq ans chacune. Ces prorogations sont approuvées par le Conseil, sur recommandation de la Commission, si le contractant s'est efforcé de bonne foi de se conformer aux stipulations du plan de travail mais n'a pas pu, pour des raisons

indépendantes de sa volonté, achever les travaux préparatoires nécessaires pour passer à la phase d'exploitation ou si les circonstances économiques du moment ne justifient pas le passage à cette phase.

Article 29
Formation

En application de l'article 15 de l'annexe III de la Convention, chaque contrat comporte en annexe un programme de formation pratique du personnel de l'Autorité et d'États en développement, établi par le contractant en coopération avec l'Autorité et le ou les États patronnant la demande. Les programmes sont axés sur la formation à l'exploration et doivent permettre la pleine participation de ce personnel à toutes les activités sur lesquelles porte le contrat. Les programmes de formation peuvent être modifiés et développés de temps à autre, selon que de besoin, par consentement mutuel.

Article 30
Examen périodique de l'exécution du plan de travail relatif à l'exploration

1. Le contractant et le Secrétaire général procèdent en commun tous les cinq ans à un examen de l'exécution du plan de travail relatif à l'exploration. Le Secrétaire général peut demander au contractant de lui communiquer toutes données et informations supplémentaires qui peuvent être nécessaires aux fins de cet examen.

2. À la lumière de l'examen, le contractant indique son programme d'activités pour les cinq années suivantes en ajustant son programme d'activités antérieur comme nécessaire.

3. Le Secrétaire général rend compte de cet examen à la Commission et au Conseil. Il indique dans son rapport s'il a été tenu compte, aux fins de l'examen, des observations qui auront pu lui être communiquées par des États Parties à la Convention sur la manière dont le contractant s'est acquitté des obligations qui lui incombent en vertu du présent Règlement concernant la protection et la préservation du milieu marin.

Article 31
Cessation du patronage

1. Tout contractant doit être dûment patronné pendant toute la durée du contrat.

2. Si un État met fin à son patronage, il adresse sans retard au Secrétaire général une notification écrite et motivée. La cessation du patronage prend effet six mois après la date de réception de la notification par le Secrétaire général, à moins que la notification ne spécifie une date plus tardive.

3. S'il est mis fin à un patronage, le contractant doit, dans le délai prévu au paragraphe 2, trouver un nouvel État pour le patronner. Celui-ci doit présenter un certificat de patronage conformément à l'article 11. Si le contractant n'obtient pas de patronage dans le délai prescrit, il est mis fin à son contrat.

4. Un État ayant patronné une demande n'est libéré en raison de la cessation de son patronage d'aucune des obligations mises à sa charge pendant qu'il avait la

qualité d'État patronnant, et la cessation du patronage est sans effet sur les droits et obligations créés en cours de patronage.

5. Le Secrétaire général notifie aux membres de l'Autorité toute cessation ou tout changement de patronage.

Article 32
Responsabilité

La responsabilité du contractant et celle de l'Autorité sont régies par la Convention. Le contractant demeure responsable de tout dommage résultant d'actes illicites commis dans la conduite de ses opérations, en particulier de tout dommage au milieu marin, après l'achèvement de la phase d'exploration.

Partie V
Protection et préservation du milieu marin

Article 33
Protection et préservation du milieu marin

1. L'Autorité, conformément à la Convention et à l'Accord, établit et revoit périodiquement des règles, règlements et procédures en matière d'environnement afin de protéger efficacement le milieu marin des effets nocifs pouvant résulter d'activités menées dans la Zone.

2. Afin de protéger efficacement le milieu marin contre les effets nocifs pouvant résulter d'activités menées dans la Zone, l'Autorité et les États qui patronnent ces activités leur appliquent le principe de précaution posé dans le principe 15 de la Déclaration de Rio et les meilleures pratiques écologiques.

3. La Commission juridique et technique fait des recommandations au Conseil concernant l'application des paragraphes 1 et 2 ci-dessus.

4. La Commission formule et applique les procédures voulues pour déterminer, à partir des informations scientifiques et techniques disponibles les plus sûres, notamment les informations communiquées en application de l'article 20 du présent Règlement, si des activités d'exploration qu'il est proposé de mener dans la Zone risquent d'entraîner des effets nocifs importants sur des écosystèmes marins vulnérables, en particulier des sources hydrothermales, et pour garantir que les activités d'exploration proposées dont il aura été ainsi déterminé qu'elles risquent d'entraîner des effets nocifs importants sur des écosystèmes marins vulnérables ou bien soient menées de telle façon que ces effets nocifs soient évités ou bien ne reçoivent pas l'autorisation nécessaire.

5. Conformément à l'article 145 de la Convention et au paragraphe 2 du présent article, chaque contractant prend les mesures nécessaires pour prévenir, réduire et maîtriser autant qu'il est raisonnablement possible la pollution du milieu marin et faire face aux autres risques qui menacent celui-ci du fait des activités qu'il mène dans la Zone, en appliquant le principe de précaution ainsi que les meilleures pratiques écologiques.

6. Les contractants, les États qui les patronnent et les autres États ou entités intéressés coopèrent avec l'Autorité à l'élaboration et à l'exécution de programmes de surveillance et d'évaluation de l'impact sur le milieu marin de l'extraction

minière dans les grands fonds marins. Lorsqu'ils sont demandés par le Conseil, ces programmes comprennent des propositions concernant des zones à mettre en réserve et à utiliser exclusivement comme zones témoins d'impact et de préservation. Le terme « zone témoin d'impact » s'entend d'une zone qui doit être utilisée pour évaluer les effets sur le milieu marin des activités menées dans la Zone et qui est représentative des caractéristiques environnementales de la Zone. Le terme « zone témoin de préservation » s'entend d'une zone dans laquelle toute activité d'extraction minière est exclue afin de préserver des biotes stables et représentatifs des fonds marins et d'évaluer tous changements de la diversité biologique du milieu marin.

Article 34
Profils écologiques témoins et surveillance du milieu marin

1. Tout contrat requiert du contractant qu'il collecte des données écologiques de base et établisse, en tenant compte de toute recommandation que pourrait formuler la Commission juridique et technique en application de l'article 41, des profils écologiques témoins par rapport auxquels seront évalués les effets que les activités menées au titre de son plan de travail relatif à l'exploration sont susceptibles d'avoir sur le milieu marin, ainsi qu'un programme destiné à surveiller ces effets et à en rendre compte. Dans ses recommandations, la Commission peut notamment énumérer les activités d'exploration qui ne sont pas susceptibles d'avoir des effets nocifs sur le milieu marin. Le contractant coopère avec l'Autorité et l'État ou les États qui le patronnent pour élaborer et appliquer ce programme de surveillance.

2. Le contractant rend compte chaque année par écrit au Secrétaire général de l'application et des résultats du programme de surveillance visé au paragraphe 1 et soumet des données et informations, compte tenu de toutes recommandations formulées par la Commission en application de l'article 41. Le Secrétaire général transmet ces rapports des contractants à la Commission pour examen en application de l'article 165 de la Convention.

Article 35
Ordres en cas d'urgence

1. Le contractant notifie promptement par écrit au Secrétaire général, en utilisant les moyens les plus efficaces, tout incident résultant de ses activités qui a causé, qui cause ou qui menace de causer un dommage grave au milieu marin.

2. Lorsqu'un incident résultant des activités d'un contractant dans la Zone ou occasionné par celles-ci, qui a causé, cause ou menace de causer un dommage grave au milieu marin, lui est notifié par un contractant ou vient autrement à sa connaissance, le Secrétaire général fait donner notification générale de l'incident, en avise par écrit le contractant et l'État ou les États qui le patronnent, et fait immédiatement rapport à la Commission juridique et technique, au Conseil et à tous les autres membres de l'Autorité. Copie du rapport est communiquée à tous les membres de l'Autorité, aux organisations internationales compétentes et aux organisations et organes sous-régionaux, régionaux et mondiaux concernés. Dans tous les cas d'incident de ce type, le Secrétaire général suit l'évolution de la situation et, s'il le juge nécessaire, fait rapport à la Commission, au Conseil et à tous les autres membres de l'Autorité.

3. En attendant que le Conseil statue, le Secrétaire général prend immédiatement toutes les mesures conservatoires d'ordre pratique qui peuvent raisonnablement être prises en l'espèce pour prévenir, maîtriser et réduire au minimum tout dommage ou menace de dommage grave au milieu marin. Ces mesures restent en vigueur pendant au maximum 90 jours ou jusqu'à ce que le Conseil décide, à sa prochaine session ordinaire ou à une session extraordinaire, des éventuelles dispositions à prendre en application du paragraphe 6 du présent article.

4. Après avoir reçu le rapport du Secrétaire général, la Commission détermine, sur la base des éléments qui lui sont communiqués et compte tenu des mesures déjà prises par le contractant, les dispositions nécessaires pour faire face efficacement audit incident et prévenir, maîtriser et réduire au minimum tout dommage ou menace de dommage grave au milieu marin, et fait ses recommandations au Conseil.

5. Le Conseil examine les recommandations de la Commission.

6. Le Conseil, compte tenu des recommandations de la Commission, du rapport du Secrétaire général, de toute information fournie par le contractant et de toute autre information pertinente, peut émettre les ordres en cas d'urgence – y compris, le cas échéant, l'ordre de suspendre ou de modifier les opérations – raisonnablement nécessaires pour prévenir, maîtriser et réduire au minimum tout dommage ou menace de dommage grave au milieu marin résultant d'activités menées dans la Zone.

7. Si un contractant ne se conforme pas rapidement à un ordre en cas d'urgence donné par le Conseil visant à prévenir, maîtriser et réduire au minimum un dommage ou une menace de dommage grave au milieu marin résultant de ses activités dans la Zone, le Conseil prend, lui-même ou par l'intermédiaire de tiers agissant en son nom, les mesures concrètes nécessaires pour prévenir, maîtriser ou réduire au minimum ce dommage ou cette menace de dommage grave au milieu marin.

8. Afin de permettre au Conseil, si nécessaire, de prendre immédiatement les mesures concrètes visées au paragraphe 7 pour prévenir, maîtriser et réduire au minimum un dommage ou une menace de dommage grave au milieu marin, le contractant, avant de commencer l'expérimentation des procédés de collecte et de traitement, fournit au Conseil une garantie de son aptitude financière et technique à se conformer rapidement aux ordres donnés en cas d'urgence ou à faire en sorte que le Conseil puisse prendre des mesures d'urgence. Si le contractant ne donne pas au Conseil une telle garantie, l'État ou les États qui le patronnent, en réponse à une demande du Secrétaire général et en application des articles 139 et 235 de la Convention, prennent les dispositions requises pour que le contractant fournisse ladite garantie ou pour qu'une aide soit apportée à l'Autorité dans l'exercice des responsabilités qui lui incombent en vertu du paragraphe 7.

Article 36
Droits des États côtiers

1. Aucune disposition du présent Règlement ne porte atteinte aux droits des États côtiers tels que définis à l'article 142 et dans les autres dispositions pertinentes de la Convention.

2. Tout État côtier qui a des raisons de penser qu'une activité menée dans la Zone par un contractant est susceptible de causer ou de menacer de causer un dommage

grave au milieu marin dans des zones maritimes sur lesquelles il exerce sa juridiction ou sa souveraineté peut en aviser par écrit le Secrétaire général pour lui exposer ces raisons. Le Secrétaire général donne au contractant et à l'État ou aux États qui le patronnent la possibilité raisonnable d'examiner les preuves fournies, le cas échéant, par l'État côtier à l'appui de ses dires. Le contractant et l'État ou les États qui le patronnent peuvent présenter leurs observations sur la question au Secrétaire général dans un délai raisonnable.

3. S'il existe des raisons sérieuses de croire que le milieu marin risque de subir un dommage grave, le Secrétaire général prend les dispositions décrites à l'article 35 et, si nécessaire, prend immédiatement des mesures conservatoires comme prévu au paragraphe 3 de l'article 35.

4. Les contractants prennent toutes les mesures nécessaires pour que leurs activités soient menées de manière à ne pas causer de dommage grave – y compris, mais sans s'y limiter, de pollution – au milieu marin se trouvant sous la juridiction ou la souveraineté d'États côtiers et pour que les dommages graves ou les pollutions résultant d'incidents survenus ou d'activités menées dans leur zone d'exploration ne s'étendent pas au-delà de cette zone.

Article 37
Restes humains, objets et sites présentant un caractère archéologique ou historique

Le contractant notifie immédiatement par écrit au Secrétaire général toute découverte, dans son secteur d'exploration, de tous restes humains, objets ou sites présentant un caractère archéologique ou historique, ainsi que leur emplacement et les mesures de protection et de préservation prises. Le Secrétaire général transmet ces informations au Directeur général de l'Organisation des Nations Unies pour l'éducation, la science et la culture et à toute autre organisation internationale compétente. Lorsque de tels restes humains, objets ou sites sont découverts dans un secteur d'exploration, et pour éviter d'en altérer l'état, il ne sera mené aucune nouvelle activité de prospection ou d'exploration dans un rayon de dimension raisonnable tant que le Conseil n'en aura pas décidé autrement en tenant compte des avis du Directeur général de l'Organisation des Nations Unies pour l'éducation, la science et la culture ou de toute autre organisation internationale compétente.

Partie VI
Confidentialité

Article 38
Confidentialité des données et informations

1. Sont réputées confidentielles les données et informations présentées ou communiquées à l'Autorité, ou à toute personne participant à un programme ou une activité de l'Autorité en application du présent Règlement ou d'un contrat émis en vertu du présent Règlement, que le contractant, en consultation avec le Secrétaire général, a désignées comme telles, à moins qu'il ne s'agisse de données et informations :

a) Qui sont de notoriété publique ou facilement accessibles auprès d'autres sources;

b) Que leur propriétaire a antérieurement rendues accessibles sans obligation de confidentialité; ou

c) Dont l'Autorité est déjà en possession sans obligation de confidentialité.

Les données et informations qui sont nécessaires à l'élaboration par l'Autorité des règles, règlements et procédures relatifs à la protection et à la préservation du milieu marin et à la sécurité, autres que les données relatives à la conception de l'équipement qui sont de propriété industrielle, ne sont pas considérées comme confidentielles.

2. Le Secrétaire général, le personnel du Secrétariat, autorisé par le Secrétaire général, et les membres de la Commission juridique et technique ne peuvent utiliser les données et informations confidentielles que dans la mesure nécessaire à l'exercice effectif de leurs attributions et fonctions. Le Secrétaire général n'en autorise l'accès aux membres du personnel du Secrétariat et de la Commission juridique et technique que dans le cadre de leurs fonctions et attributions et pour un usage précis.

3. Dix ans après la date à laquelle les données et informations confidentielles ont été communiquées à l'Autorité ou la date d'expiration du contrat d'exploration si celle-ci est postérieure, et tous les cinq ans par la suite, le Secrétaire général et le contractant passent en revue ces données et informations pour déterminer si elles doivent demeurer confidentielles. Demeurent confidentielles celles dont le contractant considère que la divulgation serait susceptible de lui causer injustement un grave préjudice économique. Aucune donnée ou information n'est divulguée avant que le contractant n'ait raisonnablement eu la possibilité d'épuiser les recours judiciaires dont il dispose conformément à la section 5 de la partie XI de la Convention.

4. Si, à tout moment après l'expiration du contrat d'exploration, le contractant conclut un contrat d'exploitation relatif à un secteur de la zone d'exploration, les données et informations confidentielles se rapportant à ce secteur restent confidentielles, conformément au contrat d'exploitation.

5. Le contractant peut, à tout moment, lever la confidentialité des données et informations.

Article 39
Protection de la confidentialité

1. Le Secrétaire général veille au respect du caractère confidentiel de toutes les données et informations et ne les divulgue pas à des personnes extérieures à l'Autorité, sauf autorisation écrite préalable du contractant. Pour garantir la confidentialité des données et informations, il met au point des procédures, conformément aux dispositions de la Convention, qui régissent l'utilisation d'informations confidentielles par le Secrétariat, les membres de la Commission juridique et technique et toute autre personne participant à une activité ou un programme de l'Autorité. Ces procédures consistent notamment :

a) À conserver en lieu sûr les données et informations confidentielles et à prévoir des mesures de sécurité pour prévenir tout accès non autorisé à ces données et informations ou leur saisie;

b) À mettre au point un système de classement, d'enregistrement et d'inventaire de toutes les données et informations écrites reçues, y compris le type, l'origine et le cheminement de ces données et informations depuis leur réception jusqu'à leur dernière utilisation.

2. Les personnes autorisées à accéder à des données et informations confidentielles en vertu du présent Règlement ne les divulguent pas, sauf dans les cas prévus par la Convention et le présent Règlement. Le Secrétaire général demande à toute personne ayant accès à des données et informations confidentielles de faire une déclaration écrite en sa présence ou en présence de son représentant accrédité, aux termes de laquelle cette personne :

a) Reconnaît qu'elle est juridiquement tenue, en vertu de la Convention et du présent Règlement, de ne pas divulguer les données et informations confidentielles;

b) S'engage à respecter les règles et procédures établies pour garantir le caractère confidentiel de ces données et informations.

3. La Commission juridique et technique protège la confidentialité de toutes les données et informations qui lui sont communiquées conformément au présent Règlement ou à un contrat émis en vertu du présent Règlement. En application de l'article 163, paragraphe 8, de la Convention, les membres de la Commission ne doivent divulguer, même après la cessation de leurs fonctions, aucun secret industriel, aucune donnée qui est propriété industrielle et qui a été communiquée à l'Autorité en application de l'article 14 de l'annexe III de la Convention, ni aucun autre renseignement confidentiel dont ils ont connaissance à raison de leurs fonctions au service de l'Autorité.

4. Le Secrétaire général et le personnel de l'Autorité ne doivent divulguer, même après la cessation de leurs fonctions, aucun secret industriel, aucune donnée qui est propriété industrielle et qui a été communiquée à l'Autorité en application de l'article 14 de l'annexe III de la Convention, ni aucun autre renseignement confidentiel dont ils ont connaissance à raison de leurs fonctions au service de l'Autorité.

5. Compte tenu de sa responsabilité visée à l'article 22 de l'annexe III de la Convention, l'Autorité peut prendre des mesures appropriées contre toute personne qui, à raison de fonctions au service de l'Autorité, a accès à des données et informations confidentielles et n'a pas observé les obligations de confidentialité énoncées dans la Convention et dans le présent Règlement.

Partie VII
Procédures de caractère général

Article 40
Notification et procédures de caractère général

1. Toute demande, requête, notification, approbation, renonciation, directive ou instruction ou tout rapport ou consentement aux fins du présent Règlement sont formulés par écrit par le Secrétaire général ou par le représentant désigné du prospecteur, du demandeur ou du contractant, selon le cas. Les notifications sont faites à personne ou par télex, télécopie, lettre recommandée expédiée par avion ou

courrier électronique authentifié par une signature électronique autorisée adressés au Secrétaire général au siège de l'Autorité ou au représentant désigné.

2. La notification à personne prend effet au moment où elle est faite. La notification par télex est réputée effectuée le jour ouvrable suivant le jour où la mention « réponse » apparaît sur l'appareil de télex de l'expéditeur. La notification par télécopie prend effet lorsque l'expéditeur reçoit « l'accusé de réception » confirmant la transmission au numéro de télécopie publié du destinataire. La notification par lettre recommandée expédiée par avion est réputée effectuée 21 jours après que la lettre a été postée. Un document électronique est réputé reçu par son destinataire lorsqu'il entre dans un système informatique conçu ou utilisé par le destinataire pour recevoir des documents du type de celui qui lui est adressé et qu'il peut être récupéré et traité par ce destinataire.

3. La notification au représentant désigné du prospecteur, du demandeur ou du contractant vaut notification au prospecteur, demandeur ou contractant aux fins du présent Règlement, et le représentant désigné est le représentant du prospecteur, du demandeur ou du contractant aux fins de signification ou de notification à l'occasion de toute instance devant toute juridiction compétente.

4. La notification au Secrétaire général vaut notification à l'Autorité aux fins du présent Règlement, et le Secrétaire général est le représentant de celle-ci aux fins de signification ou de notification à l'occasion de toute instance devant toute juridiction compétente.

Article 41
Recommandations à l'intention des contractants

1. La Commission juridique et technique peut formuler de temps à autre des recommandations de caractère technique ou administratif à l'intention des contractants pour aider ceux-ci à appliquer les règles, règlements et procédures de l'Autorité.

2. Le texte intégral de ces recommandations est communiqué au Conseil. S'il estime qu'une recommandation est incompatible avec le but et l'objet du présent Règlement, le Conseil peut en demander la modification ou le retrait.

Partie VIII
Règlement des différends

Article 42
Différends

1. Tout différend relatif à l'interprétation ou à l'application du présent Règlement est réglé conformément à la section 5 de la partie XI de la Convention.

2. Toute décision définitive rendue par une cour ou un tribunal ayant compétence en vertu de la Convention au sujet des droits et obligations de l'Autorité et du contractant est exécutoire sur le territoire de tout État partie à la Convention.

Partie IX
Ressources autres que les sulfures polymétalliques

Article 43
Ressources autres que les sulfures polymétalliques

Si un prospecteur ou un contractant trouve dans la Zone des ressources autres que des sulfures polymétalliques, la prospection, l'exploration et l'exploitation de ces ressources sont soumises aux règles, règlements et procédures de l'Autorité concernant ces ressources, conformément à la Convention et à l'Accord. Le prospecteur ou le contractant notifie sa découverte à l'Autorité.

Partie X
Révision

Article 44
Révision

1. Cinq ans après l'approbation du présent Règlement par l'Assemblée ou à tout autre moment par la suite, le Conseil procède à un examen de la manière dont le Règlement a fonctionné dans la pratique.

2. Si le progrès des connaissances ou des techniques fait apparaître que le Règlement n'est pas adéquat, tout État partie ainsi que la Commission juridique et technique et tout contractant agissant sous couvert de l'État qui le patronne ont, à tout moment, la faculté de demander au Conseil d'examiner, à sa prochaine session ordinaire, des projets de révision du Règlement.

3. À la lumière de cet examen, le Conseil peut adopter des amendements au Règlement et les appliquer à titre provisoire en attendant leur approbation par l'Assemblée, en tenant compte des recommandations de la Commission juridique et technique ou des organes subsidiaires intéressés. Les amendements éventuels du Règlement ne portent pas atteinte aux droits acquis par un contractant de l'Autorité en vertu d'un contrat conclu conformément au Règlement en vigueur à la date où lesdits amendements ont été adoptés.

4. Au cas où l'une quelconque des dispositions du présent Règlement serait modifiée, le contractant et l'Autorité peuvent réviser le contrat conformément à l'article 24 de l'annexe 4.

Annexe 1

Notification d'intention de prospecter

1. Nom ou raison sociale du prospecteur :

2. Adresse civique :

3. Adresse postale (si elle est différente de l'adresse civique) :

4. Numéro de téléphone :

5. Numéro de télécopie :

6. Adresse électronique :

7. Nationalité du prospecteur :

8. Si le prospecteur est une personne morale, indiquer

    a) Son lieu d'immatriculation; et

    b) Son établissement principal/domicile;

    et joindre copie de son certificat d'immatriculation.

9. Nom du représentant désigné du prospecteur :

10. Adresse civique du représentant désigné du prospecteur (si elle est différente de l'adresse indiquée plus haut) :

11. Adresse postale (si elle est différente de l'adresse civique) :

12. Numéro de téléphone :

13. Numéro de télécopie :

14. Adresse électronique :

15. Joindre les coordonnées de la ou des grandes zones devant être prospectées par référence au Système géodésique mondial WGS 84.

16. Joindre une description générale du programme de prospection, notamment la date à laquelle il doit démarrer et sa durée approximative.

17. Joindre une lettre dans laquelle le prospecteur s'engage à :

    a) Respecter les dispositions de la Convention et des règles, règlements et procédures de l'Autorité concernant :

        i) La coopération aux programmes de formation en matière de recherche scientifique marine et les transferts de techniques visées aux articles 143 et 144 de la Convention; et

        ii) La protection et la préservation du milieu marin; et à

    b) Accepter que l'Autorité vérifie que le contractant s'acquitte effectivement des ces obligations.

18. Fournir la liste de toutes les pièces jointes et annexes à la présente notification (toutes les données et informations doivent être présentées sur support papier et sous la forme numérique prescrite par l'Autorité) :

Date : _____ _____
Signature du représentant désigné
du prospecteur

Attestation

_____
Signature de l'auteur de l'attestation

_____
Nom de l'auteur de l'attestation

_____
Qualité de l'auteur de l'attestation

Annexe 2

Demande d'approbation d'un plan de travail relatif à l'exploration aux fins de l'obtention d'un contrat

Section I
Renseignements concernant le demandeur

1. Nom ou raison sociale du demandeur :

2. Adresse civique :

3. Adresse postale (si elle est différente de l'adresse civique) :

4. Numéro de téléphone :

5. Numéro de télécopie :

6. Adresse électronique :

7. Nom du représentant désigné du demandeur :

8. Adresse civique du représentant désigné du demandeur (si elle est différente de l'adresse civique du prospecteur) :

9. Adresse postale (si elle est différente de l'adresse civique) :

10. Numéro de téléphone :

11. Numéro de télécopie :

12. Adresse électronique :

13. Si le demandeur est une personne morale, indiquer :

    a) Son lieu d'immatriculation; et

    b) Son établissement principal/domicile;

    et joindre copie de son certificat d'immatriculation.

14. Indiquer l'État ou les États patronnant la demande.

15. Pour chaque État patronnant la demande, préciser la date à laquelle il a déposé son instrument de ratification de la Convention des Nations Unies sur le droit de la mer de 1982 ou son instrument d'adhésion ou de succession à cette convention, ainsi que la date à laquelle il a consenti à être lié par l'Accord relatif à l'application de la partie XI de la Convention des Nations Unies sur le droit de la mer en date du 10 décembre 1982.

16. Joindre un certificat de patronage délivré par l'État patronnant la demande. Si le demandeur a plus d'une nationalité, comme dans le cas d'une association ou d'un consortium composé d'entités relevant de plus d'un État, joindre les certificats de patronage délivrés par chacun des États concernés.

Section II
Informations relatives à la zone visée par la demande

17. Délimiter les blocs visés par la demande en joignant une carte à l'échelle et selon la projection prescrites par l'Autorité ainsi qu'une liste des coordonnées géographiques par référence au Système géodésique mondial WGS 84.

18. Indiquer si le demandeur choisit de remettre un secteur réservé conformément à l'article 17 du Règlement ou d'offrir de participer au capital d'une entreprise conjointe conformément à l'article 19.

19. Si le demandeur choisit de remettre un secteur réservé :

   a) Joindre une carte (à l'échelle et selon la projection prescrites par l'Autorité) et une liste des coordonnées permettant de diviser la zone visée par la demande en deux parties de valeur commerciale estimative égale; et

   b) Fournir dans une pièce jointe suffisamment d'informations pour permettre au Conseil de désigner un secteur réservé en se fondant sur la valeur estimative commerciale de chaque partie de la zone visée par la demande. Dans cette pièce doivent figurer les données dont dispose le demandeur sur les deux parties de ladite zone, notamment :

   i) Des données sur l'emplacement, le relevé et l'évaluation des sulfures polymétalliques dans les secteurs, y compris :

   a. La description des techniques de collecte et de traitement des sulfures polymétalliques, qui est nécessaire pour désigner un secteur réservé;

   b. Une carte indiquant les caractéristiques physiques et géologiques de la zone telles que la topographie des fonds marins, les données bathymétriques et les courants de fond, ainsi que des informations sur la fiabilité de ces données;

   c. Une carte indiquant les données obtenues par télédétection (par analyse électromagnétique par exemple) et autres informations de terrain utilisées pour déterminer l'extension latérale de chaque dépôt de sulfures polymétalliques;

   d. Des données obtenues par prélèvement d'échantillons (carottes) et autres données utilisées pour déterminer la troisième dimension des dépôts et par conséquent la teneur et le volume exprimé en tonnes des dépôts de sulfures polymétalliques;

   e. Des données montrant la distribution des sites de sulfures polymétalliques actifs et inactifs, l'époque à laquelle l'activité des sites inactifs a cessé et l'époque à laquelle l'activité des sites actifs a commencé;

   f. Des données indiquant le volume moyen (en tonnes métriques) de chaque dépôt de sulfures polymétalliques qui fera partie du site minier, auxquelles sera jointe une carte montrant l'emplacement des sites d'échantillonnage et les volumes correspondants;

g. Des données montrant la composition élémentaire des métaux présentant un intérêt économique (teneur) obtenues à partir d'analyses chimiques en poids (sec) pour cent parties, auxquelles sera jointe une carte des teneurs à l'intérieur des différents dépôts de sulfures polymétalliques;

h. Des cartes combinant le volume et la teneur des sulfures polymétalliques;

i. Les calculs effectués par des méthodes généralement acceptées, notamment l'analyse statistique, sur la base des données présentées et des hypothèses de calcul, qui autorisent à penser que les deux secteurs contiennent des sulfures polymétalliques d'une valeur commerciale estimative égale, exprimée en fonction des métaux qu'il est possible d'extraire de ces secteurs;

j. Une description des techniques utilisées par le demandeur;

ii) Des données sur l'environnement (tant saisonnières que relevées au cours de la période d'expérimentation), notamment la vitesse et la direction des vents, la salinité et la température de l'eau et la biocénose.

20. Si la zone visée par la demande comprend une partie quelconque d'un secteur réservé, joindre la liste des coordonnées de la zone comprise dans le secteur réservé et indiquer les qualifications du demandeur conformément à l'article 18 du Règlement.

Section III
Informations financières et techniques

21. Fournir suffisamment d'informations pour permettre au Conseil de déterminer si le demandeur est financièrement capable d'exécuter le plan de travail relatif à l'exploration proposé et de s'acquitter de ses obligations financières vis-à-vis de l'Autorité :

a) Si la demande émane de l'Entreprise, joindre une attestation de l'autorité compétente certifiant que l'Entreprise dispose des ressources financières nécessaires pour couvrir le coût estimatif du plan de travail relatif à l'exploration proposé;

b) Si la demande émane d'un État ou d'une entreprise d'État, joindre une attestation de l'État demandeur ou de l'État qui patronne la demande certifiant que le demandeur dispose des ressources financières nécessaires pour couvrir le coût estimatif du plan de travail relatif à l'exploration proposé;

c) Si la demande émane d'une entité, joindre une copie des états financiers vérifiés du demandeur, y compris les bilans et les comptes de profits et pertes correspondant aux trois années précédentes, établis conformément aux principes comptables internationalement reconnus et certifiés par un cabinet d'experts-comptables dûment agréé; et

i) Si le demandeur est une entité nouvellement créée et si l'on ne dispose pas d'un bilan vérifié, un bilan pro forma certifié par un représentant autorisé du demandeur;

ii) Si le demandeur est une filiale d'une autre entité, copie des mêmes états financiers concernant cette entité et une déclaration de la part de celle-ci, établie conformément aux principes comptables internationalement acceptés et certifiée par un cabinet d'experts-comptables dûment agréé, attestant que le demandeur disposera des ressources financières nécessaires pour exécuter le plan de travail relatif à l'exploration;

iii) Si le demandeur est sous le contrôle d'un État ou d'une entreprise d'État, une déclaration de l'État ou de l'entreprise d'État attestant que le demandeur disposera des ressources financières nécessaires pour exécuter le plan de travail relatif à l'exploration.

22. Si le demandeur a l'intention de financer le plan de travail relatif à l'exploration proposé au moyen d'emprunts, joindre une déclaration indiquant le montant, l'échéancier et le taux d'intérêt de ces emprunts.

23. Fournir suffisamment d'informations pour permettre au Conseil de déterminer si le demandeur possède la capacité technique nécessaire pour exécuter le plan de travail relatif à l'exploration proposé, notamment :

   a) Une description générale de l'expérience, des connaissances, des compétences, du savoir-faire et des qualifications techniques du demandeur intéressant l'exécution du plan de travail relatif à l'exploration proposé;

   b) Une description générale du matériel et des méthodes qu'il est prévu d'utiliser pour exécuter le plan de travail relatif à l'exploration proposé et d'autres informations utiles, qui ne sont pas propriété industrielle, portant sur les caractéristiques des techniques envisagées;

   c) Une description générale de la capacité de réaction financière et technique du demandeur au cas où un incident ou une activité causerait un dommage grave au milieu marin.

Section IV
Plan de travail relatif à l'exploration

24. Fournir les informations ci-après concernant le plan de travail relatif à l'exploration :

   a) La description générale et le calendrier du programme d'exploration proposé, y compris le programme d'activités des cinq prochaines années, notamment les études à mener sur les facteurs écologiques, techniques et économiques et les autres facteurs à prendre en considération pour l'exploration;

   b) La description d'un programme d'études océanographiques et environnementales visant à établir des profils océanographiques et écologiques témoins, conformément au Règlement et aux règles, règlements et procédures de l'Autorité concernant l'environnement, qui permette d'évaluer l'impact potentiel sur l'environnement – y compris, mais sans s'y limiter, l'impact sur la diversité biologique – des activités d'exploration proposées, compte tenu de toutes recommandations de la Commission juridique et technique;

c) Une évaluation préliminaire de l'impact possible des activités d'exploration proposées sur le milieu marin;

d) La description des mesures proposées pour prévenir, réduire et maîtriser la pollution et autres risques, ainsi que de leur impact possible sur le milieu marin;

e) Le calendrier des dépenses annuelles prévues au titre du programme d'activités des cinq prochaines années.

Section V
Engagements

25. Joindre une déclaration par laquelle le demandeur s'engage par écrit à :

    a) Accepter comme exécutoires et respecter les obligations qui lui incombent en vertu de la Convention, des règles, règlements et procédures de l'Autorité, des décisions des organes compétents de celle-ci et des clauses des contrats qu'il a conclus avec l'Autorité;

    b) Accepter que l'Autorité exerce sur les activités menées dans la Zone le contrôle autorisé par la Convention;

    c) Fournir à l'Autorité l'assurance écrite qu'il s'acquittera de bonne foi de ses obligations contractuelles.

Section VI
Contrats antérieurs

26. Le demandeur ou, si la demande émane d'une association ou d'un consortium d'entités liées entre elles par un accord de coentreprise, un membre de l'association ou du consortium ou une entité apparentée, ont-ils précédemment conclu un contrat avec l'Autorité?

27. Dans l'affirmative, indiquer :

    a) La date du contrat ou des contrats antérieurs;

    b) La date, la cote et l'intitulé de chacun des rapports relatifs à ce(s) contrat(s) présentés à l'Autorité; et

    c) La date de résiliation de ce(s) contrat(s), le cas échéant.

Section VII
Pièces jointes

28. Fournir la liste de toutes les pièces et annexes jointes à la présente demande (toutes les données et informations doivent être présentées sur support papier et sous la forme numérique spécifiée par l'Autorité).

Date : _____   _____
                                          Signature du représentant désigné
                                          du demandeur

Attestation

_____
Signature de l'auteur de l'attestation

_____
Nom de l'auteur de l'attestation

_____
Qualité de l'auteur de l'attestation

Annexe 3

Contrat d'exploration

LE PRÉSENT CONTRAT conclu le _____ entre l'AUTORITÉ INTERNATIONALE DES FONDS MARINS (ci-après dénommée « l'Autorité »), représentée par son SECRÉTAIRE GÉNÉRAL, et _____ (ci-après dénommé(e) « le Contractant »), représenté(e) par _____, STIPULE ce qui suit :

Incorporation des clauses types

A. Les clauses types énoncées à l'annexe 4 du Règlement relatif à la prospection et à l'exploration des sulfures polymétalliques dans la Zone (ci-après dénommé le « Règlement ») font partie du présent contrat et produisent le même effet que si elles y étaient intégralement reproduites.

Zone d'exploration

B. Aux fins du présent contrat, on entend par « zone d'exploration » la partie de la Zone attribuée au Contractant aux fins d'exploration, qui est délimitée par les coordonnées indiquées à l'annexe 1 du présent contrat, telle qu'elle peut être réduite de temps à autre en application des clauses types et du Règlement.

Cession de droits

C. Eu égard à :

1) Leur intérêt mutuel dans la conduite d'activités d'exploration dans la zone d'exploration conformément à la Convention et à l'Accord;

2) La responsabilité qui incombe à l'Autorité d'organiser et de contrôler les activités menées dans la Zone, en particulier en vue d'en administrer les ressources, conformément au régime juridique institué dans la partie XI de la Convention et dans l'Accord et dans la partie XII de la Convention; et

3) L'intérêt que présente pour le Contractant la conduite d'activités dans la zone d'exploration et son engagement financier à cette fin, et les conventions réciproques souscrites dans le présent contrat;

l'Autorité accorde au Contractant le droit exclusif d'explorer les sulfures polymétalliques dans la zone d'exploration conformément aux clauses du présent contrat.

Entrée en vigueur et durée du contrat

D. Le présent contrat prendra effet dès qu'il aura été signé par les deux parties et, sous réserve des clauses types, restera en vigueur pendant une période de 15 ans à compter de cette date à moins que :

1) Le Contractant n'obtienne un contrat d'exploitation dans la zone d'exploration prenant effet avant l'expiration de ladite période de 15 ans; ou que

2) Le contrat ne soit résilié plus tôt, étant entendu que sa durée pourra être prolongée conformément aux articles 3.2 et 17.2 des clauses types.

Annexes

E. Aux fins du présent contrat, les annexes visées dans les clauses types, à savoir les articles 4 et 8, sont les annexes 2 et 3, respectivement.

Intégralité de l'accord

F. Le présent contrat exprime l'intégralité de l'accord entre les parties et aucune convention orale ni aucun écrit antérieur n'en modifient les termes.

En foi de quoi les soussignés, à ce dûment autorisés par les parties respectives, ont signé le présent contrat à _____, le _____.

Annexe 1

[Coordonnées et carte du secteur d'exploration]

Annexe 2

[Programme d'activité quinquennal en cours, tel que révisé périodiquement]

Annexe 3

[Le programme de formation deviendra une annexe au contrat lorsqu'il aura été approuvé par l'Autorité conformément à l'article 8 des clauses types.]

Annexe 4

Clauses types de contrat d'exploration

Article 1
Définitions

1.1 Dans les clauses ci-après :

    a) On entend par « zone d'exploration » la partie de la Zone attribuée au Contractant pour exploration, décrite à l'annexe 1 du présent contrat, telle qu'elle peut être réduite de temps à autre en application du présent contrat et du Règlement;

    b) On entend par « programme d'activités » le programme défini à l'annexe 2 du présent contrat; il peut être modifié de temps à autre conformément aux articles 4.3 et 4.4 ci-après;

    c) On entend par « Règlement » le Règlement relatif à la prospection et à l'exploration des sulfures polymétalliques dans la Zone adopté par l'Autorité.

1.2 Les termes et expressions définis dans le Règlement sont utilisés dans le même sens dans les présentes clauses types.

1.3 L'Accord relatif à l'application de la partie XI de la Convention des Nations Unies sur le droit de la mer du 10 décembre 1982 stipule que ses dispositions et la partie XI de la Convention doivent être interprétées et appliquées ensemble comme un seul et même instrument; le présent contrat et les références à la Convention qui y sont faites doivent être interprétés et appliqués en conséquence.

1.4 Le présent contrat inclut ses annexes, qui en font partie intégrante.

Article 2
Sécurité contractuelle (garantie du titre)

2.1 Le Contractant jouit de la sécurité contractuelle (garantie du titre) et le présent contrat ne peut être suspendu, résilié ou révisé que conformément à ses articles 20, 21 et 24.

2.2 Le Contractant a le droit exclusif d'explorer les sulfures polymétalliques dans la zone d'exploration conformément aux clauses du présent contrat. L'Autorité veille à ce qu'aucune autre entité n'exerce dans la même zone des activités portant sur une catégorie différente de ressources d'une façon qui puisse gêner outre mesure celles que mène le Contractant.

2.3 Le Contractant a le droit, moyennant notification à l'Autorité, de renoncer à tout moment à tout ou partie de ses droits sur la zone d'exploration sans encourir de pénalité étant entendu qu'il demeure tenu de toutes les obligations qu'il a contractées avant la date de cette renonciation en ce qui concerne la zone à laquelle il renonce.

2.4 Aucune disposition du présent contrat ne peut être considérée comme conférant au Contractant d'autres droits que ceux qui y sont expressément prévus. L'Autorité se réserve le droit de conclure avec des tiers des contrats concernant les ressources autres que les sulfures polymétalliques de la zone visée par le présent contrat.

Article 3
Durée du contrat

3.1 Le présent contrat entrera en vigueur à la date de sa signature par les deux parties et restera en vigueur pendant une période de quinze ans à compter de cette date à moins :

    a) Que le Contractant n'obtienne un contrat d'exploitation dans la zone d'exploration entrant en vigueur avant l'expiration de la période de quinze ans; ou

    b) Qu'il ne soit résilié plus tôt,

étant entendu que sa durée pourra être prolongée conformément aux articles 3.2 et 17.2 ci-après.

3.2 Si le Contractant en fait la demande au plus tard six mois avant qu'il vienne à expiration, le présent contrat pourra être prorogé pour des périodes ne dépassant pas cinq ans chacune, aux clauses et conditions dont l'Autorité et le Contractant pourront convenir alors conformément au Règlement. Ces prorogations sont accordées si le Contractant s'est efforcé de bonne foi de se conformer aux stipulations du présent contrat mais n'a pas pu, pour des raisons indépendantes de sa volonté, mener à bien les travaux préparatoires nécessaires pour passer à la phase d'exploitation ou si les circonstances économiques du moment ne justifient pas le passage à la phase d'exploitation.

3.3 Nonobstant l'expiration du présent contrat conformément à son article 3.1, si le Contractant a, 90 jours au moins avant la date d'expiration, sollicité un contrat d'exploitation, ses droits et obligations sont maintenus jusqu'à ce que sa demande ait été examinée et qu'un contrat d'exploitation ait été émis ou refusé.

Article 4
Exploration

4.1 Le Contractant entreprend l'exploration conformément au calendrier arrêté dans le programme d'activités figurant à l'annexe 2 du présent contrat et respecte ce calendrier ou toute modification y afférente comme il est prévu par le présent contrat.

4.2 Le Contractant exécute le programme d'activités figurant à l'annexe 2 du présent contrat. Ce faisant, pour chaque année du contrat, il consacre aux dépenses effectives et directes d'exploration un montant au moins équivalant à celui qui est prévu dans le programme considéré ou dans toute modification y afférente.

4.3 Le Contractant peut, avec le consentement de l'Autorité, que celle-ci ne peut refuser sans motif raisonnable, apporter de temps à autre au programme d'activités et aux dépenses qui y sont prévues les modifications pouvant être nécessaires et prudentes selon la bonne pratique de l'industrie minière et compte tenu de la situation sur le marché des métaux que renferment les sulfures polymétalliques et de la situation économique générale.

4.4 Le Contractant et le Secrétaire général procèdent conjointement à l'examen des résultats des activités d'exploration menées en vertu du présent contrat, au plus tard 90 jours avant l'expiration de chaque période de cinq ans à compter de la date d'entrée en vigueur prévue à l'article 3. Le Secrétaire général peut exiger du Contractant qu'il lui communique les données et informations supplémentaires pouvant être nécessaires pour cet examen. À l'issue de cet examen, le Contractant apporte à son plan de travail les ajustements nécessaires, indique son programme d'activités pour la période de cinq ans suivante, y compris un calendrier révisé des dépenses annuelles qu'il prévoit. L'annexe 2 est modifiée en conséquence.

Article 5
Surveillance de l'environnement

5.1 Le Contractant prend les mesures nécessaires pour prévenir, réduire et maîtriser la pollution du milieu marin et les autres dangers découlant pour ce milieu de ses activités dans la Zone en appliquant le principe de précaution ainsi que les meilleures pratiques écologiques.

5.2 Avant de commencer les activités d'exploration, le Contractant soumet à l'Autorité :

    a) Une étude d'impact indiquant les effets potentiels des activités proposées sur le milieu marin;

    b) Une proposition pour un programme de surveillance en vue de déterminer l'effet potentiel des activités proposées sur le milieu marin; et

    c) Des données pouvant être utilisées pour établir un profil écologique témoin par rapport auquel l'effet des activités proposées pourra être évalué.

5.3 Le Contractant réunit, conformément au Règlement, des données environnementales au fur et à mesure des activités d'exploration et établit des profils écologiques témoins par rapport auxquels seront évalués les effets probables de ses activités sur le milieu marin.

5.4 Le Contractant, conformément au Règlement, conçoit et exécute un programme de surveillance des effets de ses activités sur le milieu marin. Il coopère avec l'Autorité pour assurer cette surveillance.

5.5 Le Contractant rend compte au Secrétaire général, au plus tard 90 jours après la fin de chaque année civile, de l'exécution et des résultats du programme de surveillance visé à l'article 5.4 du présent contrat et communique les données et informations prescrites par le Règlement.

Article 6
Plans et interventions d'urgence

6.1 Avant d'entamer son programme d'activités en vertu du présent contrat, le Contractant soumet au Secrétaire général un plan d'urgence, qui permet de faire face efficacement aux incidents pouvant résulter des activités qu'il entend mener dans la zone d'exploration et qui sont susceptibles de causer ou de menacer de causer un dommage grave au milieu marin. Ledit plan d'urgence établit des procédures spéciales et prévoit les équipements appropriés pour faire face à de tels incidents, et comprend en particulier des dispositions assurant que :

a) L'alerte générale soit immédiatement donnée dans le secteur d'activités;

b) Le Secrétaire général soit immédiatement avisé;

c) Les navires qui seraient sur le point d'entrer dans le voisinage immédiat soient avertis;

d) Le Secrétaire général soit en permanence tenu informé de toutes les circonstances de l'incident, des mesures déjà prises et des nouvelles mesures nécessaires;

e) Les substances polluantes soient enlevées, s'il y a lieu;

f) Tout dommage grave au milieu marin soit réduit au minimum et, dans la mesure du possible, prévenu, et que ses effets soient atténués;

g) S'il y a lieu, le Contractant coopère avec d'autres contractants et avec l'Autorité pour faire face à la situation d'urgence; et que

h) Des exercices d'intervention d'urgence soient organisés périodiquement.

6.2 Le Contractant signale sans délai au Secrétaire général tout incident résultant de ses activités qui a causé, qui cause ou qui menace de causer un dommage grave au milieu marin. Il donne dans son rapport des renseignements détaillés sur cet incident, notamment :

a) Les coordonnées de la zone affectée ou dont on peut raisonnablement craindre qu'elle sera affectée;

b) Une description des mesures qu'il a prises pour prévenir, maîtriser, réduire au minimum ou réparer le dommage ou la menace de dommage grave au milieu marin;

c) Une description des mesures qu'il a prises pour surveiller les effets de l'incident sur le milieu marin; et

d) Toute autre information que le Secrétaire général peut raisonnablement lui demander.

6.3 Le Contractant exécute les ordres émis en cas d'urgence par le Conseil et les mesures temporaires d'exécution immédiate arrêtées par le Secrétaire général conformément au Règlement, qui peuvent comprendre l'ordre de suspendre ou de modifier immédiatement toutes activités dans la zone d'exploration, afin de prévenir, maîtriser, réduire au minimum ou réparer un dommage ou une menace de dommage grave au milieu marin.

6.4 Si le Contractant n'exécute pas rapidement ces ordres ou ces mesures temporaires d'exécution immédiate, le Conseil peut prendre les mesures raisonnables pouvant être nécessaires pour prévenir, maîtriser, réduire au minimum ou réparer, aux frais du Contractant, un dommage ou une menace de dommage grave au milieu marin. Le Contractant rembourse sans délai à l'Autorité le montant des dépenses ainsi encourues, qui vient en sus de toutes pénalités pécuniaires qui pourraient lui être imposées en vertu des clauses du présent contrat ou du Règlement.

Article 7
Restes humains, objets et sites présentant un caractère archéologique ou historique

Le Contractant notifie immédiatement par écrit au Secrétaire général toute découverte, dans son secteur d'exploration, de tous restes humains, objets ou sites présentant un caractère archéologique ou historique, ainsi que leur emplacement et les mesures de protection et de préservation prises. Le Secrétaire général transmet ces informations au Directeur général de l'Organisation des Nations Unies pour l'éducation, la science et la culture et à toute autre organisation internationale compétente. Lorsque de tels restes humains, objets ou sites sont découverts dans un secteur d'exploration, et pour éviter d'en altérer l'état, il ne sera mené aucune nouvelle activité de prospection ou d'exploration dans un rayon de dimension raisonnable tant que le Conseil n'en aura pas décidé autrement en tenant compte des avis du Directeur général de l'Organisation des Nations Unies pour l'éducation, la science et la culture ou de toute autre organisation internationale compétente.

Article 8
Formation

8.1 Conformément au Règlement, avant de commencer l'exploration en vertu du présent contrat, le Contractant soumet pour approbation à l'Autorité des projets de programme de formation du personnel de l'Autorité et d'États en développement, prévoyant notamment la participation dudit personnel à toutes les activités qu'il mène en vertu du présent contrat.

8.2 La portée et le financement du programme de formation sont sujets à négociation entre le Contractant, l'Autorité et l'État ou les États patronnant le Contractant.

8.3 Le Contractant assure la formation conformément au programme de formation du personnel visé expressément à l'article 8.1 du présent contrat approuvé par l'Autorité en application du Règlement; ce programme, qui est révisé et étoffé de temps à autre, devient partie intégrante du présent contrat en tant qu'annexe 3.

Article 9
Livres et pièces comptables

Le Contractant tient une série complète et appropriée de livres, comptes et états financiers conformes aux principes comptables internationalement reconnus. Ces livres, comptes et états financiers doivent contenir des informations renseignant pleinement sur les dépenses engagées effectivement et directement pour l'exploration et tous autres renseignements susceptibles de faciliter un audit effectif de ces dépenses.

Article 10
Rapports annuels

10.1 Le Contractant soumet au Secrétaire général, au plus tard 90 jours après la fin de chaque année civile, un rapport, sous la forme recommandée de temps à autre par la Commission juridique et technique, sur les activités qu'il a menées dans la zone d'exploration comportant, le cas échéant, des renseignements suffisamment détaillés sur :

    a) Les activités d'exploration menées au cours de l'année civile, y compris les cartes, diagrammes et graphiques illustrant les travaux effectués et les résultats obtenus;

    b) Le matériel utilisé pour les activités d'exploration, y compris les résultats de l'expérimentation des techniques d'extraction proposées, mais à l'exclusion des spécifications techniques relatives aux équipements; et

    c) L'exécution des programmes de formation, y compris les révisions et extensions proposées.

10.2 Ce rapport comprend également :

    a) Les résultats des programmes de surveillance de l'environnement, y compris les observations, mesures, évaluations et analyses des paramètres environnementaux;

    b) Un état de la quantité de sulfures polymétalliques prélevés à titre d'échantillons ou à des fins d'expérimentation;

    c) Un état, établi conformément aux principes comptables internationalement reconnus et certifié par un cabinet d'experts comptables dûment agréé ou, lorsque le Contractant est un État ou une entreprise d'État, par l'État qui le patronne, des dépenses directes et effectives d'exploration encourues par le Contractant dans l'exécution du programme d'activités au cours de son année comptable – dépenses que le Contractant peut présenter comme faisant partie des dépenses de mise en valeur encourues avant le démarrage de la production commerciale; et

    d) Des renseignements détaillés sur les aménagements qu'il est envisagé d'apporter au programme d'activités et les motifs de ces aménagements.

10.3 Le Contractant soumet également, en complément des rapports mentionnés aux paragraphes 10.1 et 10.2 du présent article, tous renseignements complémentaires que le Secrétaire général peut, de temps à autre, raisonnablement demander pour permettre à l'Autorité de s'acquitter de ses fonctions en vertu de la Convention, du Règlement et du présent contrat.

10.4 Le Contractant conserve en bon état une fraction représentative des échantillons et des carottes de sulfures polymétalliques prélevés au cours de l'exploration jusqu'à l'expiration du présent contrat. L'Autorité peut demander par écrit au Contractant de lui remettre, aux fins d'analyse, une fraction de ces échantillons et carottes prélevés au cours de l'exploration.

10.5 Le Contractant acquitte, à la date à laquelle il soumet un rapport annuel, une participation annuelle aux frais généraux de 47 000 dollars (ou tel montant qui pourra être fixé conformément aux dispositions du paragraphe 10.6 du présent article) destinée à couvrir les dépenses engagées par l'Autorité pour administrer et superviser le contrat visé et pour examiner les rapports annuels qui lui sont soumis en application du paragraphe 10.1 du présent article.

10.6 Le montant de la participation annuelle aux frais généraux peut être révisé par l'Autorité pour l'aligner sur les dépenses effectivement et raisonnablement engagées[4].

Article 11
Données et informations à présenter à l'expiration du contrat

11.1 Le Contractant communique à l'Autorité toutes données et informations pertinentes qui lui sont nécessaires pour exercer efficacement ses pouvoirs et fonctions en ce qui concerne la zone d'exploration, conformément aux dispositions du présent article.

11.2 À l'expiration ou à la résiliation du présent contrat, le Contractant, s'il ne l'a pas encore fait, présente au Secrétaire général les données et informations ci-après :

a) Copie de toutes les données géologiques, environnementales, géochimiques et géophysiques pertinentes qu'il a acquises au cours de l'exécution du programme d'activités et qui sont nécessaires à l'Autorité pour exercer efficacement ses pouvoirs et fonctions en ce qui concerne la zone d'exploration;

b) Une estimation des gisements exploitables, quand ces gisements ont été identifiés, comprenant des renseignements détaillés sur la teneur et la quantité des réserves de sulfures polymétalliques avérées, probables et possibles, et des prévisions concernant les conditions d'extraction;

c) Copie de tous les rapports géologiques, techniques, financiers et économiques pertinents qu'il a établis ou fait établir et qui sont nécessaires à l'Autorité pour exercer efficacement ses pouvoirs et fonctions en ce qui concerne la zone d'exploration;

d) Des renseignements suffisamment détaillés sur le matériel utilisé lors des activités d'exploration, y compris les résultats de l'expérimentation des techniques extractives proposées, mais à l'exclusion des spécifications techniques de ce matériel;

e) Un état de la quantité de sulfures polymétalliques prélevés à titre d'échantillons ou aux fins d'expérimentation; et

f) Une déclaration indiquant comment et où les échantillons sont conservés et comment l'Autorité peut y avoir accès.

11.3 Les données et informations visées à l'article 11.2 ci-dessus sont également communiquées au Secrétaire général si, avant l'expiration du présent contrat, le

---
[4] ISBA/19/A/12, en date du 25 juillet 2013, modifications.

Contractant demande l'approbation d'un plan de travail relatif à l'exploitation ou renonce à ses droits dans la zone d'exploration, dans la mesure où ces données et informations ont trait au secteur auquel il a renoncé.

Article 12
Confidentialité

Les données et informations qui sont communiquées à l'Autorité en vertu du présent contrat sont considérées comme confidentielles conformément aux dispositions du Règlement.

Article 13
Engagements

13.1 Le Contractant procède à l'exploration conformément aux termes du présent contrat, au Règlement, à la partie XI de la Convention, à l'Accord et aux autres règles de droit international qui ne sont pas incompatibles avec la Convention.

13.2 Le Contractant s'engage à :

a) Accepter les clauses du présent contrat comme exécutoires et à les respecter;

b) Exécuter les obligations qui lui incombent en vertu des dispositions de la Convention, des règles, règlements et procédures de l'Autorité et des décisions des organes compétents de l'Autorité;

c) Accepter que l'Autorité exerce sur les activités menées dans la Zone le contrôle autorisé par la Convention;

d) Exécuter de bonne foi des obligations qui lui incombent en vertu du présent contrat; et

e) Respecter, dans la mesure où cela lui est raisonnablement possible, toutes recommandations que la Commission juridique et technique peut formuler de temps à autre.

13.3 Le Contractant s'efforce d'exécuter le programme d'activités :

a) Avec la diligence et l'efficacité voulues et économiquement;

b) En tenant dûment compte des effets de ses activités sur le milieu marin; et

c) En tenant raisonnablement compte des autres activités menées dans le milieu marin.

13.4 L'Autorité s'engage à exercer de bonne foi les pouvoirs et les fonctions que lui confèrent la Convention et l'Accord, conformément à l'article 157 de la Convention.

Article 14
Inspection

14.1 Le Contractant autorise l'Autorité à envoyer ses inspecteurs à bord des navires et installations qu'il utilise pour ses activités dans la zone d'exploration pour :

a) S'assurer qu'il respecte les termes du présent contrat et les dispositions du Règlement; et

b) Surveiller les effets desdites activités sur le milieu marin.

14.2 Le Secrétaire général notifie au Contractant, suffisamment à l'avance, la date et la durée probables des inspections, le nom des inspecteurs et toutes activités pour lesquelles ceux-ci auront probablement besoin de matériel spécialisé ou d'une assistance spéciale du personnel du Contractant.

14.3 Les inspecteurs sont habilités à inspecter tout navire ou toute installation, y compris le journal de bord, les équipements, les registres, les installations, toutes les autres données enregistrées et tous documents nécessaires pour déterminer si le Contractant exécute ses obligations.

14.4 Le Contractant, ses agents et ses employés aident les inspecteurs à s'acquitter de leurs fonctions et :

a) Acceptent que ceux-ci embarquent sans délai et en toute sécurité à bord des navires et installations et leur en facilitent l'accès;

b) Coopèrent et concourent à l'inspection de tout navire et de toute installation effectuée conformément aux présentes procédures;

c) Donnent aux inspecteurs accès, à toute heure raisonnable, à tous les matériels, équipements et personnels se trouvant à bord des navires et installations;

d) S'abstiennent de gêner les inspecteurs dans l'exercice de leurs fonctions, d'y faire obstacle ou de les intimider;

e) Fournissent aux inspecteurs des services convenables, et notamment pourvoient, le cas échéant, à leur restauration et à leur hébergement; et

f) Facilitent le débarquement des inspecteurs en toute sécurité.

14.5 Les inspecteurs évitent d'entraver le déroulement normal, dans des conditions de sécurité, des opérations à bord des navires et installations utilisés par le Contractant pour mener ses activités dans la zone inspectée et agissent conformément au Règlement et aux dispositions adoptées pour protéger la confidentialité des données et informations.

14.6 Le Secrétaire général et tout représentant dûment autorisé de celui-ci ont accès, aux fins d'audit et d'examen, à tous les livres, documents, pièces et écritures du Contractant, nécessaires pour vérifier les dépenses visées à l'article 10.2 c) et concernant directement ces dépenses.

14.7 Le Secrétaire général communique au Contractant et à l'État ou aux États qui le patronnent toute information pertinente provenant des rapports des inspecteurs au cas où des mesures s'imposent.

14.8 Si, pour une raison ou une autre, le Contractant ne poursuit pas l'exploration et ne présente pas une demande de contrat d'exploitation, il doit, avant de se retirer de la zone d'exploration, en informer par écrit le Secrétaire général afin que l'Autorité puisse, si elle le décide, procéder à une inspection conformément aux dispositions du présent article.

Article 15
Normes de sécurité, d'emploi et de santé

15.1 Le Contractant agit conformément aux règles et normes internationales généralement acceptées qui ont été établies par les organisations internationales compétentes ou par des conférences diplomatiques générales, concernant la protection de la vie humaine en mer et la prévention des abordages, ainsi qu'aux règles, règlements, procédures et directives que l'Autorité pourrait adopter touchant la sécurité en mer. Tout navire utilisé pour mener des activités dans la Zone doit être en possession des certificats valides requis par lesdites règles et normes internationales et délivrés conformément en application de celles-ci.

15.2 Tout Contractant qui se livre à des activités d'exploration en vertu du présent contrat doit observer et respecter les règles, règlements, procédures et directives que l'Autorité pourrait adopter en matière de protection contre la discrimination dans l'emploi, de prévention des accidents du travail et des maladies professionnelles, de relations professionnelles, de sécurité sociale, de sécurité de l'emploi et en ce qui concerne les conditions de vie sur le lieu de travail. Ces règles, règlements et procédures doivent tenir compte des conventions et recommandations de l'Organisation internationale du Travail et des autres organisations internationales compétentes.

Article 16
Responsabilité

16.1 Le Contractant est responsable du dommage effectif, y compris les dommages causés au milieu marin, imputable à ses actes ou omissions illicites et à ceux de ses employés, sous-traitants et agents et de toutes autres personnes travaillant ou agissant pour le compte de ceux-ci dans la conduite des opérations effectuées en vertu du présent contrat, y compris le coût des mesures raisonnables prises pour prévenir ou limiter les dommages au milieu marin, compte tenu le cas échéant des actes ou omissions de l'Autorité ayant contribué au dommage.

16.2 Le Contractant met l'Autorité, ses employés, sous-traitants et agents hors de cause en cas de réclamations ou actions en responsabilité de tiers fondées sur un acte ou une omission illicite du Contractant ou de ses employés, agents et sous-traitants et de toutes autres personnes travaillant ou agissant pour le compte de ceux-ci dans la conduite des opérations effectuées en vertu du présent contrat.

16.3 L'Autorité est responsable du dommage effectif causé au Contractant par les actes illicites qu'elle commet dans l'exercice de ses pouvoirs et fonctions, y compris les violations de l'article 168, paragraphe 2, de la Convention, compte tenu de la part de responsabilité imputable au Contractant, à ses employés, agents et sous-traitants et toutes personnes travaillant ou agissant pour le compte de ceux-ci, dans la conduite des opérations effectuées en vertu du présent contrat, à raison de leurs actes ou omissions.

16.4 L'Autorité met le Contractant, ses employés, sous-traitants et agents et toutes autres personnes travaillant ou agissant pour le compte de ceux-ci dans la conduite des opérations effectuées en vertu du présent contrat hors de cause en cas de réclamations ou actions en responsabilité de tiers fondées sur un acte ou une omission illicite commis par l'Autorité dans l'exercice de ses pouvoirs et fonctions dans le cadre du présent contrat, y compris les violations de l'article 168, paragraphe 2, de la Convention.

16.5 Le Contractant souscrit auprès de compagnies d'assurance de renommée internationale les polices d'assurance appropriées, conformément à la pratique internationale généralement acceptée en matières maritimes.

Article 17
Force majeure

17.1 Le Contractant n'est responsable d'aucun retard inévitable dans l'exécution ni de l'inexécution de l'une quelconque des obligations qui lui incombent en vertu du présent contrat imputables à la force majeure. Aux fins du présent contrat, on entend par « force majeure » un événement ou une situation que le Contractant ne saurait raisonnablement pas être censé prévenir ou maîtriser, à condition que l'événement ou la situation en question ne résulte pas d'une négligence ou de l'inobservation des bonnes pratiques en matière d'extraction minière.

17.2 S'il le demande, le Contractant se verra accorder un délai supplémentaire égal à la durée du retard dans l'exécution imputable à la force majeure, la durée du présent contrat étant prolongée en conséquence.

17.3 En cas de force majeure, le Contractant prend toutes les mesures pouvant raisonnablement être prises pour rétablir sa capacité d'exécution et se conformer aux clauses du présent contrat avec le minimum de retard.

17.4 Le Contractant notifie, aussitôt qu'il peut raisonnablement le faire, à l'Autorité la survenue d'un cas de force majeure et lui notifie pareillement le retour à la normale.

Article 18
Démenti

Ni le Contractant ni une entreprise apparentée ni un sous-traitant ne peuvent d'aucune manière faire valoir ou déclarer expressément ou indirectement que l'Autorité ou l'un de ses fonctionnaires a, ou a exprimé, telle ou telle opinion concernant les sulfures polymétalliques se trouvant dans la zone d'exploration, et aucune déclaration en ce sens se référant directement ou indirectement au présent contrat ne pourra figurer dans un prospectus, un avis, une circulaire, une annonce publicitaire, un communiqué de presse ou un document similaire émanant du Contractant, d'une entreprise apparentée ou d'un sous-traitant. Aux fins du présent article, on entend par « entreprise apparentée » toute personne, firme, société ou entreprise publique qui contrôle le Contractant, est contrôlée par lui ou est assujettie au même contrôle que lui.

Article 19
Renonciation

Le Contractant peut, moyennant notification à l'Autorité, renoncer à ses droits et résilier le présent contrat sans encourir de pénalité, étant toutefois entendu qu'il reste en ce cas tenu par toutes les obligations qu'il aura pu contracter avant la date de cette renonciation et par celles qui lui incombent après la résiliation en application du Règlement.

Article 20
Cessation du patronage

20.1 Si la nationalité du Contractant ou l'entité qui le contrôle change ou si l'État qui le patronne, tel qu'il est défini dans le Règlement, met fin à son patronage, le Contractant en informe l'Autorité sans délai.

20.2 Dans l'un et l'autre cas, si le Contractant n'obtient pas d'un autre patron réunissant les conditions prescrites par le Règlement qu'il présente à l'Autorité un certificat de patronage sous la forme prescrite et dans les délais fixés par le Règlement, le présent contrat prend immédiatement fin.

Article 21
Suspension et résiliation du contrat et pénalités

21.1 Le Conseil peut suspendre le présent contrat ou y mettre fin, sans préjudice de tous autres droits que l'Autorité peut avoir, dans l'un quelconque des cas ci-après :

    a) Lorsque, en dépit de ses avertissements écrits, le Contractant a mené ses activités de telle manière qu'elles se traduisent par des infractions graves, réitérées et délibérées aux clauses fondamentales du présent contrat, à la partie XI de la Convention, à l'Accord et aux règles, règlements et procédures de l'Autorité; ou

    b) Lorsque le Contractant ne s'est pas conformé à une décision définitive et obligatoire prise à son égard par l'organe de règlement des différends; ou

    c) Lorsque le Contractant devient insolvable, est déclaré en cessation de paiements ou conclut un concordat avec ses créanciers, ou est mis en liquidation ou placé sous administration judiciaire à sa demande ou obligatoirement, ou encore requiert ou sollicite d'un tribunal la désignation d'un administrateur ou d'un syndic, ou engage une instance le concernant en vertu d'une loi sur la faillite, l'insolvabilité ou l'aménagement de la dette alors en vigueur, à des fins autres que le redressement.

21.2 Sans préjudice de l'article 17, le Conseil peut, après avoir consulté le Contractant, suspendre le présent contrat ou y mettre fin, sans préjudice de tous autres droits que l'Autorité peut avoir, lorsque le Contractant ne peut s'acquitter des obligations que lui impose le présent contrat en raison d'un événement ou d'une situation constituant une force majeure, au sens de l'article 17.1, et se prolongeant sans interruption pendant plus de deux ans alors que le Contractant a pris toutes les mesures pouvant raisonnablement être prises pour rétablir sa capacité d'exécution et se conformer aux clauses du présent contrat avec le minimum de retard.

21.3 Toute suspension ou résiliation s'effectue par l'intermédiaire du Secrétaire général sous forme d'une notification qui doit indiquer les motifs de sa décision. La suspension ou la résiliation prend effet 60 jours après ladite notification, à moins que durant cette période le Contractant ne conteste le droit de l'Autorité de suspendre ou de résilier le présent contrat conformément à la partie XI, section 5, de la Convention.

21.4 Si le Contractant prend une telle initiative, le présent contrat ne sera suspendu ou résilié que conformément à une décision définitive et obligatoire prise conformément à la partie XI, section 5, de la Convention.

21.5 Si le Conseil suspend le présent contrat, il peut, moyennant notification, exiger du Contractant qu'il reprenne ses opérations et se conforme aux clauses du présent contrat, au plus tard 60 jours après cette notification.

21.6 Le Conseil peut, en cas d'infraction au présent contrat non visée au paragraphe 21.1 a) du présent article, ou au lieu de suspendre ou de résilier le présent contrat en vertu de ce paragraphe 21.1, imposer au Contractant des pénalités pécuniaires proportionnelles à la gravité de l'infraction.

21.7 Le Conseil ne peut donner effet à une décision imposant des pénalités d'amende au Contractant tant qu'une possibilité raisonnable n'a pas été donnée à celui-ci d'épuiser les voies de recours judiciaire dont il dispose en vertu de la partie XI, section 5, de la Convention.

21.8 Si le présent contrat est résilié ou vient à expiration, le Contractant se conforme aux dispositions du Règlement et retire l'ensemble des installations, équipements et matériels de la zone d'exploration et laisse celle-ci dans des conditions de sécurité telles qu'elle ne présente aucun danger pour les personnes, le transport maritime ou le milieu marin.

Article 22
Cession des droits et obligations

22.1 Les droits et obligations du Contractant au titre du présent contrat ne peuvent être cédés en tout ou partie qu'avec le consentement de l'Autorité et conformément au Règlement.

22.2 L'Autorité ne refuse pas sans motifs suffisants son consentement à la cession si le cessionnaire proposé est, à tous égards, un demandeur qualifié au regard du Règlement et assume toutes les obligations du Contractant, et si le transfert n'a pas pour résultat de lui faire attribuer un plan de travail dont l'approbation serait interdite en vertu de l'annexe III, article 6, paragraphe 3 c) de la Convention.

22.3 Les clauses, engagements et conditions prévus par le présent contrat sont à l'avantage des parties et de leurs ayants droit et cessionnaires respectifs, et ont force obligatoire envers eux.

Article 23
Clause de non-exonération

Aucune décision prise par l'une des parties d'exonérer l'autre partie d'un quelconque manquement aux clauses et conditions du présent contrat dont l'exécution lui incombe ne peut être interprétée comme impliquant de sa part exonération de tout manquement subséquent à la même clause ou à toute autre clause ou condition à la charge de l'autre partie.

Article 24
Révision

24.1 Lorsqu'il se présente ou qu'il pourrait se présenter des circonstances qui, de l'avis de l'Autorité ou du Contractant, auraient pour effet de rendre le présent contrat inéquitable ou de compromettre ou d'empêcher la réalisation des objectifs prévus par celui-ci ou par la partie XI de la Convention ou par l'Accord, les parties engagent des négociations en vue de réviser ledit contrat en conséquence.

24.2 Le présent contrat peut également être révisé par accord entre le Contractant et l'Autorité afin de faciliter l'application de règles, règlements et procédures adoptés par l'Autorité après l'entrée en vigueur du présent contrat.

24.3 Le présent contrat ne peut être révisé, amendé ou autrement modifié qu'avec le consentement du Contractant et de l'Autorité exprimé dans un instrument approprié signé par les représentants autorisés des parties.

Article 25
Différends

25.1 Tout différend entre les parties relatif à l'interprétation ou à l'application du présent contrat est réglé conformément à la partie XI, section 5, de la Convention.

25.2 Conformément au paragraphe 2 de l'article 21 de l'annexe III de la Convention, toute décision définitive rendue par une cour ou un tribunal ayant compétence en vertu de la Convention au sujet des droits et obligations de l'Autorité et du Contractant est exécutoire sur le territoire de tout État Partie à la Convention visé par la décision.

Article 26
Notification

26.1 Toute demande, requête, notification, approbation, renonciation, directive ou instruction et tout rapport ou consentement prévus dans le présent contrat sont formulés par écrit par le Secrétaire général ou le représentant désigné du Contractant, selon le cas. Les notifications sont faites à personne ou par télex, télécopie, lettre recommandée expédiée par avion ou courrier électronique authentifié par une signature électronique autorisée adressés au Secrétaire général au siège de l'Autorité ou au représentant désigné. L'obligation de fournir des informations par écrit en application du présent Règlement est satisfaite si ces informations sont fournies dans un document électronique comportant une signature numérique.

26.2 L'une et l'autre partie ont le droit de changer d'adresse en en informant l'autre partie au moins 10 jours à l'avance.

26.3 La notification à personne prend effet au moment où elle est faite. La notification par télex est réputée effectuée le jour ouvrable suivant le jour où la mention « réponse » apparaît sur l'appareil de télex de l'expéditeur. La notification par télécopie prend effet lorsque l'expéditeur reçoit « l'accusé de réception » confirmant la transmission au numéro de télécopie publié du destinataire. La notification par lettre recommandée expédiée par avion est réputée effectuée vingt et un jours après que la lettre a été postée. Un document électronique est réputé reçu par son destinataire lorsqu'il entre dans un système informatique conçu ou utilisé par le destinataire pour recevoir des documents du type de celui qui lui est adressé et qu'il peut être récupéré et traité par ce destinataire.

26.4 La notification au représentant désigné du Contractant vaut notification au Contractant aux fins du présent contrat, et le représentant désigné est le représentant du Contractant aux fins de signification ou de notification à l'occasion de toute instance devant toute juridiction compétente.

26.5 La notification au Secrétaire général vaut notification à l'Autorité aux fins du présent contrat, et le Secrétaire général est le représentant de celle-ci aux fins de signification ou de notification à l'occasion de toute instance devant toute juridiction compétente.

Article 27
Droit applicable

27.1 Le présent contrat est régi par ses dispositions, les règles, règlements et procédures de l'Autorité, la partie XI de la Convention, l'Accord et les autres règles de droit international qui ne sont pas incompatibles avec la Convention.

27.2 Le Contractant, ses employés, sous-traitants et agents et toutes les personnes travaillant ou agissant pour eux dans la conduite des opérations effectuées en vertu du présent contrat observent le droit applicable visé à l'article 27.1 ci-dessus et ne se livrent directement ou indirectement à aucune transaction interdite par ce droit.

27.3 Aucune disposition du présent contrat ne peut être interprétée comme dispensant de la nécessité de demander et d'obtenir le permis ou l'autorisation pouvant être requis pour l'une quelconque des activités prévues par le présent contrat.

Article 28
Interprétation

La subdivision du présent contrat en articles et paragraphes de même que les intitulés qui y figurent sont dictés uniquement par un souci de commodité et n'en affectent pas l'interprétation.

Article 29
Documents supplémentaires

Chacune des parties accepte de signer et de communiquer tous autres instruments et d'accomplir tous autres actes et formalités qui pourraient être nécessaires ou opportuns pour donner effet aux dispositions du présent contrat.

Autorité internationale des fonds marins — ISBA/18/A/11

Assemblée

Distr. générale
22 octobre 2012
Français
Original : anglais

Dix-huitième session
Kingston (Jamaïque)
16-27 juillet 2012

Décision de l'Assemblée de l'Autorité internationale des fonds marins concernant le Règlement relatif à la prospection et à l'exploration des encroûtements cobaltifères de ferromanganèse dans la Zone

L'Assemblée de l'Autorité internationale des fonds marins,

Ayant examiné le Règlement relatif à la prospection et à l'exploration des encroûtements cobaltifères de ferromanganèse dans la Zone, tel qu'adopté à titre provisoire par le Conseil à sa 181ᵉ séance, tenue le 26 juillet 2012,

Approuve le Règlement relatif à la prospection et à l'exploration des encroûtements cobaltifères de ferromanganèse dans la Zone, tel qu'il figure dans l'annexe de la présente décision.

138ᵉ séance
27 juillet 2012

Annexe

Règlement relatif à la prospection et à l'exploration des encroûtements cobaltifères de ferromanganèse dans la Zone

Préambule

Aux termes de la Convention des Nations Unies sur le droit de la mer du 10 décembre 1982 (« la Convention »), les fonds marins et leur sous-sol au-delà des limites de la juridiction nationale ainsi que les ressources qu'ils recèlent sont le patrimoine commun de l'humanité, dont l'exploration et l'exploitation se feront dans l'intérêt de l'humanité tout entière, au nom de laquelle agit l'Autorité internationale des fonds marins. Le présent Règlement a pour objet d'organiser la prospection et l'exploration des encroûtements cobaltifères de ferromanganèse.

Partie I
Introduction

Article 1
Emploi des termes et champ d'application

1. Les termes utilisés dans le présent Règlement s'entendent dans le sens qui leur est donné dans la Convention.

2. Conformément à l'Accord relatif à l'application de la partie XI de la Convention (« l'Accord »), les dispositions de l'Accord et la partie XI de la Convention doivent être interprétées et appliquées ensemble comme un seul et même instrument; le présent Règlement et les renvois à la Convention qui y figurent doivent être interprétés et appliqués en conséquence.

3. Aux fins du présent Règlement, on entend par :

   a) « Encroûtements cobaltifères » les gisements d'encroûtements d'oxydes/hydroxydes de ferromanganèse enrichi en cobalt, formés par précipitation directe des minéraux de l'eau de mer sur des substrats solides contenant des concentrations mineures mais non négligeables de cobalt, de titane, de nickel, de platine, de molybdène, de tellurium, de cérium, d'autres métaux et de terres rares;

   b) « Exploitation » la collecte à des fins commerciales d'encroûtements cobaltifères dans la Zone et l'extraction des minéraux qu'ils contiennent, notamment la construction et l'exploitation de systèmes d'extraction minière, de traitement et de transport pour la production et la vente de minéraux;

   c) « Exploration » la recherche, faisant l'objet de droits exclusifs de gisements d'encroûtements cobaltifères dans la Zone, l'analyse de ces gisements, l'utilisation et l'essai des procédés et du matériel d'extraction, des installations de traitement et des systèmes de transport, et l'établissement d'études des facteurs environnementaux, techniques, économiques, commerciaux et autres à prendre en considération dans l'exploitation;

   d) « Milieu marin » les éléments et facteurs physiques, chimiques, géologiques et biologiques, entre autres, qui agissent les uns sur les autres et déterminent la productivité, l'état, la condition et la qualité de l'écosystème marin, les eaux des mers et des océans et l'espace aérien surjacent ainsi que les fonds marins et leur sous-sol;

e) « Prospection » la recherche, sans droits exclusifs, de gisements d'encroûtements cobaltifères dans la Zone, notamment l'évaluation de la composition, de la taille et de la répartition des gisements d'encroûtements cobaltifères et de leur valeur économique;

f) « Dommage grave au milieu marin » tout effet d'activités menées dans la Zone sur le milieu marin se traduisant par une modification défavorable considérable du milieu marin déterminée conformément aux règles, règlements, procédures et directives adoptés par l'Autorité, sur la base des normes et des pratiques internationalement reconnues.

4. Le présent Règlement n'affecte d'aucune façon ni la liberté de la recherche scientifique, conformément à l'article 87 de la Convention, ni le droit de faire de la recherche scientifique marine dans la Zone conformément aux articles 143 et 256 de la Convention. Aucune disposition du présent Règlement ne peut être interprétée comme restreignant l'exercice par les États de la liberté de la haute mer au sens de l'article 87 de la Convention.

5. Le présent Règlement pourra être complété par d'autres règles, règlements et procédures, notamment en ce qui concerne la protection et la préservation du milieu marin. Il est assujetti à la Convention des Nations Unies sur le droit de la mer, à l'Accord relatif à l'application de la partie XI de ladite Convention et à toute autre norme de droit international qui n'est pas incompatible avec la Convention.

Partie II
Prospection

Article 2
Prospection

1. La prospection est réalisée conformément à la Convention et au présent Règlement et ne peut démarrer qu'après que le prospecteur a été informé par le Secrétaire général de l'enregistrement de sa notification conformément à l'article 4 2).

2. Les prospecteurs et l'Autorité appliquent le principe de précaution posé par le Principe 15 de la Déclaration de Rio sur l'environnement et le développement[1].

3. Il ne doit pas être entrepris de prospection s'il y a de bonnes raisons de craindre un dommage grave au milieu marin.

4. Il ne doit pas être entrepris de prospection dans une zone visée par un plan de travail relatif à l'exploration d'encroûtements cobaltifères approuvé ni dans un secteur réservé et il ne peut non plus en être entrepris dans une zone dont le Conseil de l'Autorité internationale des fonds marins a exclu la mise en exploitation en raison d'un risque de dommage grave au milieu marin.

---

[1] *Rapport de la Conférence des Nations Unies sur l'environnement et le développement, Rio de Janeiro, 3-14 juin 1992*, (publication des Nations Unies, numéro de vente : F.93.I.8 et rectificatifs), vol. I, *résolutions adoptées par la Conférence*, résolution 1, annexe I.

5. La prospection ne confère au prospecteur aucun droit sur les ressources. Le prospecteur peut toutefois extraire une quantité raisonnable de minéraux, à savoir la quantité nécessaire aux fins d'expérimentation et non à des fins commerciales.

6. La prospection n'est pas limitée dans le temps; toutefois, il y est mis un terme lorsque le Secrétaire général notifie par écrit au prospecteur qu'un plan de travail relatif à l'exploration portant sur la zone prospectée a été approuvé.

7. La prospection peut être réalisée simultanément par plusieurs prospecteurs dans la même zone ou les mêmes zones.

Article 3
Notification de prospection

1. Le futur prospecteur doit notifier à l'Autorité son intention d'entreprendre des activités de prospection.

2. Chaque notification de prospection est présentée dans les formes prescrites à l'annexe I du présent Règlement, est adressée au Secrétaire général et doit satisfaire aux conditions énoncées dans le présent Règlement.

3. Chaque notification est présentée :

   a) Dans le cas d'un État, par l'autorité désignée à cet effet par ledit État;

   b) Dans le cas d'une entité, par les représentants désignés de celle-ci;

   c) Dans le cas de l'Entreprise, par l'autorité compétente de celle-ci.

4. Chaque notification est présentée dans l'une des langues de l'Autorité et doit comporter :

   a) Le nom, la nationalité et l'adresse du futur prospecteur et de son représentant désigné;

   b) Les coordonnées de la ou des grandes zones devant être prospectées, conformément aux normes internationales généralement acceptées les plus récentes utilisées par l'Autorité;

   c) Une description générale du programme de prospection, notamment la date de démarrage prévue et la durée approximative du programme;

   d) Un engagement écrit satisfaisant du futur prospecteur indiquant :

   i) Qu'il respectera la Convention et les règles, règlements et procédures de l'Autorité concernant :

   a. La coopération aux programmes de formation en matière de recherche scientifique marine et de transfert des techniques visés aux articles 143 et 144 de la Convention; et

   b. La protection et la préservation du milieu marin;

   ii) Qu'il acceptera la vérification par l'Autorité du respect dudit engagement; et

   iii) Qu'il mettra à la disposition de l'Autorité, dans la mesure du possible, les données pouvant être utiles à la protection et à la préservation du milieu marin.

Article 4
Examen des notifications

1. Le Secrétaire général accuse par écrit réception de chaque notification donnée en vertu de l'article 3, en spécifiant la date de réception.

2. Le Secrétaire général examine la notification dans un délai de 45 jours à compter de sa réception. Si la notification satisfait aux conditions de la Convention et du présent Règlement, il inscrit les renseignements qu'elle contient dans le registre tenu à cet effet et informe par écrit le prospecteur que la notification a été dûment enregistrée.

3. Le Secrétaire général fait savoir par écrit au futur prospecteur, dans un délai de 45 jours à compter de la réception de la notification, si celle-ci porte sur une partie d'une zone visée par un plan de travail approuvé relatif à l'exploration ou à l'exploitation de l'une quelconque des catégories de ressources, ou sur une partie quelconque d'un secteur réservé, ou sur toute partie d'une zone dont le Conseil a exclu la mise en exploitation en raison d'un risque de dommage grave au milieu marin, ou si l'engagement écrit n'est pas satisfaisant, et en fait connaître les raisons par écrit au futur prospecteur. Ce dernier peut alors modifier sa notification dans un délai de 90 jours. Le Secrétaire général examine à nouveau la notification et statue sur elle dans un délai de 45 jours.

4. Le prospecteur informe le Secrétaire général par écrit de toute modification des informations figurant dans la notification.

5. Le Secrétaire général s'abstient de divulguer les informations contenues dans la notification, si ce n'est avec le consentement écrit du prospecteur. Toutefois, il informe de temps à autre tous les membres de l'Autorité de l'identité des prospecteurs et des zones prospectées.

Article 5
Protection et préservation du milieu marin pendant la prospection

1. Chaque prospecteur prend les mesures nécessaires pour prévenir, réduire et maîtriser autant que raisonnablement possible la pollution du milieu marin et les autres risques découlant de la prospection, en appliquant le principe de précaution ainsi que les meilleures pratiques écologiques. En particulier, chaque prospecteur réduit au minimum ou élimine :

    a) Les effets néfastes de la prospection sur l'environnement; et

    b) Les conflits effectifs ou potentiels avec des activités de recherche scientifique marine déjà engagées ou prévues, ou la perturbation de ces activités, conformément aux futures directives pertinentes.

2. Les prospecteurs coopèrent avec l'Autorité à la mise en place et à l'exécution de programmes de surveillance et d'évaluation des effets potentiels sur le milieu marin de l'exploration et de l'exploitation d'encroûtements cobaltifères.

3. Le prospecteur notifie immédiatement par écrit au Secrétaire général, en utilisant les recours aux moyens les plus efficaces, tout incident résultant de la prospection qui a causé, qui cause ou qui menace de causer un dommage grave au milieu marin. Dès réception d'une telle notification, le Secrétaire général agit conformément à l'article 35.

Article 6
Rapport annuel

1. Le prospecteur doit présenter à l'Autorité, dans les 90 jours qui suivent la fin de l'année civile, un rapport sur l'état d'avancement de la prospection. Ces rapports sont soumis à la Commission juridique et technique par le Secrétaire général. Chaque rapport doit comporter :

   a) Une description générale de l'état d'avancement de la prospection et des résultats obtenus;

   b) Des informations sur la façon dont le prospecteur remplit l'engagement visé à l'article 3 4) d); et

   c) Des informations sur la façon dont le prospecteur se conforme aux directives pertinentes à cet égard.

2. S'il entend inclure les dépenses de prospection dans les dépenses de mise en valeur encourues avant le démarrage de la production commerciale, le prospecteur soumet un état annuel, établi conformément aux principes comptables internationalement reconnus et certifié par un cabinet d'experts comptables dûment agréé, des dépenses directes et effectives qu'il a encourues dans le cadre de la prospection.

Article 7
Confidentialité des données et informations contenues dans le rapport annuel

1. Le Secrétaire général garantit la confidentialité de toutes les données et informations figurant dans les rapports soumis en vertu de l'article 6, en appliquant mutatis mutandis les dispositions des articles 38 et 39, étant entendu que les données et informations relatives à la protection et la préservation du milieu marin, en particulier celles qui émanent de programmes de surveillance de l'environnement, ne sont pas considérées comme confidentielles. Le prospecteur peut demander que ces données ne soient pas divulguées pendant un délai pouvant aller jusqu'à trois ans à compter de la date où le rapport les contenant a été soumis.

2. Le Secrétaire général peut, à tout moment, avec le consentement du prospecteur concerné, divulguer les données et informations concernant la prospection dans la zone pour laquelle il a reçu une notification. Si après avoir fait pendant au moins deux ans tous les efforts raisonnablement possibles pour communiquer avec le prospecteur, le Secrétaire général constate que celui-ci n'existe plus ou ne peut être localisé, il peut divulguer ces données et informations.

Article 8
Objets ayant un caractère archéologique ou historique

Le prospecteur notifie immédiatement par écrit au Secrétaire général toute découverte dans la Zone d'objets ayant ou susceptibles d'avoir un caractère archéologique ou historique et leur emplacement. Le Secrétaire général en avise le Directeur général de l'Organisation des Nations Unies pour l'éducation, la science et la culture.

Partie III
Demandes d'approbation de plans de travail relatifs à l'exploration revêtant la forme de contrats

Section 1
Dispositions générales

Article 9
Dispositions générales

Sous réserve des dispositions de la Convention, les entités ci-après peuvent présenter à l'Autorité des demandes d'approbation de plans de travail relatifs à l'exploration :

a) L'Entreprise, en son nom propre, ou dans le cadre d'un accord de coentreprise;

b) Les États Parties, les entreprises d'État ou les personnes physiques ou morales possédant la nationalité d'États Parties ou effectivement contrôlées par eux ou leurs ressortissants, lorsqu'elles sont patronnées par ces États, ou tout groupe des catégories précitées qui satisfait aux conditions stipulées dans le présent Règlement.

Section 2
Teneur des demandes

Article 10
Forme des demandes

1. Toute demande d'approbation d'un plan de travail relatif à l'exploration est présentée dans les formes prescrites à l'annexe II du présent Règlement, est adressée au Secrétaire général et doit satisfaire aux conditions énoncées dans le présent Règlement.

2. Toute demande est présentée :

a) Lorsqu'elle émane d'un État partie, par l'autorité désignée à cet effet par ledit État;

b) Lorsqu'elle émane d'une entité, par le représentant désigné par celle-ci ou l'autorité désignée à cet effet par l'État ou les États patronnant la demande; et

c) Lorsqu'elle émane de l'Entreprise, par l'autorité compétente de celle-ci.

3. Toute demande émanant d'une entreprise d'État ou de l'une des entités visées à l'article 9 b) doit comporter également :

a) Des renseignements permettant de déterminer la nationalité du demandeur ou l'identité de l'État ou des États, ou de leurs ressortissants, qui contrôlent effectivement le demandeur; et

b) L'établissement principal ou le domicile et, le cas échéant, le lieu d'immatriculation du demandeur.

4. Toute demande émanant d'une association ou d'un consortium d'entités doit comporter les renseignements requis concernant chaque membre de l'association ou du consortium.

Article 11
Certificat de patronage

1. Toute demande émanant d'une entreprise d'État ou de l'une des entités visées à l'article 9 b) doit être accompagnée d'un certificat de patronage délivré par l'État dont le demandeur est ressortissant ou par lequel ou les ressortissants duquel il est effectivement contrôlé. Si le demandeur a plus d'une nationalité, ce qui est le cas d'une association ou d'un consortium d'entités relevant de plusieurs États, chacun de ces États délivre un certificat de patronage.

2. Si le demandeur a la nationalité d'un État mais est effectivement contrôlé par un autre État ou par ses ressortissants, chacun de ces États délivre un certificat de patronage.

3. Tout certificat de patronage doit être dûment signé au nom de l'État qui le présente et doit comporter les éléments ci-après :

   a) Le nom du demandeur;

   b) Le nom de l'État patronnant la demande;

   c) Une attestation indiquant que le demandeur est :

   i) Ressortissant de l'État patronnant la demande; ou

   ii) Sous le contrôle effectif de l'État patronnant la demande ou de ses ressortissants;

   d) Une déclaration indiquant que l'État patronne le demandeur;

   e) La date du dépôt de son instrument de ratification de la Convention, ou d'adhésion ou de succession à celle-ci, par l'État patronnant la demande;

   f) Une déclaration indiquant que l'État patronnant la demande assume les responsabilités prévues aux articles 139 et 153 4) de la Convention et à l'annexe III, article 4 4) de la Convention.

4. Les États ou entités ayant passé un accord de coentreprise avec l'Entreprise sont également tenus de se conformer aux dispositions du présent article.

Article 12
Superficie totale de la zone visée par la demande

1. Aux fins du présent Règlement, on entend par « bloc d'encroûtements cobaltifères » une ou plusieurs cellules d'un maillage ainsi que défini par l'Autorité, qui peut être carrée ou rectangulaire, d'une superficie de 20 kilomètres carrés au maximum.

2. La zone couverte par chaque demande d'approbation d'un plan de travail relatif à l'exploration d'encroûtements cobaltifères ne doit pas comprendre plus de 150 blocs d'encroûtements cobaltifères, que le demandeur organise en grappes comme indiqué au paragraphe 3 ci-dessous.

3. Cinq blocs d'encroûtements cobaltifères contigus forment une grappe de blocs d'encroûtements cobaltifères. Deux blocs qui se touchent en un point quelconque sont considérés comme contigus. Les grappes de blocs d'encroûtements cobaltifères ne doivent pas nécessairement être contiguës, mais elles doivent être proches les unes des autres et entièrement situées dans une zone géographique ne dépassant pas 550 kilomètres sur 550 kilomètres.

4. Nonobstant les dispositions du paragraphe 2 ci-dessus, lorsque le demandeur a choisi de remettre un secteur réservé pour les activités devant être menées au titre de l'article 9 de l'annexe III de la Convention, conformément à l'article 17 du présent Règlement, la superficie totale de la zone couverte par sa demande est limitée à 300 blocs d'encroûtements cobaltifères. Ces blocs sont répartis en deux groupes de même valeur commerciale estimative, et chacun de ces deux groupes de blocs d'encroûtements cobaltifères est réparti en grappes par le demandeur comme indiqué au paragraphe 3 ci-dessus.

Article 13
Capacité financière et technique

1. Toute demande d'approbation d'un plan de travail relatif à l'exploration doit comporter des informations précises et suffisantes pour permettre au Conseil de s'assurer que le demandeur est financièrement et techniquement capable d'exécuter le plan de travail proposé et de s'acquitter de ses obligations financières vis-à-vis de l'Autorité.

2. Toute demande d'approbation d'un plan de travail relatif à l'exploration émanant de l'Entreprise doit être accompagnée d'une déclaration de l'autorité compétente de celle-ci certifiant que l'Entreprise a les ressources financières nécessaires pour couvrir le coût estimatif du plan de travail proposé.

3. Toute demande d'approbation d'un plan de travail relatif à l'exploration émanant d'un État ou d'une entreprise d'État doit être accompagnée d'une déclaration par laquelle ledit État ou l'État patronnant la demande certifie que le demandeur dispose des ressources financières nécessaires pour couvrir le coût estimatif du plan de travail proposé.

4. Toute demande d'approbation d'un plan de travail relatif à l'exploration émanant d'une entité doit être accompagnée de copies des états financiers vérifiés de l'entité, y compris les bilans et les comptes de profits et pertes correspondant aux trois années précédentes, établis conformément aux principes comptables internationalement reconnus et certifiés par un cabinet d'experts comptables dûment agréé.

5. Si le demandeur est une entité nouvellement créée et qu'un bilan vérifié n'est pas disponible, la demande d'approbation doit être accompagnée d'un bilan pro forma certifié par un représentant compétent du demandeur.

6. Si le demandeur est une filiale d'une autre entité, la demande d'approbation doit être accompagnée de copies de ces mêmes états financiers concernant cette entité et d'une déclaration de cette entité, établie conformément aux principes comptables internationalement reconnus et certifiée par un cabinet d'experts comptables dûment agréé, attestant que le demandeur disposera des ressources financières nécessaires pour exécuter le plan de travail relatif à l'exploration.

7. Si le demandeur est placé sous le contrôle d'un État ou d'une entreprise d'État, la demande d'approbation doit être accompagnée d'une déclaration de l'État ou de l'entreprise d'État attestant que le demandeur disposera des ressources financières nécessaires pour exécuter le plan de travail proposé.

8. Si un demandeur qui demande l'approbation d'un plan de travail relatif à l'exploration a l'intention de financer le plan de travail proposé grâce à des emprunts, sa demande doit comporter une déclaration indiquant le montant, l'échéancier et le taux d'intérêt de ces emprunts.

9. Toute demande doit comprendre :

a) Une description générale de l'expérience, des connaissances, des compétences et du savoir-faire techniques utiles pour l'exécution du plan de travail proposé acquis antérieurement par le demandeur;

b) Une description générale du matériel et des méthodes qu'il est prévu d'utiliser pour exécuter le plan de travail proposé et d'autres informations utiles, qui ne sont pas propriété industrielle, portant sur les caractéristiques des techniques envisagées; et

c) Une description générale de la capacité financière et technique dont dispose le demandeur pour faire face à tout incident ou activité causant un dommage grave au milieu marin.

10. Si le demandeur est une association ou un consortium d'entités liées entre elles par un accord de coentreprise, chaque membre de l'association ou du consortium doit fournir les renseignements exigés dans le présent article.

Article 14
Précédents contrats avec l'Autorité

Si le demandeur ou, lorsque la demande émane d'une association ou d'un consortium d'entités liées entre elles par un accord de coentreprise, si un membre de l'association ou du consortium a précédemment obtenu un contrat de l'Autorité, sont indiqués dans la demande :

a) La date du contrat ou des contrats précédents;

b) La date, le numéro de référence et le titre de tout rapport relatif au(x) contrat(s) soumis à l'Autorité; et

c) La date de résiliation du contrat ou des contrats, le cas échéant.

Article 15
Engagements

Dans sa demande d'approbation d'un plan de travail relatif à l'exploration, tout demandeur, y compris l'Entreprise, s'engage par écrit vis-à-vis de l'Autorité à :

a) Accepter comme exécutoires et respecter les obligations qui lui incombent en vertu de la Convention et des règles, règlements et procédures de l'Autorité, des décisions des organes de l'Autorité et des clauses des contrats qu'il a conclus avec celle-ci;

b) Accepter que l'Autorité exerce sur les activités menées dans la Zone le contrôle autorisé par la Convention; et

c) Fournir à l'Autorité l'assurance écrite qu'il s'acquittera de bonne foi des obligations qui lui incombent en vertu du contrat.

Article 16
Choix du demandeur entre la remise d'un secteur réservé ou une participation au capital d'une entreprise conjointe

Dans sa demande, le demandeur choisit entre les options suivantes :

a) Remettre un secteur réservé pour les activités devant être menées au titre de l'annexe III, article 9, de la Convention, conformément à l'article 17 du présent Règlement; ou

b) Offrir une participation au capital d'une entreprise conjointe conformément à l'article 19 du présent Règlement.

Article 17
Données et informations à fournir avant la désignation d'un secteur réservé

1. Lorsque le demandeur choisit de remettre un secteur réservé pour les activités devant être menées au titre de l'annexe III, article 9 de la Convention, la zone couverte par sa demande doit être suffisamment étendue et avoir une valeur commerciale estimative suffisante pour permettre deux opérations d'extraction minière et est configurée par le demandeur conformément à l'article 12 4).

2. Une telle demande doit contenir suffisamment de données et informations prescrites à l'annexe II, section II, du présent Règlement relatives à la zone qu'elle couvre pour permettre au Conseil de désigner, sur la recommandation de la Commission juridique et technique, un secteur réservé en se fondant sur la valeur commerciale estimative de chaque partie. Ces données et informations sont celles dont dispose le demandeur sur les deux parties de la zone couverte par la demande, notamment les données utilisées pour déterminer la valeur commerciale de celles-ci.

3. Le Conseil, se fondant sur les données et informations fournies par le demandeur conformément à l'annexe II, section II, du présent Règlement, s'il les juge satisfaisantes, et compte tenu de la recommandation de la Commission juridique et technique, désigne la partie de la zone couverte par la demande qui sera réservée. La partie ainsi désignée devient le secteur réservé dès que le plan de travail relatif à l'exploration du secteur non réservé est approuvé et le contrat signé. Si le Conseil estime devoir disposer d'informations supplémentaires, en conformité avec le présent Règlement et l'annexe II, pour désigner le secteur réservé, il renvoie la question à la Commission pour qu'elle la réexamine, en indiquant les informations supplémentaires requises.

4. Une fois le plan de travail relatif à l'exploration approuvé et un contrat passé, les informations fournies à l'Autorité par le demandeur au sujet du secteur réservé peuvent être communiquées par celle-ci conformément à l'article 14 3) de l'annexe III de la Convention.

Article 18
Demandes d'approbation de plans de travail concernant un secteur réservé

1.   Tout État en développement ou toute personne physique ou morale patronnée par lui et effectivement contrôlée par lui ou par un autre État en développement, ou tout groupe des catégories précitées, peut notifier à l'Autorité son désir de soumettre un plan de travail relatif à l'exploration d'un secteur réservé. Le Secrétaire général transmet ladite notification à l'Entreprise qui, dans les six mois, fait savoir par écrit au Secrétaire général si elle a l'intention ou non de mener des activités dans le secteur; si elle a l'intention de mener des activités dans le secteur, elle en informe aussi par écrit, en application du paragraphe 4, le contractant dont la demande d'approbation d'un plan de travail relatif à l'exploration couvrait initialement ce secteur.

2.   Toute demande d'approbation d'un plan de travail relatif à l'exploration d'un secteur réservé peut être présentée à tout moment après qu'un tel secteur devient disponible à la suite d'une décision de l'Entreprise de ne pas y mener d'activités ou lorsque l'Entreprise, dans les six mois de la notification par le Secrétaire général, n'a ni décidé si elle entend mener des activités dans le secteur ni notifié par écrit au Secrétaire général qu'elle est en pourparlers au sujet d'une entreprise conjointe potentielle. Dans ce dernier cas, l'Entreprise dispose d'un an à compter de la date de la notification pour décider si elle entend mener des activités dans le secteur.

3.   Lorsque ni l'Entreprise ni aucun État en développement ou aucune des entités visées au paragraphe 1 ne présente une demande d'approbation d'un plan de travail relatif à l'exploration d'un secteur réservé dans un délai de 15 ans après que l'Entreprise a commencé d'exercer ses fonctions indépendamment du Secrétariat de l'Autorité ou dans un délai de 15 ans à compter de la date à laquelle ledit secteur a été réservé à l'Autorité, si cette date est postérieure, le contractant dont la demande d'approbation d'un plan de travail relatif à l'exploration couvrait initialement ce secteur a le droit de présenter une demande d'approbation d'un plan de travail relatif à l'exploration de celui-ci, à charge pour lui d'offrir de bonne foi d'associer l'Entreprise à ses activités dans le cadre d'une entreprise conjointe.

4.   Le contractant a un droit de priorité pour conclure avec l'Entreprise un accord d'entreprise conjointe en vue de l'exploration du secteur compris dans sa demande d'approbation d'un plan de travail relatif à l'exploration et désigné par le Conseil comme secteur réservé.

Article 19
Participation au capital d'une entreprise conjointe

1.   Un demandeur qui opte pour une offre de participation au capital d'une entreprise conjointe doit soumettre les données et informations spécifiées à l'article 20 du présent Règlement. Le secteur devant lui être attribué sera régi par les dispositions de l'article 27.

2.   L'accord d'entreprise conjointe, qui prend effet au moment où le demandeur conclut un contrat d'exploitation, doit comporter les éléments ci-après :

    a)   L'Entreprise obtiendra au minimum une participation de 20 % du capital de l'entreprise conjointe dans les conditions suivantes :

i) La moitié de cette participation sera obtenue sans aucun paiement, direct ou indirect, au demandeur et sera traitée à toutes fins sur un pied d'égalité avec la participation de celui-ci;

ii) Le reste de la participation sera traité à toutes fins sur un pied d'égalité avec la participation du demandeur, si ce n'est que l'Entreprise ne touchera aucun dividende pour cette partie de sa participation tant que le demandeur n'aura pas recouvré la totalité de son apport au capital de l'entreprise conjointe;

b) Nonobstant l'alinéa a) ci-dessus, le demandeur offrira à l'Entreprise la possibilité d'acquérir une nouvelle participation de 30 % du capital de l'entreprise conjointe ou toute nouvelle participation inférieure à 30 % du capital qu'elle souhaiterait acquérir, à toutes fins sur un pied d'égalité avec le demandeur[2];

c) Sauf disposition expresse de l'accord entre le demandeur et l'Entreprise, le fait que celle-ci participe au capital de l'entreprise conjointe ne lui impose aucunement l'obligation de fournir des fonds ou des crédits, de se porter garante ou d'accepter aucune autre obligation financière pour l'entreprise conjointe ou en son nom, ni de souscrire des parts supplémentaires du capital de cette entreprise pour conserver le même pourcentage de ce capital.

Article 20
Données et informations à fournir pour l'approbation du plan de travail relatif à l'exploration

1. Tout demandeur soumet, en vue d'obtenir l'approbation de son plan de travail relatif à l'exploration sous la forme d'un contrat, les informations suivantes :

a) La description générale et le calendrier du programme d'exploration proposé, y compris le programme d'activités pour les cinq années à venir, telles que les études à réaliser concernant les facteurs écologiques, techniques, économiques et autres facteurs appropriés à prendre en compte pour l'exploration;

b) La description du programme d'études océanographiques et écologiques prescrite par le présent Règlement et les règles, règlements et procédures d'ordre environnemental établis par l'Autorité, qui permettraient d'évaluer l'impact environnemental potentiel – y compris, sans y être limité, l'impact sur la diversité biologique – des activités d'exploration proposées, compte tenu de toutes recommandations formulées par la Commission juridique et technique;

c) L'évaluation préliminaire de l'impact que les activités d'exploration proposées sont susceptibles d'avoir sur le milieu marin;

d) La description des mesures proposées pour la prévention, la réduction et la maîtrise de la pollution et autres risques ainsi que de l'impact possible sur le milieu marin;

e) Les données nécessaires pour permettre au Conseil de procéder aux vérifications visées à l'article 13 1); et

---

[2] Il y aura lieu d'élaborer plus avant les conditions à prévoir pour l'obtention d'une telle participation au capital.

f) Le calendrier des dépenses annuelles prévues pour le programme d'activités des cinq années à venir.

2. Lorsque le demandeur choisit de remettre un secteur réservé, il communique à l'Autorité les données et informations relatives à ce secteur une fois que le Conseil a désigné ce secteur conformément à l'article 17 3).

3. Lorsque le demandeur choisit d'offrir une participation au capital d'une entreprise conjointe, il communique à l'Autorité les données et informations relatives au secteur considéré au moment où il fait son choix.

Section 3
Droits

Article 21
Droit afférent aux demandes

1. Le droit à acquitter pour l'étude des demandes d'approbation d'un plan de travail relatif à l'exploration d'encroûtements cobaltifères est d'un montant fixe de 500 000 dollars des États-Unis ou l'équivalent dans une monnaie librement convertible, payable intégralement au moment de la présentation de la demande.

2. Si les dépenses d'administration engagées par l'Autorité afin de traiter une demande sont inférieures au droit fixe indiqué au paragraphe 1 ci-dessus, l'Autorité rembourse la différence au demandeur. Si les dépenses d'administration engagées par l'Autorité afin de traiter une demande sont supérieures au droit fixe susmentionné, le demandeur verse la différence à l'Autorité; tout montant complémentaire versé à ce titre par le demandeur est limité à 10 % dudit droit fixe.

3. Compte tenu des critères éventuellement établis à cette fin par la Commission des finances, le Secrétaire général détermine le montant des différences mentionnées au paragraphe 2 ci-dessus et en fait notification au demandeur. La notification inclut un état des dépenses engagées par l'Autorité. Le montant dû est payé par le demandeur ou remboursé par l'Autorité dans les trois mois de la signature du contrat mentionné à l'article 25 ci-dessous.

4. Le Conseil réexamine périodiquement le montant du droit fixe mentionné au paragraphe 1 ci-dessus pour s'assurer qu'il couvre les dépenses d'administration à prévoir pour le traitement des demandes et éviter que les demandeurs aient à verser des droits complémentaires conformément au paragraphe 2 ci-dessus.

Section 4
Traitement des demandes

Article 22
Réception, accusé de réception et garde des demandes

Le Secrétaire général :

a) Accuse réception par écrit, dans les 30 jours de sa réception, de toute demande d'approbation d'un plan de travail relatif à l'exploration soumis conformément à la présente Partie, en spécifiant la date de la réception;

b) Dépose la demande avec ses pièces jointes et annexes en lieu sûr et veille à ce que la confidentialité de toutes les données et informations confidentielles fournies dans la demande soit protégée; et

c) Avise les membres de l'Autorité de la réception de la demande et leur communique les renseignements non confidentiels d'ordre général y relatifs.

Article 23
Examen des demandes par la Commission juridique et technique

1. Dès réception d'une demande d'approbation d'un plan de travail relatif à l'exploration, le Secrétaire général en avise les membres de la Commission juridique et technique et en inscrit l'examen à l'ordre du jour de la réunion suivante de la Commission. La Commission n'examine que les demandes qui ont été notifiées et au sujet desquelles des renseignements ont été communiqués par le Secrétaire général conformément à l'alinéa c) de l'article 22 au moins 30 jours avant le commencement de la réunion de la Commission lors de laquelle elles doivent être examinées.

2. La Commission examine les demandes dans l'ordre de leur réception.

3. La Commission s'assure que le demandeur :

a) S'est conformé aux dispositions du présent Règlement;

b) A pris les engagements et donné les assurances visés à l'article 15;

c) Dispose de la capacité financière et technique nécessaire pour exécuter le plan de travail relatif à l'exploration proposé et lui a communiqué des informations détaillées attestant sa capacité à exécuter rapidement des ordres émis en cas d'urgence; et

d) S'est dûment acquitté des obligations qui lui incombaient en vertu de tout contrat conclu antérieurement avec l'Autorité.

4. Conformément aux dispositions du Règlement et à ses procédures, la Commission détermine si le plan de travail relatif à l'exploration proposé :

a) Assure une protection effective de la santé et de la sécurité des êtres humains;

b) Assure une protection et une préservation effectives du milieu marin, y compris mais sans s'y limiter, du point de vue de son impact sur la diversité biologique;

c) Apporte la garantie que des installations ne seront pas mises en place là où elles risqueraient d'entraver l'utilisation de voies de circulation reconnues essentielles à la navigation internationale ni dans des zones où se pratique une pêche intensive.

5. Si elle conclut que les conditions énoncées au paragraphe 3 sont remplies et que le plan de travail relatif à l'exploration proposé satisfait à celles posées au paragraphe 4, la Commission recommande au Conseil d'approuver le plan de travail relatif à l'exploration.

6. La Commission ne recommande pas l'approbation du plan de travail relatif à l'exploration si une partie ou la totalité de la zone visée par le plan proposé est comprise :

   a) Dans un plan de travail relatif à l'exploration d'encroûtements cobaltifères approuvé par le Conseil;

   b) Dans un plan de travail relatif à l'exploration ou l'exploitation d'autres ressources approuvé par le Conseil, si le plan de travail proposé pour l'exploration d'encroûtements cobaltifères risque d'entraver indûment les activités menées dans le cadre du plan approuvé pour d'autres ressources; ou

   c) Dans une zone dont le Conseil a exclu l'exploitation parce que des éléments substantiels attestent qu'il existe un risque de causer un dommage grave au milieu marin.

7. La Commission peut recommander l'approbation d'un plan de travail si elle estime que cette approbation ne permettra pas à un État partie ou à des entités parrainées par lui de monopoliser la conduite dans la Zone d'activités concernant des encroûtements cobaltifères ou d'empêcher d'autres États Parties de mener de telles activités dans la Zone.

8. Sauf dans le cas de demandes présentées par l'Entreprise en son nom propre ou au nom d'une entreprise conjointe et de demandes relevant de l'article 18, la Commission ne recommande pas l'approbation du plan de travail relatif à l'exploration proposé si une partie ou la totalité de la zone sur laquelle il porte est comprise dans un secteur réservé ou un secteur désigné par le Conseil comme devant être réservé.

9. Si elle conclut qu'une demande n'est pas conforme au présent Règlement, la Commission adresse au demandeur, par l'intermédiaire du Secrétaire général, une notification écrite motivée. Le demandeur peut modifier sa demande dans un délai de 45 jours à compter de ladite notification. Si la Commission estime, après examen de la demande modifiée, qu'elle ne doit pas recommander l'approbation du plan de travail relatif à l'exploration, elle en informe le demandeur, lequel dispose alors d'un délai de 30 jours pour présenter des observations. La Commission tient compte de ces observations dans son rapport et sa recommandation au Conseil.

10. Lorsqu'elle examine un plan de travail relatif à l'exploration, la Commission tient compte des principes, politiques et objectifs concernant les activités menées dans la Zone énoncés dans la partie XI et l'annexe III de la Convention et dans l'Accord.

11. La Commission examine les demandes avec diligence et soumet au Conseil dès que possible, compte tenu du calendrier des réunions de l'Autorité, son rapport et ses recommandations concernant la désignation des secteurs et le plan de travail relatif à l'exploration.

12. Dans l'exercice de ses attributions, la Commission applique le présent Règlement et les règles, règlements et procédures de l'Autorité de façon uniforme et non discriminatoire.

**Article 24
Examen et approbation par le Conseil des plans de travail relatifs
à l'exploration**

Le Conseil examine les rapports et recommandations de la Commission juridique et technique concernant l'approbation des plans de travail relatifs à l'exploration, conformément aux paragraphes 11 et 12 de la section 3 de l'annexe de l'Accord.

Partie IV
Contrats relatifs à l'exploration

**Article 25
Le contrat**

1. Une fois approuvé par le Conseil, le plan de travail relatif à l'exploration est consigné dans un contrat conclu entre l'Autorité et le demandeur conformément à l'annexe III du présent Règlement. Chaque contrat doit contenir les clauses types énoncées à l'annexe IV, en vigueur à la date de prise d'effet du contrat.

2. Le contrat est signé par le Secrétaire général agissant au nom de l'Autorité et par le demandeur. Le Secrétaire général avise par écrit tous les membres de l'Autorité de la conclusion de chaque contrat.

**Article 26
Droits du contractant**

1. Le contractant a le droit exclusif d'explorer le secteur visé par le plan de travail relatif à l'exploration d'encroûtements cobaltifères. L'Autorité garantit qu'aucune autre entité n'exerce dans le même secteur des activités portant sur d'autres ressources d'une façon qui puisse gêner les activités du contractant.

2. Un contractant qui a fait approuver un plan de travail portant uniquement sur l'exploration a préférence et priorité sur les demandeurs qui soumettent un plan de travail portant sur l'exploitation du même secteur et des mêmes ressources. Cette préférence et ce rang de priorité peuvent toutefois lui être retirés par le Conseil s'il ne s'est pas conformé aux stipulations du plan de travail relatif à l'exploration approuvé dans le délai fixé dans la ou les notifications que le Conseil lui a adressées par écrit pour lui signaler les stipulations non respectées. Le délai prescrit dans une telle notification ne doit pas être déraisonnable. La possibilité raisonnable de faire valoir ses arguments est donnée au contractant avant que la décision de retirer à celui-ci la préférence ou le rang de priorité ne devienne définitive. Le Conseil motive sa décision de retrait et examine toute réponse du contractant. La décision du Conseil tient compte de cette réponse et est fondée sur des preuves suffisantes.

3. Le retrait d'une préférence ou d'un rang de priorité ne peut devenir effectif tant que le contractant n'a pas eu raisonnablement la possibilité d'épuiser les recours judiciaires dont il dispose conformément à la section 5 de la partie XI de la Convention.

Article 27
Superficie du secteur et restitution

1. Le contractant restitue le secteur qui lui a été attribué conformément au paragraphe 1 du présent article. Les portions de secteur à restituer n'ont pas besoin d'être contiguës et sont définies par le contractant sous la forme de sous-blocs comprenant une ou plusieurs cellules d'un maillage ainsi que défini par l'Autorité. Huit ans au plus à compter de la date de conclusion du contrat, le contractant doit avoir restitué au moins un tiers du secteur qui lui a initialement été attribué; 10 ans au plus à compter de la date de la conclusion du contrat, le contractant doit avoir restitué au moins deux tiers du secteur qui lui a été initialement attribué; 15 ans à compter de la date de conclusion du contrat ou lorsque le contractant sollicite des droits d'exploitation si cela intervient avant, le contractant désigne, dans le secteur qui lui reste attribué, une zone qu'il entend conserver aux fins de l'exploitation.

2. Nonobstant les dispositions du paragraphe 1, il ne sera demandé au contractant de restituer aucune portion supplémentaire du secteur qui lui a été attribué si la superficie du secteur qui lui reste attribué après restitution ne dépasse pas 1 000 kilomètres carrés.

3. Le contractant peut à tout moment restituer, par anticipation du calendrier exposé au paragraphe 1, des portions du secteur qui lui a été attribué.

4. Les portions restituées redeviennent partie intégrante de la Zone.

5. À la demande du contractant et sur recommandation de la Commission, le Conseil peut, à titre exceptionnel, différer l'exécution du calendrier de restitution. Les circonstances exceptionnelles sont déterminées par le Conseil et comprennent, notamment, la situation économique du contractant ou d'autres situations imprévisibles survenant à l'occasion de ses activités opérationnelles.

Article 28
Durée des contrats

1. Les plans de travail relatifs à l'exploration sont approuvés pour 15 ans. Lorsqu'un plan de travail relatif à l'exploration arrive à expiration, le contractant doit, à moins qu'il ne l'ait déjà fait, que le plan n'ait été prorogé ou qu'il ne décide de renoncer à ses droits dans la zone visée par le plan, présenter une demande d'approbation d'un plan de travail relatif à l'exploitation.

2. Au plus tard six mois avant l'expiration d'un plan de travail relatif à l'exploration, le contractant peut en demander la prorogation pour des périodes ne dépassant pas cinq ans chacune. Ces prorogations sont approuvées par le Conseil, sur recommandation de la Commission, si le contractant s'est efforcé de bonne foi de se conformer aux stipulations du plan de travail mais n'a pas pu, pour des raisons indépendantes de sa volonté, achever les travaux préparatoires nécessaires pour passer à la phase d'exploitation ou si les circonstances économiques du moment ne justifient pas le passage à cette phase.

Article 29
Formation

En application de l'article 15 de l'annexe III de la Convention, chaque contrat comporte en annexe un programme de formation pratique du personnel de l'Autorité et d'États en développement, établi par le contractant en coopération avec l'Autorité et le ou les États patronnant la demande. Les programmes sont axés sur la formation à l'exploration et doivent permettre la pleine participation de ce personnel à toutes les activités sur lesquelles porte le contrat. Les programmes de formation peuvent être modifiés et développés de temps à autre, selon que de besoin, par consentement mutuel.

Article 30
Examen périodique de l'exécution du plan de travail relatif à l'exploration

1. Le contractant et le Secrétaire général procèdent en commun tous les cinq ans à un examen de l'exécution du plan de travail relatif à l'exploration. Le Secrétaire général peut demander au contractant de lui communiquer toutes données et informations supplémentaires qui peuvent être nécessaires aux fins de cet examen.

2. À la lumière de l'examen, le contractant indique son programme d'activités pour les cinq années suivantes en ajustant son programme d'activités antérieur comme nécessaire.

3. Le Secrétaire général rend compte de cet examen à la Commission et au Conseil. Il indique dans son rapport s'il a été tenu compte, aux fins de l'examen, des observations qui auront pu lui être communiquées par des États Parties à la Convention sur la manière dont le contractant s'est acquitté des obligations qui lui incombent en vertu du présent Règlement concernant la protection et la préservation du milieu marin.

Article 31
Cessation du patronage

1. Tout contractant doit être dûment patronné pendant toute la durée du contrat.

2. Si un État met fin à son patronage, il adresse sans retard au Secrétaire général une notification écrite et motivée. La cessation du patronage prend effet six mois après la date de réception de la notification par le Secrétaire général, à moins que la notification ne spécifie une date plus tardive.

3. S'il est mis fin à un patronage, le contractant doit, dans le délai prévu au paragraphe 2, trouver un nouvel État pour le patronner. Celui-ci doit présenter un certificat de patronage conformément à l'article 11. Si le contractant n'obtient pas de patronage dans le délai prescrit, il est mis fin à son contrat.

4. Un État ayant patronné une demande n'est libéré en raison de la cessation de son patronage d'aucune des obligations mises à sa charge pendant qu'il avait la qualité d'État patronnant, et la cessation du patronage est sans effet sur les droits et obligations créés en cours de patronage.

5. Le Secrétaire général notifie aux membres de l'Autorité toute cessation ou tout changement de patronage.

Article 32
Responsabilité

La responsabilité du contractant et celle de l'Autorité sont régies par la Convention. Le contractant demeure responsable de tout dommage résultant d'actes illicites commis dans la conduite de ses opérations, en particulier de tout dommage au milieu marin, après l'achèvement de la phase d'exploration.

Partie V
Protection et préservation du milieu marin

Article 33
Protection et préservation du milieu marin

1. L'Autorité, conformément à la Convention et à l'Accord, établit et revoit périodiquement des règles, règlements et procédures en matière d'environnement afin de protéger efficacement le milieu marin des effets nocifs pouvant résulter d'activités menées dans la Zone.

2. Afin de protéger efficacement le milieu marin contre les effets nocifs pouvant résulter d'activités menées dans la Zone, l'Autorité et les États qui patronnent ces activités leur appliquent le principe de précaution posé dans le Principe 15 de la Déclaration de Rio et les meilleures pratiques écologiques.

3. La Commission juridique et technique fait des recommandations au Conseil concernant l'application des paragraphes 1 et 2 ci-dessus.

4. La Commission formule et applique les procédures voulues pour déterminer, à partir des informations scientifiques et techniques disponibles les plus sûres, notamment les informations communiquées en application de l'article 20 du présent Règlement, si des activités d'exploration qu'il est proposé de mener dans la Zone risquent d'entraîner des effets nocifs importants sur des écosystèmes marins vulnérables, en particulier ceux associés aux monts sous-marins et aux coraux d'eau froide, et pour garantir que les activités d'exploration proposées dont il aura été ainsi déterminé qu'elles risquent d'entraîner des effets nocifs importants sur des écosystèmes marins vulnérables ou bien soient menées de façon à éviter ces effets nocifs ou bien ne reçoivent pas l'autorisation nécessaire.

5. Conformément à l'article 145 de la Convention et au paragraphe 2 du présent article, chaque contractant prend les mesures nécessaires pour prévenir, réduire et maîtriser autant qu'il est raisonnablement possible la pollution du milieu marin et faire face aux autres risques qui menacent celui-ci du fait des activités qu'il mène dans la Zone, en appliquant le principe de précaution ainsi que les meilleures pratiques écologiques.

6. Les contractants, les États qui les patronnent et les autres États ou entités intéressés coopèrent avec l'Autorité à l'élaboration et à l'exécution de programmes de surveillance et d'évaluation de l'impact sur le milieu marin de l'extraction minière dans les grands fonds marins. Lorsqu'ils sont demandés par le Conseil, ces programmes comprennent des propositions concernant des zones à mettre en réserve et à utiliser exclusivement comme zones témoins d'impact et de préservation. Le terme « zone témoin d'impact » s'entend d'une zone qui doit être utilisée pour évaluer les effets sur le milieu marin des activités menées dans la Zone et qui est représentative des caractéristiques environnementales de la Zone. Le terme « zone témoin de préservation » s'entend d'une zone dans laquelle toute activité d'extraction minière est exclue afin de préserver des biotes stables et représentatifs des fonds marins et d'évaluer tous changements de la diversité biologique du milieu marin.

Article 34
Profils écologiques témoins et surveillance du milieu marin

1. Tout contrat requiert du contractant qu'il collecte des données écologiques de base et établisse, en tenant compte de toute recommandation que pourrait formuler la Commission juridique et technique en application de l'article 41, des profils écologiques témoins par rapport auxquels seront évalués les effets que les activités menées au titre de son plan de travail relatif à l'exploration sont susceptibles d'avoir sur le milieu marin, ainsi qu'un programme destiné à surveiller ces effets et à en rendre compte. Dans ses recommandations, la Commission peut notamment énumérer les activités d'exploration qui ne sont pas susceptibles d'avoir des effets nocifs sur le milieu marin. Le contractant coopère avec l'Autorité et l'État ou les États qui le patronnent pour élaborer et appliquer ce programme de surveillance.

2. Le contractant rend compte chaque année par écrit au Secrétaire général de l'application et des résultats du programme de surveillance visé au paragraphe 1 et soumet des données et informations, compte tenu de toutes recommandations formulées par la Commission en application de l'article 41. Le Secrétaire général transmet ces rapports des contractants à la Commission pour examen en application de l'article 165 de la Convention.

Article 35
Ordres en cas d'urgence

1. Le contractant notifie promptement par écrit au Secrétaire général, en utilisant les moyens les plus efficaces, tout incident résultant de ses activités qui a causé, qui cause ou qui menace de causer un dommage grave au milieu marin.

2. Lorsqu'un incident résultant des activités d'un contractant dans la Zone ou occasionné par celles-ci, qui a causé, cause ou menace de causer un dommage grave au milieu marin, lui est notifié par un contractant ou vient autrement à sa connaissance, le Secrétaire général fait donner notification générale de l'incident, en avise par écrit le contractant et l'État ou les États qui le patronnent, et fait immédiatement rapport à la Commission juridique et technique, au Conseil et à tous les autres membres de l'Autorité. Copie du rapport est communiquée à tous les membres de l'Autorité, aux organisations internationales compétentes et aux organisations et organes sous-régionaux, régionaux et mondiaux concernés. Dans tous les cas d'incident de ce type, le Secrétaire général suit l'évolution de la situation et, s'il le juge nécessaire, fait rapport à la Commission, au Conseil et à tous les autres membres de l'Autorité.

3. En attendant que le Conseil statue, le Secrétaire général prend immédiatement toutes les mesures conservatoires d'ordre pratique qui peuvent raisonnablement être prises en l'espèce pour prévenir, maîtriser et réduire au minimum tout dommage ou menace de dommage grave au milieu marin. Ces mesures restent en vigueur pendant au maximum 90 jours ou jusqu'à ce que le Conseil décide, à sa prochaine session ordinaire ou à une session extraordinaire, des éventuelles dispositions à prendre en application du paragraphe 6 du présent article.

4. Après avoir reçu le rapport du Secrétaire général, la Commission détermine, sur la base des éléments qui lui sont communiqués et compte tenu des mesures déjà prises par le contractant, les dispositions nécessaires pour faire face efficacement

audit incident et prévenir, maîtriser et réduire au minimum tout dommage ou menace de dommage grave au milieu marin, et fait ses recommandations au Conseil.

5. Le Conseil examine les recommandations de la Commission.

6. Le Conseil, compte tenu des recommandations de la Commission, du rapport du Secrétaire général, de toute information fournie par le contractant et de toute autre information pertinente, peut émettre les ordres en cas d'urgence – y compris, le cas échéant, l'ordre de suspendre ou de modifier les opérations – raisonnablement nécessaires pour prévenir, maîtriser et réduire au minimum tout dommage ou menace de dommage grave au milieu marin résultant d'activités menées dans la Zone.

7. Si un contractant ne se conforme pas rapidement à un ordre donné en cas d'urgence pour prévenir, maîtriser et réduire au minimum un dommage ou une menace de dommage grave au milieu marin résultant de ses activités dans la Zone, le Conseil prend, lui-même ou par l'intermédiaire de tiers agissant en son nom, les mesures concrètes nécessaires pour prévenir, maîtriser ou réduire au minimum ce dommage ou cette menace de dommage grave au milieu marin.

8. Afin de permettre au Conseil, si nécessaire, de prendre immédiatement les mesures concrètes visées au paragraphe 7 pour prévenir, maîtriser et réduire au minimum un dommage ou une menace de dommage grave au milieu marin, le contractant, avant de commencer l'expérimentation des procédés de collecte et de traitement, fournit au Conseil une garantie de son aptitude financière et technique à se conformer rapidement aux ordres donnés en cas d'urgence ou à faire en sorte que le Conseil puisse prendre des mesures d'urgence. Si le contractant ne donne pas au Conseil une telle garantie, l'État ou les États qui le patronnent, en réponse à une demande du Secrétaire général et en application des articles 139 et 235 de la Convention, prennent les dispositions requises pour que le contractant fournisse ladite garantie ou pour qu'une aide soit apportée à l'Autorité dans l'exercice des responsabilités qui lui incombent en vertu du paragraphe 7.

**Article 36
Droits des États côtiers**

1. Aucune disposition du présent Règlement ne porte atteinte aux droits des États côtiers tels que définis à l'article 142 et dans les autres dispositions pertinentes de la Convention.

2. Tout État côtier qui a des raisons de penser qu'une activité menée dans la Zone par un contractant est susceptible de causer ou de menacer de causer un dommage grave au milieu marin dans des zones maritimes sur lesquelles il exerce sa juridiction ou sa souveraineté peut en aviser par écrit le Secrétaire général pour lui exposer ces raisons. Le Secrétaire général donne au contractant et à l'État ou aux États qui le patronnent la possibilité raisonnable d'examiner les preuves fournies, le cas échéant, par l'État côtier à l'appui de ses dires. Le contractant et l'État ou les États qui le patronnent peuvent présenter leurs observations sur la question au Secrétaire général dans un délai raisonnable.

3. S'il existe des raisons sérieuses de croire que le milieu marin risque de subir un dommage grave, le Secrétaire général prend les dispositions décrites à l'article 35 et, si nécessaire, prend immédiatement des mesures conservatoires comme prévu au paragraphe 3 dudit article.

4. Les contractants prennent toutes les mesures nécessaires pour que leurs activités soient menées de manière à ne pas causer de dommage grave – y compris, mais sans s'y limiter, de pollution – au milieu marin se trouvant sous la juridiction ou la souveraineté d'États côtiers et pour que les dommages graves ou les pollutions résultant d'incidents survenus ou d'activités menées dans leur zone d'exploration ne s'étendent pas au-delà de cette zone.

Article 37
Restes humains, objets et sites présentant un caractère archéologique ou historique

Le contractant notifie immédiatement par écrit au Secrétaire général toute découverte, dans son secteur d'exploration, de tous restes humains, objets ou sites présentant un caractère archéologique ou historique, et leur emplacement, ainsi que toute mesure de conservation ou de protection qu'il a prise. Le Secrétaire général transmet immédiatement ces informations au Directeur général de l'Organisation des Nations Unies pour l'éducation, la science et la culture et à toute autre organisation internationale compétente. Lorsque de tels restes humains, objets ou sites sont découverts dans un secteur d'exploration, et pour éviter d'en altérer l'état, il ne sera mené aucune nouvelle activité de prospection ou d'exploration dans un rayon de dimension raisonnable tant que le Conseil n'en aura pas décidé autrement en tenant compte des avis du Directeur général de l'Organisation des Nations Unies pour l'éducation, la science et la culture ou de toute autre organisation internationale compétente.

Partie VI
Confidentialité

Article 38
Confidentialité des données et informations

1. Sont réputées confidentielles les données et informations présentées ou communiquées à l'Autorité, ou à toute personne participant à un programme ou une activité de l'Autorité en application du présent Règlement ou d'un contrat émis en vertu du présent Règlement, que le contractant, en consultation avec le Secrétaire général, a désignées comme telles, à moins qu'il ne s'agisse de données et informations :

   a) Qui sont de notoriété publique ou facilement accessibles auprès d'autres sources;

   b) Que leur propriétaire a antérieurement rendues accessibles sans obligation de confidentialité; ou

   c) Dont l'Autorité est déjà en possession sans obligation de confidentialité.

2. Les données et informations qui sont nécessaires à l'élaboration par l'Autorité des règles, règlements et procédures relatifs à la protection et à la préservation du milieu marin et à la sécurité, autres que les données relatives à la conception de l'équipement réputées être propriété industrielle, ne sont pas considérées comme confidentielles.

3. Le Secrétaire général, le personnel du Secrétariat, avec l'autorisation du Secrétaire général, et les membres de la Commission juridique et technique peuvent utiliser les données et informations confidentielles uniquement dans la mesure nécessaire à l'exercice effectif de leurs attributions et fonctions. Le Secrétaire général n'en autorise l'accès aux membres du personnel du Secrétariat et de la Commission juridique et technique que dans le cadre de leurs fonctions et attributions et pour un usage précis.

4. Dix ans après la date à laquelle les données et informations confidentielles ont été communiquées à l'Autorité ou la date d'expiration du contrat d'exploration si celle-ci est postérieure, et tous les cinq ans par la suite, le Secrétaire général et le contractant passent en revue ces données et informations pour déterminer si elles doivent demeurer confidentielles. Demeurent confidentielles celles dont le contractant considère que la divulgation serait susceptible de lui causer injustement un grave préjudice économique. Aucune donnée ou information n'est divulguée avant que le contractant n'ait raisonnablement eu la possibilité d'épuiser les recours judiciaires dont il dispose conformément à la section 5 de la partie XI de la Convention.

5. Si, à tout moment après l'expiration du contrat d'exploration, le contractant conclut un contrat d'exploitation relatif à un secteur de la zone d'exploration, les données et informations confidentielles se rapportant à ce secteur restent confidentielles, conformément au contrat d'exploitation.

6. Le contractant peut, à tout moment, lever la confidentialité des données et informations.

Article 39
Protection de la confidentialité

1. Le Secrétaire général veille au respect du caractère confidentiel de toutes les données et informations et ne les divulgue pas à des personnes extérieures à l'Autorité, sauf autorisation écrite préalable du contractant. Pour garantir la confidentialité des données et informations, il met au point des procédures, conformément aux dispositions de la Convention, qui régissent l'utilisation des informations confidentielles par le Secrétariat, les membres de la Commission juridique et technique et toute autre personne participant à une activité ou un programme de l'Autorité. Ces procédures consistent notamment :

    a) À conserver en lieu sûr les données et informations confidentielles et à prévoir des mesures de sécurité pour prévenir tout accès non autorisé à ces données et informations ou leur saisie;

    b) À mettre au point un système de classement, d'enregistrement et d'inventaire de toutes les données et informations écrites reçues, y compris le type, l'origine et le cheminement de ces données et informations depuis leur réception jusqu'à leur dernière utilisation.

2. Les personnes autorisées à accéder à des données et informations confidentielles en vertu du présent Règlement ne les divulguent pas, sauf dans les cas prévus par la Convention et le présent Règlement. Le Secrétaire général demande à toute personne ayant accès à des données et informations confidentielles de faire une déclaration écrite en sa présence ou en présence de son représentant accrédité, aux termes de laquelle cette personne :

a) Reconnaît qu'elle est juridiquement tenue, en vertu de la Convention et du présent Règlement, de ne pas divulguer les données et informations confidentielles;

b) S'engage à respecter les règles et procédures établies pour garantir le caractère confidentiel de ces données et informations.

3. La Commission juridique et technique protège la confidentialité de toutes les données et informations qui lui sont communiquées conformément au présent Règlement ou à un contrat émis en vertu du présent Règlement. En application de l'article 163 8), de la Convention, les membres de la Commission ne doivent divulguer, même après la cessation de leurs fonctions, aucun secret industriel, aucune donnée qui est propriété industrielle et qui a été communiquée à l'Autorité en application de l'article 14 de l'annexe III de la Convention, ni aucun autre renseignement confidentiel dont ils ont connaissance à raison de leurs fonctions au service de l'Autorité.

4. Le Secrétaire général et le personnel de l'Autorité ne doivent divulguer, même après la cessation de leurs fonctions, aucun secret industriel, aucune donnée qui est propriété industrielle et qui a été communiquée à l'Autorité en application de l'article 14 de l'annexe III de la Convention, ni aucun autre renseignement confidentiel dont ils ont connaissance à raison de leurs fonctions au service de l'Autorité.

5. Compte tenu de sa responsabilité visée à l'article 22 de l'annexe III de la Convention, l'Autorité peut prendre des mesures appropriées contre toute personne qui, à raison de fonctions au service de l'Autorité, a accès à des données et informations confidentielles et n'a pas observé les obligations de confidentialité énoncées dans la Convention et dans le présent Règlement.

Partie VII
Procédures de caractère général

Article 40
Notification et procédures de caractère général

1. Toute demande, requête, notification, approbation, renonciation, directive ou instruction ou tout rapport ou consentement aux fins du présent Règlement sont formulés par écrit par le Secrétaire général ou par le représentant désigné du prospecteur, du demandeur ou du contractant, selon le cas. L'obligation de fournir des informations par écrit en application du présent Règlement est satisfaite si ces informations sont fournies dans un document électronique comportant une signature numérique. Les notifications sont faites à personne ou par télex, télécopie, lettre recommandée expédiée par avion ou courrier électronique authentifié par une signature électronique autorisée adressés au Secrétaire général au siège de l'Autorité ou au représentant désigné.

2. La notification à personne prend effet au moment où elle est faite. La notification par télex est réputée effectuée le jour ouvrable suivant le jour où la mention « réponse » apparaît sur l'appareil de télex de l'expéditeur. La notification par télécopie prend effet lorsque l'expéditeur reçoit « l'accusé de réception » confirmant la transmission au numéro de télécopie publié du destinataire. La notification par lettre recommandée expédiée par avion est réputée effectuée

21 jours après que la lettre a été postée. Un document électronique est réputé reçu par son destinataire lorsqu'il entre dans un système informatique conçu ou utilisé par le destinataire pour recevoir des documents du type de celui qui lui est adressé et qu'il peut être récupéré et traité par ce destinataire.

3. La notification au représentant désigné du prospecteur, du demandeur ou du contractant vaut notification au prospecteur, demandeur ou contractant aux fins du présent Règlement, et le représentant désigné est le représentant du prospecteur, du demandeur ou du contractant aux fins de signification ou de notification à l'occasion de toute instance devant toute juridiction compétente.

4. La notification au Secrétaire général vaut notification à l'Autorité aux fins du présent Règlement, et le Secrétaire général est le représentant de celle-ci aux fins de signification ou de notification à l'occasion de toute instance devant toute juridiction compétente.

Article 41
Recommandations à l'intention des contractants

1. La Commission juridique et technique peut formuler de temps à autre des recommandations de caractère technique ou administratif à l'intention des contractants pour aider ceux-ci à appliquer les règles, règlements et procédures de l'Autorité.

2. Le texte intégral de ces recommandations est communiqué au Conseil. S'il estime qu'une recommandation est incompatible avec le but et l'objet du présent Règlement, le Conseil peut en demander la modification ou le retrait.

Partie VIII
Règlement des différends

Article 42
Différends

1. Tout différend relatif à l'interprétation ou à l'application du présent Règlement est réglé conformément à la section 5 de la partie XI de la Convention.

2. Toute décision définitive rendue par une cour ou un tribunal ayant compétence en vertu de la Convention au sujet des droits et obligations de l'Autorité et du contractant est exécutoire sur le territoire de tout État partie à la Convention.

Partie IX
Ressources autres que les encroûtements cobaltifères

Article 43
Ressources autres que les encroûtements cobaltifères

Si un prospecteur ou un contractant trouve dans la Zone des ressources autres que des encroûtements cobaltifères, la prospection, l'exploration et l'exploitation de ces ressources sont soumises aux règles, règlements et procédures de l'Autorité concernant ces ressources, conformément à la Convention et à l'Accord. Le prospecteur ou le contractant notifie sa découverte à l'Autorité.

Partie X
Révision

Article 44
Révision

1. Cinq ans après l'approbation du présent Règlement par l'Assemblée ou à tout autre moment par la suite, le Conseil procède à un examen de la manière dont le Règlement a fonctionné dans la pratique.

2. Si le progrès des connaissances ou des techniques fait apparaître que le Règlement n'est pas adéquat, tout État partie ainsi que la Commission juridique et technique et tout contractant agissant sous couvert de l'État qui le patronne ont, à tout moment, la faculté de demander au Conseil d'examiner, à sa prochaine session ordinaire, des projets de révision du Règlement.

3. À la lumière de cet examen, le Conseil peut adopter et appliquer à titre provisoire, en attendant qu'ils soient approuvés par l'Assemblée générale, des amendements au présent Règlement en tenant compte des recommandations de la Commission juridique et technique et des autres organes subsidiaires compétents. De tels amendements ne portent pas atteinte aux droits acquis par un contractant de l'Autorité en vertu d'un contrat conclu conformément au Règlement en vigueur à la date où lesdits amendements ont été adoptés.

4. Au cas où l'une quelconque des dispositions du présent Règlement serait modifiée, le contractant et l'Autorité peuvent réviser le contrat conformément à l'article 24 de l'annexe IV.

Annexe I

Notification d'intention de prospecter

1. Nom ou raison sociale du prospecteur :
2. Domicile :
3. Adresse postale (si elle diffère du domicile) :
4. Numéro de téléphone :
5. Numéro de télécopie :
6. Adresse électronique :
7. Nationalité du prospecteur :
8. Si le prospecteur est une personne morale, indiquer :

    a) Son lieu d'immatriculation;

    b) Son établissement principal/domicile;

    c) Joindre copie de son certificat d'immatriculation.

9. Nom du représentant désigné du prospecteur :
10. Domicile du représentant désigné du prospecteur (s'il diffère du domicile du demandeur) :
11. Adresse postale (si elle diffère du domicile) :
12. Numéro de téléphone :
13. Numéro de télécopie :
14. Adresse électronique :
15. Joindre les coordonnées de la ou des grandes zones devant être prospectées (par référence au Système géodésique mondial WGS 84).
16. Joindre une description générale du programme de prospection, notamment la date à laquelle il doit démarrer et sa durée approximative.
17. Joindre une lettre dans laquelle le prospecteur s'engage à :

    a) Respecter les dispositions de la Convention et des règles, règlements et procédures de l'Autorité concernant :

    i) La coopération aux programmes de formation en matière de recherche scientifique marine et les transferts de techniques visées aux articles 143 et 144 de la Convention; et

    ii) La protection et la préservation du milieu marin; et à

    b) Accepter que l'Autorité vérifie qu'il s'acquitte effectivement de ces obligations.

18. Fournir la liste de toutes les pièces jointes et annexes à la présente notification (toutes les données et informations doivent être présentées sur support papier et sous la forme numérique prescrite par l'Autorité).

_____   _____
Date   Signature du représentant désigné
                                         du prospecteur

Attestation

_____
Signature de l'auteur de l'attestation

_____
Nom de l'auteur de l'attestation

_____
Qualité de l'auteur de l'attestation

Annexe II

Demande d'approbation d'un plan de travail relatif à l'exploration aux fins de l'obtention d'un contrat

Section I
Renseignements concernant le demandeur

1. Nom ou raison sociale du demandeur :

2. Domicile :

3. Adresse postale (si elle diffère du domicile) :

4. Numéro de téléphone :

5. Numéro de télécopie :

6. Adresse électronique :

7. Nom du représentant désigné du demandeur :

8. Domicile du représentant désigné du demandeur (s'il diffère du domicile du demandeur) :

9. Adresse postale (si elle diffère du domicile) :

10. Numéro de téléphone :

11. Numéro de télécopie :

12. Adresse électronique :

13. Si le demandeur est une personne morale :

    a) Indiquer son lieu d'immatriculation;

    b) Indiquer son établissement principal/domicile; et

    c) Joindre copie de son certificat d'immatriculation.

14. Indiquer l'État ou les États patronnant la demande.

15. Pour chaque État patronnant la demande, préciser la date à laquelle il a déposé son instrument de ratification de la Convention des Nations Unies sur le droit de la mer du 10 décembre 1982 ou son instrument d'adhésion ou de succession à cette convention, ainsi que la date à laquelle il a consenti à être lié par l'Accord relatif à l'application de la partie XI de la Convention.

16. Joindre un certificat de patronage délivré par l'État patronnant la demande. Si le demandeur a plus d'une nationalité, comme dans le cas d'une association ou d'un consortium composé d'entités relevant de plus d'un État, joindre les certificats de patronage délivrés par chacun des États concernés.

Section II
Informations relatives à la zone visée par la demande

17. Délimiter les blocs visés par la demande en joignant une carte à l'échelle et selon la projection prescrite par l'Autorité ainsi qu'une liste des coordonnées géographiques (par référence au Système géodésique mondial WGS 84).

18. Indiquer si le demandeur choisit de remettre un secteur réservé conformément à l'article 17 du Règlement ou d'offrir de participer au capital d'une entreprise conjointe conformément à l'article 19.

19. Si le demandeur choisit de remettre un secteur réservé :

    a) Joindre les coordonnées des deux parties de valeur commerciale estimative égale de la zone visée par la demande; et

    b) Fournir dans une pièce jointe suffisamment d'informations pour permettre au Conseil de désigner un secteur réservé en se fondant sur la valeur estimative commerciale de chaque partie de la zone visée par la demande. Dans cette pièce doivent figurer les données dont dispose le demandeur sur les deux parties de ladite zone, notamment :

        i) Des données sur l'emplacement, le relevé et l'évaluation des encroûtements cobaltifères dans les secteurs, y compris :

            a. La description des techniques de collecte et de traitement des encroûtements cobaltifères, qui est nécessaire pour désigner un secteur réservé;

            b. Une carte indiquant les caractéristiques physiques et géologiques de la zone telles que la topographie des fonds marins, les données bathymétriques et les courants de fond, ainsi que des informations sur la fiabilité de ces données;

            c. Une carte indiquant les informations de terrain utilisées pour déterminer les paramètres (par exemple, l'épaisseur) des encroûtements cobaltifères nécessaires pour en déterminer le volume en tonnes dans les limites de chaque bloc et grappe de blocs du secteur d'exploration et du secteur réservé;

            d. Des données indiquant le volume moyen (en tonnes métriques) de chaque grappe de blocs d'encroûtements cobaltifères qui fera partie du site minier, auxquelles sera jointe une carte montrant l'emplacement des sites d'échantillonnage et les volumes correspondants;

            e. Des cartes combinant le volume et la teneur des encroûtements cobaltifères;

            f. Les calculs effectués par des méthodes généralement acceptées, notamment l'analyse statistique, sur la base des données présentées et des hypothèses de calcul, qui autorisent à penser que les deux secteurs contiennent des encroûtements cobaltifères d'une valeur commerciale estimative égale, exprimée en fonction des métaux qu'il est possible d'extraire de ces secteurs;

            g. Une description des techniques utilisées par le demandeur;

        ii) Des données sur l'environnement (tant saisonnières que relevées au cours de la période d'expérimentation), notamment la vitesse et la direction des vents, la salinité et la température de l'eau et la biocénose.

20. Si la zone visée par la demande comprend une partie quelconque d'un secteur réservé, joindre la liste des coordonnées de la zone comprise dans le secteur réservé et indiquer les qualifications du demandeur conformément à l'article 18 du Règlement.

Section III
Informations financières et techniques

21. Fournir suffisamment d'informations pour permettre au Conseil de déterminer si le demandeur est financièrement capable d'exécuter le plan de travail relatif à l'exploration proposé et de s'acquitter de ses obligations financières vis-à-vis de l'Autorité :

    a) Si la demande émane de l'Entreprise, joindre une attestation de l'autorité compétente certifiant que l'Entreprise dispose des ressources financières nécessaires pour couvrir le coût estimatif du plan de travail relatif à l'exploration proposé;

    b) Si la demande émane d'un État ou d'une entreprise d'État, joindre une attestation de l'État demandeur ou de l'État qui patronne la demande certifiant que le demandeur dispose des ressources financières nécessaires pour couvrir le coût estimatif du plan de travail relatif à l'exploration proposé;

    c) Si la demande émane d'une entité, joindre une copie des états financiers vérifiés du demandeur, y compris les bilans et les comptes de profits et pertes correspondant aux trois années précédentes, établis conformément aux principes comptables internationalement reconnus et certifiés par un cabinet d'experts-comptables dûment agréé; et

    i) Si le demandeur est une entité nouvellement créée et si l'on ne dispose pas d'un bilan vérifié, un bilan pro forma certifié par un représentant autorisé du demandeur;

    ii) Si le demandeur est une filiale d'une autre entité, copie des mêmes états financiers concernant cette entité et une déclaration de la part de celle-ci, établie conformément aux principes comptables internationalement acceptés et certifiée par un cabinet d'experts-comptables dûment agréé, attestant que le demandeur disposera des ressources financières nécessaires pour exécuter le plan de travail relatif à l'exploration;

    iii) Si le demandeur est sous le contrôle d'un État ou d'une entreprise d'État, une déclaration de l'État ou de l'entreprise d'État attestant que le demandeur disposera des ressources financières nécessaires pour exécuter le plan de travail relatif à l'exploration.

22. Si le demandeur a l'intention de financer le plan de travail relatif à l'exploration proposé au moyen d'emprunts, joindre une déclaration indiquant le montant, l'échéancier et le taux d'intérêt de ces emprunts.

23. Fournir suffisamment d'informations pour permettre au Conseil de déterminer si le demandeur possède la capacité technique nécessaire pour exécuter le plan de travail relatif à l'exploration proposé, notamment :

a) Une description générale de l'expérience, des connaissances, des compétences, du savoir-faire et des qualifications techniques du demandeur intéressant l'exécution du plan de travail relatif à l'exploration proposé;

b) Une description générale du matériel et des méthodes qu'il est prévu d'utiliser pour exécuter le plan de travail relatif à l'exploration proposé et d'autres informations utiles, non réputées être propriété industrielle, sur les caractéristiques des techniques envisagées;

c) Une description générale de la capacité de réaction financière et technique du demandeur au cas où un incident ou une activité causerait un dommage grave au milieu marin.

Section IV
Plan de travail relatif à l'exploration

24. Fournir les informations ci-après concernant le plan de travail relatif à l'exploration :

    a) La description générale et le calendrier du programme d'exploration proposé, y compris le programme d'activités des cinq prochaines années, notamment les études à mener sur les facteurs écologiques, techniques et économiques et les autres facteurs à prendre en considération pour l'exploration;

    b) La description d'un programme d'études océanographiques et environnementales visant à établir des profils océanographiques et écologiques témoins, conformément au Règlement et aux règles, règlements et procédures de l'Autorité concernant l'environnement, qui permette d'évaluer l'impact potentiel sur l'environnement – y compris, mais sans s'y limiter, l'impact sur la diversité biologique – des activités d'exploration proposées, compte tenu de toutes recommandations de la Commission juridique et technique;

    c) Une évaluation préliminaire de l'impact possible des activités d'exploration proposées sur le milieu marin;

    d) La description des mesures proposées pour prévenir, réduire et maîtriser la pollution et autres risques, ainsi que de leur impact possible sur le milieu marin;

    e) Le calendrier des dépenses annuelles prévues au titre du programme d'activités des cinq prochaines années.

Section V
Engagements

25. Joindre une déclaration par laquelle le demandeur s'engage par écrit à :

    a) Accepter comme exécutoires et respecter les obligations qui lui incombent en vertu de la Convention, des règles, règlements et procédures de l'Autorité, des décisions des organes compétents de celle-ci et des clauses des contrats qu'il a conclus avec l'Autorité;

    b) Accepter que l'Autorité exerce sur les activités menées dans la Zone le contrôle autorisé par la Convention;

c) Fournir à l'Autorité l'assurance écrite qu'il s'acquittera de bonne foi de ses obligations contractuelles.

Section VI
Contrats antérieurs

26. Si le demandeur ou, si la demande émane d'une association ou d'un consortium d'entités liées entre elles par un accord de coentreprise, un membre de l'association ou du consortium ou une entité apparentée a précédemment conclu un contrat avec l'Autorité, la demande doit indiquer :

   a) La date du contrat ou des contrats antérieurs;

   b) La date, la cote et l'intitulé de chacun des rapports relatifs à ce(s) contrat(s) présentés à l'Autorité; et

   c) La date de résiliation de ce(s) contrat(s), le cas échéant.

Section VII
Pièces jointes

27. Fournir la liste de toutes les pièces et annexes jointes à la présente demande (toutes les données et informations doivent être présentées sur support papier et sous la forme numérique spécifiée par l'Autorité).

_____   _____
Date   Signature du représentant désigné
                                  du demandeur

Attestation

_____
Signature de l'auteur de l'attestation

_____
Nom de l'auteur de l'attestation

_____
Qualité de l'auteur de l'attestation

Annexe III

Contrat d'exploration

LE PRÉSENT CONTRAT, conclu le _____ entre l'**AUTORITÉ INTERNATIONALE DES FONDS MARINS** (ci-après dénommée « l'Autorité »), représentée par son SECRÉTAIRE GÉNÉRAL, et _____ (ci-après dénommé(e) « le Contractant »), représenté(e) par _____, **STIPULE** ce qui suit :

Incorporation des clauses types

1. Les clauses types énoncées à l'annexe IV du Règlement relatif à la prospection et à l'exploration des encroûtements cobaltifères de ferromanganèse dans la Zone (ci-après dénommé le « Règlement ») font partie du présent contrat et produisent le même effet que si elles y étaient intégralement reproduites.

Zone d'exploration

2. Aux fins du présent contrat, on entend par « zone d'exploration » la partie de la Zone attribuée au Contractant aux fins d'exploration, qui est délimitée par les coordonnées indiquées à l'annexe 1 du présent contrat, telle qu'elle peut être réduite de temps à autre en application des clauses types et du Règlement.

Cession de droits

3. Eu égard à a) leur intérêt mutuel dans la conduite d'activités d'exploration dans la zone d'exploration conformément à la Convention des Nations Unies sur le droit de la mer du 10 décembre 1982 et à l'Accord relatif à l'application de la partie XI de la Convention, b) la responsabilité qui incombe à l'Autorité d'organiser et de contrôler les activités menées dans la Zone, en particulier en vue d'en administrer les ressources, conformément au régime juridique institué dans la partie XI de la Convention et dans l'Accord et dans la partie XII de la Convention et c) l'intérêt que présente pour le Contractant la conduite d'activités dans la zone d'exploration et son engagement financier à cette fin, et les conventions réciproques souscrites dans le présent contrat, l'Autorité accorde au Contractant le droit exclusif d'explorer les encroûtements cobaltifères dans la zone d'exploration conformément aux clauses du présent contrat.

Entrée en vigueur et durée du contrat

4. Le présent contrat prendra effet dès qu'il aura été signé par les deux parties et, sous réserve des clauses types, restera en vigueur pendant une période de 15 ans à compter de cette date à moins que :

   a) Le Contractant n'obtienne un contrat d'exploitation dans la zone d'exploration prenant effet avant l'expiration de ladite période de 15 ans; ou que

   b) Le contrat ne soit résilié plus tôt, étant entendu que sa durée pourra être prolongée conformément aux articles 3.2 et 17.2 des clauses types.

Annexes

5. Aux fins du présent contrat, les annexes visées dans les clauses types, à savoir les articles 4 et 8, sont les annexes 2 et 3, respectivement.

Intégralité de l'accord

6. Le présent contrat exprime l'intégralité de l'accord entre les parties et aucune convention orale ni aucun écrit antérieur n'en modifient les termes.

EN FOI DE QUOI les soussignés, à ce dûment autorisés par les parties respectives, ont signé le présent contrat à _____, le _____.

Annexe 1

[Coordonnées et carte du secteur d'exploration]

Annexe 2

[Programme d'activité quinquennal en cours, tel que révisé périodiquement]

Annexe 3

[Le programme de formation deviendra une annexe au contrat lorsqu'il aura été approuvé par l'Autorité conformément à l'article 8 des clauses types.]

Annexe IV

Clauses types de contrat d'exploration

Article I
Définitions

1.1 Dans les clauses ci-après :

a) On entend par « zone d'exploration » la partie de la Zone attribuée au Contractant pour exploration, décrite à l'annexe 1 du présent contrat, telle qu'elle peut être réduite de temps à autre en application du présent contrat et du Règlement;

b) On entend par « programme d'activités » le programme défini à l'annexe 2 du présent contrat; il peut être modifié de temps à autre conformément aux articles 4.3 et 4.4 ci-après;

c) On entend par « Règlement » le Règlement relatif à la prospection et à l'exploration des encroûtements cobaltifères de ferromanganèse dans la Zone adopté par l'Autorité.

1.2 Les termes et expressions définis dans le Règlement sont utilisés dans le même sens dans les présentes clauses types.

1.3 L'Accord relatif à l'application de la partie XI de la Convention des Nations Unies sur le droit de la mer du 10 décembre 1982 stipule que ses dispositions et la partie XI de la Convention doivent être interprétées et appliquées ensemble comme un seul et même instrument; le présent contrat et les références à la Convention qui y sont faites doivent être interprétés et appliqués en conséquence.

1.4 Le présent contrat inclut ses annexes, qui en font partie intégrante.

Article 2
Garantie du titre

2.1 Le Contractant a la garantie du titre et le présent contrat ne peut être suspendu, résilié ou révisé que conformément à ses articles 20, 21 et 24.

2.2 Le Contractant a le droit exclusif d'explorer les encroûtements cobaltifères dans la zone d'exploration conformément aux clauses du présent contrat. L'Autorité veille à ce qu'aucune autre entité n'exerce dans la même zone des activités portant sur une catégorie différente de ressources d'une façon qui puisse gêner outre mesure celles que mène le Contractant.

2.3 Le Contractant a le droit, moyennant notification à l'Autorité, de renoncer à tout moment à tout ou partie de ses droits sur la zone d'exploration sans encourir de pénalité étant entendu qu'il demeure tenu de toutes les obligations qu'il a contractées avant la date de cette renonciation en ce qui concerne la zone à laquelle il renonce.

2.4 Aucune disposition du présent contrat ne peut être considérée comme conférant au Contractant d'autres droits que ceux qui y sont expressément prévus. L'Autorité se réserve le droit de conclure avec des tiers des contrats concernant les ressources autres que les encroûtements cobaltifères de la zone visée par le présent contrat.

Article 3
Durée du contrat

3.1   Le présent contrat entrera en vigueur à la date de sa signature par les deux parties et restera en vigueur pendant une période de quinze ans à compter de cette date à moins :

   a)   Que le Contractant n'obtienne un contrat d'exploitation dans la zone d'exploration entrant en vigueur avant l'expiration de la période de 15 ans; ou

   b)   Qu'il ne soit résilié plus tôt, étant entendu que sa durée pourra être prolongée conformément aux articles 3.2 et 17.2 ci-après.

3.2   Si le Contractant en fait la demande au plus tard six mois avant qu'il vienne à expiration, le présent contrat pourra être prorogé pour des périodes ne dépassant pas cinq ans chacune, aux clauses et conditions dont l'Autorité et le Contractant pourront convenir alors conformément au Règlement. Ces prorogations sont accordées si le Contractant s'est efforcé de bonne foi de se conformer aux stipulations du présent contrat mais n'a pas pu, pour des raisons indépendantes de sa volonté, mener à bien les travaux préparatoires nécessaires pour passer à la phase d'exploitation ou si les circonstances économiques du moment ne justifient pas le passage à la phase d'exploitation.

3.3   Nonobstant l'expiration du présent contrat conformément à son article 3.1, si le Contractant a, 90 jours au moins avant la date d'expiration, sollicité un contrat d'exploitation, ses droits et obligations sont maintenus jusqu'à ce que sa demande ait été examinée et qu'un contrat d'exploitation ait été émis ou refusé.

Article 4
Exploration

4.1   Le Contractant entreprend l'exploration conformément au calendrier arrêté dans le programme d'activités figurant à l'annexe 2 du présent contrat et respecte ce calendrier ou toute modification y afférente comme il est prévu par le présent contrat.

4.2   Le Contractant exécute le programme d'activités figurant à l'annexe 2 du présent contrat. Ce faisant, pour chaque année du contrat, il consacre aux dépenses effectives et directes d'exploration un montant au moins équivalant à celui qui est prévu dans le programme considéré ou dans toute modification y afférente.

4.3   Le Contractant peut, avec le consentement de l'Autorité, que celle-ci ne peut refuser sans motif raisonnable, apporter de temps à autre au programme d'activités et aux dépenses qui y sont prévues les modifications pouvant être nécessaires et prudentes selon la bonne pratique de l'industrie minière et compte tenu de la situation sur le marché des métaux que renferment les encroûtements cobaltifères et de la situation économique générale.

4.4   Le Contractant et le Secrétaire général procèdent conjointement à l'examen des résultats des activités d'exploration menées en vertu du présent contrat, au plus tard 90 jours avant l'expiration de chaque période de cinq ans à compter de la date d'entrée en vigueur prévue à l'article 3. Le Secrétaire général peut exiger du Contractant qu'il lui communique les données et informations supplémentaires pouvant être nécessaires pour cet examen. À l'issue de cet examen, le Contractant apporte à son plan de travail les ajustements nécessaires, indique son programme d'activités pour la période de cinq ans suivante, y compris un calendrier révisé des dépenses annuelles qu'il prévoit. L'annexe 2 est modifiée en conséquence.

Article 5
Surveillance de l'environnement

5.1 Le Contractant prend les mesures nécessaires pour prévenir, réduire et maîtriser la pollution du milieu marin et les autres dangers découlant pour ce milieu de ses activités dans la Zone en appliquant le principe de précaution ainsi que les meilleures pratiques écologiques.

5.2 Avant de commencer les activités d'exploration, le Contractant soumet à l'Autorité :

a) Une étude d'impact indiquant les effets potentiels des activités proposées sur le milieu marin;

b) Une proposition pour un programme de surveillance en vue de déterminer l'effet potentiel des activités proposées sur le milieu marin; et

c) Des données pouvant être utilisées pour établir un profil écologique témoin par rapport auquel l'effet des activités proposées pourra être évalué.

5.3 Le Contractant réunit, conformément au Règlement, des données environnementales au fur et à mesure des activités d'exploration et établit des profils écologiques témoins par rapport auxquels seront évalués les effets probables de ses activités sur le milieu marin.

5.4 Le Contractant, conformément au Règlement, conçoit et exécute un programme de surveillance des effets de ses activités sur le milieu marin. Il coopère avec l'Autorité pour assurer cette surveillance.

5.5 Le Contractant rend compte au Secrétaire général, au plus tard 90 jours après la fin de chaque année civile, de l'exécution et des résultats du programme de surveillance visé à l'article 5.4 du présent contrat et communique les données et informations prescrites par le Règlement.

Article 6
Plans et interventions d'urgence

6.1 Avant d'entamer son programme d'activités en vertu du présent contrat, le Contractant soumet au Secrétaire général un plan d'urgence, qui permet de faire face efficacement aux incidents pouvant résulter des activités qu'il entend mener dans la zone d'exploration et qui sont susceptibles de causer ou de menacer de causer un dommage grave au milieu marin. Ledit plan d'urgence établit des procédures spéciales et prévoit les équipements appropriés pour faire face à de tels incidents, et comprend en particulier des dispositions assurant que :

a) L'alerte générale soit immédiatement donnée dans le secteur d'activités;

b) Le Secrétaire général soit immédiatement avisé;

c) Les navires qui seraient sur le point d'entrer dans le voisinage immédiat soient avertis;

    d)   Le Secrétaire général soit en permanence tenu informé de toutes les circonstances de l'incident, des mesures déjà prises et des nouvelles mesures nécessaires;

    e)   Les substances polluantes soient enlevées, s'il y a lieu;

    f)   Tout dommage grave au milieu marin soit réduit au minimum et, dans la mesure du possible, prévenu, et que ses effets soient atténués;

    g)   S'il y a lieu, le Contractant coopère avec d'autres contractants et avec l'Autorité pour faire face à la situation d'urgence; et que

    h)   Des exercices d'intervention d'urgence soient organisés périodiquement.

6.2   Le Contractant signale sans délai au Secrétaire général tout incident résultant de ses activités qui a causé, qui cause ou qui menace de causer un dommage grave au milieu marin. Il donne dans son rapport des renseignements détaillés sur cet incident, notamment :

    a)   Les coordonnées de la zone affectée ou dont on peut raisonnablement craindre qu'elle sera affectée;

    b)   Une description des mesures qu'il a prises pour prévenir, maîtriser, réduire au minimum ou réparer le dommage ou la menace de dommage grave au milieu marin;

    c)   Une description des mesures qu'il a prises pour surveiller les effets de l'incident sur le milieu marin; et

    d)   Toute autre information que le Secrétaire général peut raisonnablement lui demander.

6.3   Le Contractant exécute les ordres émis en cas d'urgence par le Conseil et les mesures temporaires d'exécution immédiate arrêtées par le Secrétaire général conformément au Règlement, qui peuvent comprendre l'ordre de suspendre ou de modifier immédiatement toutes activités dans la zone d'exploration, afin de prévenir, maîtriser, réduire au minimum ou réparer un dommage ou une menace de dommage grave au milieu marin.

6.4   Si le Contractant n'exécute pas rapidement ces ordres ou ces mesures temporaires d'exécution immédiate, le Conseil peut prendre les mesures raisonnables pouvant être nécessaires pour prévenir, maîtriser, réduire au minimum ou réparer, aux frais du Contractant, un dommage ou une menace de dommage grave au milieu marin. Le Contractant rembourse sans délai à l'Autorité le montant des dépenses ainsi encourues, qui vient en sus de toutes pénalités pécuniaires qui pourraient lui être imposées en vertu des clauses du présent contrat ou du Règlement.

Article 7
Restes humains, objets et sites présentant un caractère archéologique ou historique

Le Contractant notifie immédiatement par écrit au Secrétaire général toute découverte, dans son secteur d'exploration, de tous restes humains, objets ou sites présentant un caractère archéologique ou historique, et leur emplacement, ainsi que toute mesure de conservation ou de protection qu'il a prise. Le Secrétaire général transmet ces informations au Directeur général de l'Organisation des Nations Unies pour l'éducation, la science et la culture et à toute autre organisation internationale compétente. Lorsque de tels restes humains, objets ou sites sont découverts dans un secteur d'exploration, et pour éviter d'en altérer l'état, il ne sera mené aucune nouvelle activité de prospection ou d'exploration dans un rayon de dimension raisonnable tant que le Conseil n'en aura pas décidé autrement en tenant compte des avis du Directeur général de l'Organisation des Nations Unies pour l'éducation, la science et la culture ou de toute autre organisation internationale compétente.

Article 8
Formation

8.1 Conformément au Règlement, avant de commencer l'exploration en vertu du présent contrat, le Contractant soumet pour approbation à l'Autorité des projets de programme de formation du personnel de l'Autorité et d'États en développement, prévoyant notamment la participation dudit personnel à toutes les activités qu'il mène en vertu du présent contrat.

8.2 La portée et le financement du programme de formation sont sujets à négociation entre le Contractant, l'Autorité et l'État ou les États patronnant le Contractant.

8.3 Le Contractant assure la formation conformément au programme de formation du personnel visé expressément à l'article 8.1 du présent contrat approuvé par l'Autorité en application du Règlement; ce programme, qui est révisé et étoffé de temps à autre, devient partie intégrante du présent contrat en tant qu'annexe 3.

Article 9
Livres et pièces comptables

Le Contractant tient une série complète et appropriée de livres, comptes et états financiers conformes aux principes comptables internationalement reconnus. Ces livres, comptes et états financiers doivent contenir des informations renseignant pleinement sur les dépenses engagées effectivement et directement pour l'exploration et tous autres renseignements susceptibles de faciliter un audit effectif de ces dépenses.

Article 10
Rapports annuels

10.1 Le Contractant soumet au Secrétaire général, au plus tard 90 jours après la fin de chaque année civile, un rapport, sous la forme recommandée de temps à autre par la Commission juridique et technique, sur les activités qu'il a menées dans la zone d'exploration comportant, le cas échéant, des renseignements suffisamment détaillés sur :

   a) Les activités d'exploration menées au cours de l'année civile, y compris les cartes, diagrammes et graphiques illustrant les travaux effectués et les résultats obtenus;

   b) Le matériel utilisé pour les activités d'exploration, y compris les résultats de l'expérimentation des techniques d'extraction proposées, mais à l'exclusion des spécifications techniques relatives aux équipements; et

   c) L'exécution des programmes de formation, y compris les révisions et extensions proposées.

10.2 Ce rapport comprend également :

   a)   Les résultats des programmes de surveillance de l'environnement, y compris les observations, mesures, évaluations et analyses des paramètres environnementaux;

   b)   Un état de la quantité d'encroûtements cobaltifères prélevés à titre d'échantillons ou à des fins d'expérimentation;

   c)   Un état, établi conformément aux principes comptables internationalement reconnus et certifié par un cabinet d'experts comptables dûment agréé ou, lorsque le Contractant est un État ou une entreprise d'État, par l'État qui le patronne, des dépenses directes et effectives d'exploration encourues par le Contractant dans l'exécution du programme d'activités au cours de son année comptable – dépenses que le Contractant peut présenter comme faisant partie des dépenses de mise en valeur encourues avant le démarrage de la production commerciale; et

   d)   Des renseignements détaillés sur les aménagements qu'il est envisagé d'apporter au programme d'activités et les motifs de ces aménagements.

10.3 Le Contractant soumet également, en complément des rapports mentionnés aux paragraphes 10.1 et 10.2 du présent article, tous renseignements complémentaires que le Secrétaire général peut, de temps à autre, raisonnablement demander pour permettre à l'Autorité de s'acquitter de ses fonctions en vertu de la Convention, du Règlement et du présent contrat.

10.4 Le Contractant conserve en bon état une fraction représentative des échantillons et des carottes d'encroûtements cobaltifères prélevés au cours de l'exploration jusqu'à l'expiration du présent contrat. L'Autorité peut demander par écrit au Contractant de lui remettre, aux fins d'analyse, une fraction de ces échantillons et carottes prélevés au cours de l'exploration.

10.5 Le Contractant acquitte, à la date à laquelle il soumet un rapport annuel, une participation annuelle aux frais généraux de 47 000 dollars (ou tel montant qui pourra être fixé conformément aux dispositions du paragraphe 10.6 du présent article) destinée à couvrir les dépenses engagées par l'Autorité pour administrer et superviser le contrat visé et pour examiner les rapports annuels qui lui sont soumis en application du paragraphe 10.1 du présent article.

10.6 Le montant de la participation annuelle aux frais généraux peut être révisé par l'Autorité pour l'aligner sur les dépenses effectivement et raisonnablement engagées[3].

Article 11
Données et informations à présenter à l'expiration du contrat

11.1 Le Contractant communique à l'Autorité toutes données et informations pertinentes qui lui sont nécessaires pour exercer efficacement ses pouvoirs et

---

[3] ISBA/19/A/12, en date du 25 juillet 2013, modifications.

fonctions en ce qui concerne la zone d'exploration, conformément aux dispositions du présent article.

11.2 À l'expiration ou à la résiliation du présent contrat, le Contractant, s'il ne l'a pas encore fait, présente au Secrétaire général les données et informations ci-après :

a) Copie de toutes les données géologiques, environnementales, géochimiques et géophysiques pertinentes qu'il a acquises au cours de l'exécution du programme d'activités et qui sont nécessaires à l'Autorité pour exercer efficacement ses pouvoirs et fonctions en ce qui concerne la zone d'exploration;

b) Une estimation des gisements exploitables, quand ces gisements ont été identifiés, comprenant des renseignements détaillés sur la teneur et la quantité des réserves d'encroûtements cobaltifères avérées, probables et possibles, et des prévisions concernant les conditions d'extraction;

c) Copie de tous les rapports géologiques, techniques, financiers et économiques pertinents qu'il a établis ou fait établir et qui sont nécessaires à l'Autorité pour exercer efficacement ses pouvoirs et fonctions en ce qui concerne la zone d'exploration;

d) Des renseignements suffisamment détaillés sur le matériel utilisé lors des activités d'exploration, y compris les résultats de l'expérimentation des techniques extractives proposées, mais à l'exclusion des spécifications techniques de ce matériel;

e) Un état de la quantité d'encroûtements cobaltifères prélevés à titre d'échantillons ou aux fins d'expérimentation; et

f) Une déclaration indiquant comment et où les échantillons sont conservés et comment l'Autorité peut y avoir accès.

11.3 Les données et informations visées à l'article 11.2 ci-dessus sont également communiquées au Secrétaire général si, avant l'expiration du présent contrat, le Contractant demande l'approbation d'un plan de travail relatif à l'exploitation ou renonce à ses droits dans la zone d'exploration, dans la mesure où ces données et informations ont trait au secteur auquel il a renoncé.

Article 12
Confidentialité

Les données et informations qui sont communiquées à l'Autorité en vertu du présent contrat sont considérées comme confidentielles conformément aux dispositions du Règlement.

Article 13
Engagements

13.1 Le Contractant procède à l'exploration conformément aux termes du présent contrat, au Règlement, à la partie XI de la Convention, à l'Accord et aux autres règles de droit international qui ne sont pas incompatibles avec la Convention.

13.2 Le Contractant s'engage à :

a) Accepter les clauses du présent contrat comme exécutoires et à les respecter;

b) Exécuter les obligations qui lui incombent en vertu des dispositions de la Convention, des règles, règlements et procédures de l'Autorité et des décisions des organes compétents de l'Autorité;

c) Accepter que l'Autorité exerce sur les activités menées dans la Zone le contrôle autorisé par la Convention;

d) Exécuter de bonne foi des obligations qui lui incombent en vertu du présent contrat; et

e) Respecter, dans la mesure où cela lui est raisonnablement possible, toutes recommandations que la Commission juridique et technique peut formuler de temps à autre.

13.3 Le Contractant s'efforce d'exécuter le programme d'activités :

a) Avec la diligence, l'efficacité et l'économie voulues;

b) En tenant dûment compte des effets de ses activités sur le milieu marin; et

c) En tenant raisonnablement compte des autres activités menées dans le milieu marin.

13.4 L'Autorité s'engage à exercer de bonne foi les pouvoirs et les fonctions que lui confèrent la Convention et l'Accord, conformément à l'article 157 de la Convention.

Article 14
Inspection

14.1 Le Contractant autorise l'Autorité à envoyer ses inspecteurs à bord des navires et installations qu'il utilise pour ses activités dans la zone d'exploration pour :

a) S'assurer qu'il respecte les termes du présent contrat et les dispositions du Règlement; et

b) Surveiller les effets desdites activités sur le milieu marin.

14.2 Le Secrétaire général notifie au Contractant, suffisamment à l'avance, la date et la durée probables des inspections, le nom des inspecteurs et toutes activités pour lesquelles ceux-ci auront probablement besoin de matériel spécialisé ou d'une assistance spéciale du personnel du Contractant.

14.3 Les inspecteurs sont habilités à inspecter tout navire ou toute installation, y compris le journal de bord, les équipements, les registres, les installations, toutes les autres données enregistrées et tous documents nécessaires pour déterminer si le Contractant exécute ses obligations.

14.4 Le Contractant, ses agents et ses employés aident les inspecteurs à s'acquitter de leurs fonctions et :

a) Acceptent que ceux-ci embarquent sans délai et en toute sécurité à bord des navires et installations et leur en facilitent l'accès;

b) Coopèrent et concourent à l'inspection de tout navire et de toute installation effectuée conformément aux présentes procédures;

c) Donnent aux inspecteurs accès, à toute heure raisonnable, à tous les matériels, équipements et personnels se trouvant à bord des navires et installations;

d) S'abstiennent de gêner les inspecteurs dans l'exercice de leurs fonctions, d'y faire obstacle ou de les intimider;

e) Fournissent aux inspecteurs des services convenables, et notamment pourvoient, le cas échéant, à leur restauration et à leur hébergement; et

f) Facilitent le débarquement des inspecteurs en toute sécurité.

14.5 Les inspecteurs évitent d'entraver le déroulement normal, dans des conditions de sécurité, des opérations à bord des navires et installations utilisés par le Contractant pour mener ses activités dans la zone inspectée et agissent conformément au Règlement et aux dispositions adoptées pour protéger la confidentialité des données et informations.

14.6 Le Secrétaire général et tout représentant dûment autorisé de celui-ci ont accès, aux fins d'audit et d'examen, à tous les livres, documents, pièces et écritures du Contractant, nécessaires pour vérifier les dépenses visées à l'article 10.2 c) et concernant directement ces dépenses.

14.7 Le Secrétaire général communique au Contractant et à l'État ou aux États qui le patronnent toute information pertinente provenant des rapports des inspecteurs au cas où des mesures s'imposent.

14.8 Si, pour une raison ou une autre, le Contractant ne poursuit pas l'exploration et ne présente pas une demande de contrat d'exploitation, il doit, avant de se retirer de la zone d'exploration, en informer par écrit le Secrétaire général afin que l'Autorité puisse, si elle le décide, procéder à une inspection conformément aux dispositions du présent article.

Article 15
Normes de sécurité, d'emploi et de santé

15.1 Le Contractant agit conformément aux règles et normes internationales généralement acceptées qui ont été établies par les organisations internationales compétentes ou par des conférences diplomatiques générales, concernant la protection de la vie humaine en mer et la prévention des abordages, ainsi qu'aux règles, règlements, procédures et directives que l'Autorité pourrait adopter touchant la sécurité en mer. Tout navire utilisé pour mener des activités dans la Zone doit être en possession des certificats valides requis par lesdites règles et normes internationales et délivrés conformément en application de celles-ci.

15.2 Tout Contractant qui se livre à des activités d'exploration en vertu du présent contrat doit observer et respecter les règles, règlements, procédures et directives que l'Autorité pourrait adopter en matière de protection contre la discrimination en matière d'emploi, de prévention des accidents du travail et des maladies professionnelles, de relations professionnelles, de sécurité sociale, de sécurité de l'emploi et en ce qui concerne les conditions de vie sur le lieu de travail. Ces règles, règlements et procédures doivent tenir compte des conventions et recommandations de l'Organisation internationale du Travail et des autres organisations internationales compétentes.

Article 16
Responsabilité

16.1 Le Contractant est responsable du dommage effectif, y compris les dommages causés au milieu marin, imputable à ses actes ou omissions illicites et à ceux de ses employés, sous-traitants et agents et de toutes autres personnes travaillant ou agissant pour le compte de ceux-ci dans la conduite des opérations effectuées en vertu du présent contrat, y compris le coût des mesures raisonnables prises pour prévenir ou limiter les dommages au milieu marin, compte tenu le cas échéant des actes ou omissions de l'Autorité ayant contribué au dommage.

16.2 Le Contractant met l'Autorité, ses employés, sous-traitants et agents hors de cause en cas de réclamations ou actions en responsabilité de tiers fondées sur un acte ou une omission illicite du Contractant ou de ses employés, agents et sous-traitants et de toutes autres personnes travaillant ou agissant pour le compte de ceux-ci dans la conduite des opérations effectuées en vertu du présent contrat.

16.3 L'Autorité est responsable du dommage effectif causé au Contractant par les actes illicites qu'elle commet dans l'exercice de ses pouvoirs et fonctions, y compris les violations de l'article 168 2) de la Convention, compte tenu de la part de responsabilité imputable au Contractant, à ses employés, agents et sous-traitants et toutes personnes travaillant ou agissant pour le compte de ceux-ci, dans la conduite des opérations effectuées en vertu du présent contrat, à raison de leurs actes ou omissions.

16.4 L'Autorité met le Contractant, ses employés, sous-traitants et agents et toutes autres personnes travaillant ou agissant pour le compte de ceux-ci dans la conduite des opérations effectuées en vertu du présent contrat hors de cause en cas de réclamations ou actions en responsabilité de tiers fondées sur un acte ou une omission illicite commis par l'Autorité dans l'exercice de ses pouvoirs et fonctions dans le cadre du présent contrat, y compris les violations de l'article 168 2) de la Convention.

16.5 Le Contractant souscrit auprès de compagnies d'assurance de renommée internationale les polices d'assurance appropriées, conformément à la pratique internationale généralement acceptée en matières maritimes.

Article 17
Force majeure

17.1 Le Contractant n'est responsable d'aucun retard inévitable dans l'exécution ni de l'inexécution de l'une quelconque des obligations qui lui incombent en vertu du présent contrat imputables à la force majeure. Aux fins du présent contrat, on entend par « force majeure » un événement ou une situation que le Contractant ne saurait raisonnablement pas être censé prévenir ou maîtriser, à condition que l'événement ou la situation en question ne résulte pas d'une négligence ou de l'inobservation des bonnes pratiques en matière d'extraction minière.

17.2 S'il le demande, le Contractant se verra accorder un délai supplémentaire égal à la durée du retard dans l'exécution imputable à la force majeure, la durée du présent contrat étant prolongée en conséquence.

17.3 En cas de force majeure, le Contractant prend toutes les mesures pouvant raisonnablement être prises pour rétablir sa capacité d'exécution et se conformer aux clauses du présent contrat avec le minimum de retard.

17.4 Le Contractant notifie, aussitôt qu'il peut raisonnablement le faire, à l'Autorité la survenue d'un cas de force majeure et lui notifie pareillement le retour à la normale.

Article 18
Démenti

Ni le Contractant ni une entreprise apparentée ni un sous-traitant ne peuvent d'aucune manière faire valoir ou déclarer expressément ou indirectement que l'Autorité ou l'un de ses fonctionnaires a, ou a exprimé, telle ou telle opinion concernant les encroûtements cobaltifères se trouvant dans la zone d'exploration, et aucune déclaration en ce sens se référant directement ou indirectement au présent contrat ne pourra figurer dans un prospectus, un avis, une circulaire, une annonce publicitaire, un communiqué de presse ou un document similaire émanant du Contractant, d'une entreprise apparentée ou d'un sous-traitant. Aux fins du présent article, on entend par « entreprise apparentée » toute personne, firme, société ou entreprise publique qui contrôle le Contractant, est contrôlée par lui ou est assujettie au même contrôle que lui.

Article 19
Renonciation

Le Contractant peut, moyennant notification à l'Autorité, renoncer à ses droits et résilier le présent contrat sans encourir de pénalité, étant toutefois entendu qu'il reste en ce cas tenu par toutes les obligations qu'il aura pu contracter avant la date de cette renonciation et par celles qui lui incombent après la résiliation en application du Règlement.

Article 20
Cessation du patronage

20.1 Si la nationalité du Contractant ou l'entité qui le contrôle change ou si l'État qui le patronne, tel qu'il est défini dans le Règlement, met fin à son patronage, le Contractant en informe l'Autorité sans délai.

20.2 Dans l'un et l'autre cas, si le Contractant n'obtient pas d'un autre patron réunissant les conditions prescrites par le Règlement qu'il présente à l'Autorité un certificat de patronage sous la forme prescrite et dans les délais fixés par le Règlement, le présent contrat prend immédiatement fin.

Article 21
Suspension et résiliation du contrat et pénalités

21.1 Le Conseil peut suspendre le présent contrat ou y mettre fin, sans préjudice de tous autres droits que l'Autorité peut avoir, dans l'un quelconque des cas ci-après :

a) Lorsque, en dépit de ses avertissements écrits, le Contractant a mené ses activités de telle manière qu'elles se traduisent par des infractions graves, réitérées et délibérées aux clauses fondamentales du présent contrat, à la partie XI de la Convention, à l'Accord et aux règles, règlements et procédures de l'Autorité; ou

b) Lorsque le Contractant ne s'est pas conformé à une décision définitive et obligatoire prise à son égard par l'organe de règlement des différends; ou

c) Lorsque le Contractant devient insolvable, est déclaré en cessation de paiements ou conclut un concordat avec ses créanciers, ou est mis en liquidation ou placé sous administration judiciaire à sa demande ou obligatoirement, ou encore requiert ou sollicite d'un tribunal la désignation d'un administrateur ou d'un syndic, ou engage une instance le concernant en vertu d'une loi sur la faillite, l'insolvabilité ou l'aménagement de la dette alors en vigueur, à des fins autres que le redressement.

21.2 Le Conseil peut, sans préjudice de l'article 17, après avoir consulté le Contractant, suspendre le présent contrat ou y mettre fin, sans préjudice de tous autres droits que peut avoir l'Autorité, si le Contractant est empêché d'exécuter ses obligations dans le cadre du présent contrat par un événement ou une situation de force majeure, telle que celle-ci est définie à l'article 17.1, qui dure depuis plus de deux ans sans interruption alors même que le Contractant a pris toutes les mesures raisonnablement possibles pour surmonter son incapacité d'exécuter ses obligations et se conformer aux termes et conditions du présent contrat avec un minimum de retard.

21.3 Toute suspension ou résiliation s'effectue par l'intermédiaire du Secrétaire général sous forme d'une notification qui doit indiquer les motifs de sa décision. La suspension ou la résiliation prend effet 60 jours après ladite notification, à moins que durant cette période le Contractant ne conteste le droit de l'Autorité de suspendre ou de résilier le présent contrat conformément à la partie XI, section 5, de la Convention.

21.4 Si le Contractant prend une telle initiative, le présent contrat ne sera suspendu ou résilié que conformément à une décision définitive et obligatoire prise conformément à la partie XI, section 5, de la Convention.

21.5 Si le Conseil suspend le présent contrat, il peut, moyennant notification, exiger du Contractant qu'il reprenne ses opérations et se conforme aux clauses du présent contrat, au plus tard 60 jours après cette notification.

21.6 Le Conseil peut, en cas d'infraction au présent contrat non visée au paragraphe 21.1 a) du présent article, ou au lieu de suspendre ou de résilier le présent contrat en vertu de ce paragraphe 21.1, imposer au Contractant des pénalités pécuniaires proportionnelles à la gravité de l'infraction.

21.7 Le Conseil ne peut donner effet à une décision imposant des pénalités d'amende au Contractant tant qu'une possibilité raisonnable n'a pas été donnée à celui-ci d'épuiser les voies de recours judiciaire dont il dispose en vertu de la partie XI, section 5, de la Convention.

21.8 Si le présent contrat est résilié ou vient à expiration, le Contractant se conforme aux dispositions du Règlement et retire l'ensemble des installations, équipements et matériels de la zone d'exploration et laisse celle-ci dans des conditions de sécurité telles qu'elle ne présente aucun danger pour les personnes, le transport maritime ou le milieu marin.

Article 22
Cession des droits et obligations

22.1 Les droits et obligations du Contractant au titre du présent contrat ne peuvent être cédés en tout ou partie qu'avec le consentement de l'Autorité et conformément au Règlement.

22.2 L'Autorité ne refuse pas sans motifs suffisants son consentement à la cession si le cessionnaire proposé est, à tous égards, un demandeur qualifié au regard du Règlement et assume toutes les obligations du Contractant.

22.3 Les clauses, engagements et conditions prévus par le présent contrat sont à l'avantage des parties et de leurs ayants droit et cessionnaires respectifs, et ont force obligatoire envers eux.

Article 23
Clause de non-exonération

Aucune décision prise par l'une des parties d'exonérer l'autre partie d'un quelconque manquement aux clauses et conditions du présent contrat dont l'exécution lui incombe ne peut être interprétée comme impliquant de sa part exonération de tout manquement subséquent à la même clause ou à toute autre clause ou condition à la charge de l'autre partie.

Article 24
Révision

24.1 Lorsqu'il se présente ou qu'il pourrait se présenter des circonstances qui, de l'avis de l'Autorité ou du Contractant, auraient pour effet de rendre le présent contrat inéquitable ou de compromettre ou d'empêcher la réalisation des objectifs prévus par celui-ci ou par la partie XI de la Convention ou par l'Accord, les parties engagent des négociations en vue de réviser ledit contrat en conséquence.

24.2 Le présent contrat peut également être révisé par accord entre le Contractant et l'Autorité afin de faciliter l'application de règles, règlements et procédures adoptés par l'Autorité après l'entrée en vigueur du présent contrat.

24.3 Le présent contrat ne peut être révisé, amendé ou autrement modifié qu'avec le consentement du Contractant et de l'Autorité exprimé dans un instrument approprié signé par les représentants autorisés des parties.

Article 25
Différends

25.1 Tout différend entre les parties relatif à l'interprétation ou à l'application du présent contrat est réglé conformément à la partie XI, section 5, de la Convention.

25.2 En application de l'article 21 2) de l'annexe III de la Convention, toute décision définitive rendue par une cour ou un tribunal ayant compétence en vertu de la Convention au sujet des droits et obligations de l'Autorité et du Contractant est exécutoire sur le territoire de tout État partie à la Convention affecté par elle.

Article 26
Notification

26.1 Toute demande, requête, notification, approbation, renonciation, directive ou instruction et tout rapport ou consentement prévus dans le présent contrat sont formulés par écrit par le Secrétaire général ou le représentant désigné du Contractant, selon le cas. Les notifications sont faites à personne ou par télex, télécopie, lettre recommandée expédiée par avion ou courrier électronique authentifié par une signature électronique autorisée adressés au Secrétaire général au siège de l'Autorité ou au représentant désigné. L'obligation de fournir des informations par écrit en application du présent Règlement est satisfaite si ces informations sont fournies dans un document électronique comportant une signature numérique.

26.2 L'une et l'autre partie ont le droit de changer d'adresse en en informant l'autre partie au moins dix jours à l'avance.

26.3 La notification à personne prend effet au moment où elle est faite. La notification par télex est réputée effectuée le jour ouvrable suivant le jour où la mention « réponse » apparaît sur l'appareil de télex de l'expéditeur. La notification par télécopie prend effet lorsque l'expéditeur reçoit « l'accusé de réception » confirmant la transmission au numéro de télécopie publié du destinataire. La notification par lettre recommandée expédiée par avion est réputée effectuée vingt et un jours après que la lettre a été postée. Un courrier électronique est réputé reçu par son destinataire lorsqu'il entre dans un système informatique conçu ou utilisé par le destinataire pour recevoir des documents du type de celui qui lui est adressé et qu'il peut être récupéré et traité par ce destinataire.

26.4 La notification au représentant désigné du Contractant vaut notification au Contractant aux fins du présent contrat, et le représentant désigné est le représentant du Contractant aux fins de signification ou de notification à l'occasion de toute instance devant toute juridiction compétente.

26.5 La notification au Secrétaire général vaut notification à l'Autorité aux fins du présent contrat, et le Secrétaire général est le représentant de celle-ci aux fins de signification ou de notification à l'occasion de toute instance devant toute juridiction compétente.

Article 27
Droit applicable

27.1 Le présent contrat est régi par ses dispositions, les règles, règlements et procédures de l'Autorité, la partie XI de la Convention, l'Accord et les autres règles de droit international qui ne sont pas incompatibles avec la Convention.

27.2 Le Contractant, ses employés, sous-traitants et agents et toutes les personnes travaillant ou agissant pour eux dans la conduite des opérations effectuées en vertu du présent contrat observent le droit applicable visé à l'article 27.1 ci-dessus et ne se livrent directement ou indirectement à aucune transaction interdite par ce droit.

27.3 Aucune disposition du présent contrat ne peut être interprétée comme dispensant de la nécessité de demander et d'obtenir le permis ou l'autorisation pouvant être requis pour l'une quelconque des activités prévues par le présent contrat.

Article 28
Interprétation

La subdivision du présent contrat en articles et paragraphes de même que les intitulés qui y figurent sont dictés uniquement par un souci de commodité et n'en affectent pas l'interprétation.

Article 29
Documents supplémentaires

Chacune des parties accepte de signer et de communiquer tous autres instruments et d'accomplir tous autres actes et formalités qui pourraient être nécessaires ou opportuns pour donner effet aux dispositions du présent contrat.

II. RECOMMANDATIONS ET PROCÉDURES

Autorité internationale des fonds marins ISBA/19/LTC/8

Commission juridique et technique

Distr. générale
1ᵉʳ mars 2013
Français
Original : anglais

Dix-neuvième session
Kingston (Jamaïque)
15-26 juillet 2013

Recommandations à l'intention des contractants en vue de l'évaluation d'éventuels impacts sur l'environnement liés à l'exploration des minéraux marins dans la Zone

Émanant de la Commission juridique et technique

I. Introduction

1. Au cours de la prospection et de l'exploration des minéraux marins, l'Autorité internationale des fonds marins doit, entre autres tâches, établir et revoir périodiquement des règles, règlements et procédures en matière d'environnement afin de protéger efficacement le milieu marin des effets nocifs pouvant résulter d'activités menées dans la Zone; avec les États qui patronnent ces activités, elle leur applique le principe de précaution conformément aux recommandations de la Commission juridique et technique. En outre, tout contrat d'exploration minière concernant la Zone requiert du contractant qu'il recueille des données de base afin d'établir un profil océanographique et écologique témoin au regard duquel seront évalués les effets que les activités menées au titre de son plan de travail sont susceptibles d'avoir sur le milieu marin ainsi qu'un programme qui permette de surveiller ces effets et d'en rendre compte. À cet effet, le contractant coopère avec l'Autorité et le ou les États parties et communique chaque année au Secrétaire général un rapport sur les résultats de ses programmes de surveillance. En outre, lorsqu'il demande l'approbation d'un plan de travail relatif à l'exploration aux fins de l'obtention d'un contrat, chaque demandeur doit fournir, entre autres, la description de son programme d'études océanographiques et écologiques conformément au Règlement applicable et à tous règlements, règles et procédures concernant l'environnement émanant de l'Autorité, qui permettront d'évaluer l'impact potentiel sur l'environnement des activités d'exploration envisagées, compte tenu de toutes recommandations formulées par la Commission juridique et technique, ainsi qu'une évaluation préliminaire des effets que les activités d'exploration envisagées pourraient avoir sur le milieu marin.

2. La Commission juridique et technique peut formuler de temps à autre des recommandations d'ordre technique ou administratif à l'intention des contractants pour les aider à appliquer les règles, règlements et procédures arrêtés par l'Autorité. Par ailleurs, en vertu du paragraphe 2 e) de l'article 165 de la Convention des Nations Unies sur le droit de la mer de 1982, la Commission fait au Conseil des recommandations sur la protection du milieu marin, en tenant compte de l'opinion d'experts reconnus.

3. On se souviendra qu'en juin 1998, l'Autorité a organisé un atelier chargé d'élaborer des directives pour l'évaluation de l'impact éventuel de l'exploration des nodules polymétalliques sur l'environnement, qui a débouché sur l'adoption d'un projet de directives à cet effet. Les participants à l'atelier ont noté qu'il fallait disposer de méthodes communes et claires d'analyse fondées sur des principes scientifiques admis et compte tenu des contraintes d'ordre océanographique. Un an après l'approbation du Règlement relatif à la prospection et à l'exploration des nodules polymétalliques dans la Zone (ISBA/6/A/18), la Commission juridique et technique a établi des recommandations en 2001 portant la cote ISBA/7/LTC/1/Rev.1 qu'elle a révisées en 2010 compte tenu de l'évolution des connaissances (voir ISBA/16/LTC/7). Compte tenu de l'approbation du Règlement relatif à la prospection et à l'exploration des sulfures polymétalliques dans la Zone (ISBA/16/A/12/Rev.1) en 2010 et du Règlement relatif à la prospection et à l'exploration des encroûtements cobaltifères de ferromanganèse dans la Zone (ISBA/18/A/11) en 2012, il est apparu nécessaire de formuler un ensemble de directives en matière de protection de l'environnement concernant notamment l'exploration des sulfures polymétalliques et des encroûtements cobaltifères de ferromanganèse.

4. Étant donné la nécessité de disposer d'orientations pour l'exploration de ces deux ressources, un atelier sur les sulfures polymétalliques et encroûtements cobaltifères, leur milieu et les principes de l'élaboration de profils écologiques témoins et d'un programme de surveillance de l'exploration s'est tenu à Kingston du 6 au 10 septembre 2004. Les recommandations de l'atelier s'appuient sur les connaissances techniques disponibles à ce moment-là quant à la nature du milieu marin et aux technologies à utiliser.

5. Sauf indication contraire, les recommandations pour l'exploration et les essais d'extraction qui figurent dans le présent document sont applicables à tous les types de gisements. Sur certains sites, il se peut que telle ou telle recommandation ne puisse raisonnablement être mise en œuvre. En pareil cas, le contractant fournit des arguments à ce sujet à l'Autorité, laquelle peut alors éventuellement l'exempter de l'application de ladite recommandation.

6. La Commission a estimé que, compte tenu de la nature technique de ces recommandations et du manque de connaissances concernant l'incidence des activités d'exploration sur le milieu marin, il était indispensable de compléter ces recommandations par un commentaire explicatif (annexe I), lui-même complété par un glossaire de termes techniques.

7. La nature des considérations écologiques dont il faut tenir compte à l'occasion des essais d'extraction dépend de la technique d'extraction utilisée et de l'échelle des opérations (c'est-à-dire du nombre de tonnes extraites par an et par région). Dans le présent document, l'extraction mécanique sans traitement initial sur les fonds marins a été considérée comme la technique la plus probable. Mais, dans l'avenir, les opérations minières feront vraisemblablement appel à d'autres

techniques qui n'ont pas été envisagées ici. Comme les recommandations figurant dans le présent document s'appuient sur les connaissances techniques disponibles au moment de leur élaboration quant à la nature du milieu marin et aux technologies à utiliser, il faudra peut-être les réviser ultérieurement en fonction des progrès scientifiques et technologiques. Conformément à chaque règlement, la Commission peut revoir périodiquement ces recommandations à la lumière de nouvelles connaissances scientifiques et de nouvelles informations disponibles. Il est recommandé d'effectuer cet examen périodiquement et au moins tous les cinq ans, l'Autorité devant organiser régulièrement des ateliers auxquels seront invités à participer les membres de la Commission, les contractants ainsi que des experts scientifiques reconnus en vue de le faciliter.

8. Après que le plan de travail relatif à l'exploration a été approuvé sous la forme d'un contrat et avant de commencer les activités d'exploration, le contractant soumet à l'Autorité :

a) Une étude d'impact indiquant les effets potentiels sur le milieu marin de toutes les activités envisagées, à l'exception de celles qui, de l'avis de la Commission juridique et technique, ne sont pas susceptibles d'avoir des effets nocifs sur le milieu marin;

b) Une proposition pour un programme de surveillance en vue de déterminer les effets potentiels des activités envisagées sur le milieu marin; et de s'assurer que la prospection et l'exploration des minéraux ne causent aucun dommage grave au milieu marin;

c) Des données pouvant servir à établir un profil écologique témoin au regard duquel l'effet des futures activités pourra être évalué.

II. Portée

A. Objet

9. Les présentes recommandations décrivent les procédures que les contractants doivent suivre pour obtenir des données de base et surveiller la zone d'exploration pendant et après toute activité susceptible de porter gravement atteinte à l'environnement. Concrètement, elles ont pour objet :

a) De définir les paramètres biologiques, chimiques, géologiques et physiques à mesurer ainsi que les procédures à suivre par les contractants pour protéger véritablement le milieu marin contre tout effet dommageable qui pourrait résulter de l'activité des contractants dans la Zone;

b) De faciliter la notification par les contractants des activités menées;

c) D'aider les contractants potentiels à préparer un plan de travail pour l'exploration des minéraux marins, conformément aux dispositions de la Convention, à l'Accord de 1994 relatif à l'application de la partie XI de la Convention des Nations Unies sur le droit de la mer et au règlement pertinent de l'Autorité.

B. Définitions

10. Sauf indication contraire, les mots et expressions définis dans chaque règlement auront le même sens dans les présentes recommandations. On trouvera à l'annexe II au présent document un glossaire de termes techniques.

C. Études environnementales

11. Tout plan de travail concernant l'exploration de minéraux marins devra prévoir :

    a) Des études pour la collecte de données de base;

    b) Une surveillance ayant pour but de prévenir tout dommage grave au milieu marin résultant des activités de prospection et d'exploration;

    c) Une surveillance pendant et après les essais des systèmes et matériels de ramassage.

12. Les contractants autorisent l'Autorité à envoyer ses inspecteurs à bord des navires et installations qu'ils utilisent aux fins des activités d'exploration dans la Zone afin, notamment, de surveiller les effets desdites activités sur le milieu marin.

III. Études pour la collecte de données de base sur l'environnement

13. Il importe d'obtenir suffisamment d'informations sur la zone d'exploration afin de déterminer les conditions naturelles existant avant les essais d'extraction, de mieux connaître les processus naturels tels que la dispersion et le dépôt de particules et la succession de la faune benthique, et de recueillir d'autres données permettant de prévoir avec exactitude l'impact sur l'environnement. L'impact des processus naturels périodiques sur le milieu marin pourrait être significatif mais son ampleur est mal connue. Il est donc important d'acquérir des données remontant le plus loin possible dans le temps, afin de connaître la manière dont les communautés de surface, de moyenne profondeur et du fond réagissent à la variabilité naturelle du milieu.

Données de base à fournir

14. Pour établir le profil écologique de la zone d'exploration prescrit par le règlement applicable, le contractant, utilisant la meilleure technologie disponible, notamment le Système d'information géographique, et un plan statistique solide pour la stratégie d'échantillonnage, recueille des données afin de déterminer les niveaux des paramètres physiques, chimiques, biologiques et autres qui caractérisent les systèmes susceptibles d'être touchés par les activités d'exploration et d'éventuels essais d'extraction. Ces données de base, qui attestent les conditions naturelles initiales, sont indispensables pour déceler les changements causés par les essais et prévoir l'impact qu'aura l'exploitation commerciale.

15. À cette fin, le contractant doit notamment :

   a) En ce qui concerne l'océanographie physique :

   i) Recueillir des informations sur l'état de l'océan, y compris le régime des courants, la température et la turbidité le long de la colonne d'eau, en particulier à proximité du fond;

   ii) Adapter le programme de mesures à la géomorphologie du fond;

   iii) Adapter le programme de mesures à l'activité hydrodynamique régionale à la surface de l'océan, dans la partie supérieure de la colonne d'eau et au fond;

   iv) Mesurer les paramètres physiques aux profondeurs susceptibles d'être touchées par les panaches de rejets pendant les essais des procédés et du matériel de ramassage;

   v) Mesurer la concentration et la composition des particules en vue d'enregistrer leur distribution le long de la colonne d'eau;

   b) En ce qui concerne la géologie :

   i) Produire des cartes régionales du Système d'information géographique avec des données bathymétriques à haute résolution afin de faire apparaître les grands traits géologiques et géomorphologiques correspondant à l'hétérogénéité du milieu. Ces cartes devraient être établies à une échelle correspondant à la variabilité des ressources et de l'habitat;

   ii) Recueillir des informations sur les métaux lourds et les éléments traces susceptibles d'être libérés lors des essais d'extraction et leurs concentrations;

   c) En ce qui concerne l'océanographie chimique :

   i) Recueillir des informations sur la chimie de la colonne d'eau, y compris l'eau recouvrant les ressources, en particulier sur les métaux et autres éléments susceptibles d'être libérés au cours de l'activité minière;

   ii) Recueillir des informations sur les métaux lourds et les éléments traces susceptibles d'être libérés lors des essais d'extraction et leurs concentrations;

   iii) Déterminer quels autres produits chimiques peuvent être libérés dans le panache de rejets après traitement de la ressource lors des essais d'extraction;

   d) En ce qui concerne les propriétés des sédiments :

   i) Déterminer les propriétés fondamentales des sédiments, y compris les propriétés mécaniques du sol et sa composition, afin d'analyser correctement les sédiments superficiels qui représentent une source potentielle de panache turbide en eau profonde;

   ii) Prélever des échantillons en tenant compte de la variabilité du fond marin;

   e) En ce qui concerne les communautés biologiques, en se servant de cartes bathymétriques à haute résolution pour mettre au point une stratégie de collecte d'échantillons biologiques tenant compte de la variabilité du milieu :

i) Recueillir des données sur les communautés biologiques en prélevant des échantillons de faune représentatifs de la variabilité des habitats, de la topographie du fond, de la profondeur, des caractéristiques du fond marin et des sédiments, ainsi que de l'abondance et des ressources minérales ciblées;

ii) Recueillir des données sur les communautés du fond, en particulier la mégafaune, la macrofaune, la méïofaune, la microfaune, les détritivores démersaux et les organismes directement associés à la ressource, tant dans la zone d'exploration que dans les zones susceptibles d'être touchées par les activités (panaches d'extraction et de rejets, par exemple);

iii) Évaluer les communautés pélagiques dans la colonne d'eau et dans la couche d'interface benthique susceptibles d'être touchées par les activités (panaches d'extraction et de rejets, par exemple);

iv) Enregistrer dans les principales espèces les niveaux de métaux susceptibles d'être libérés durant les activités minières;

v) Enregistrer les observations de mammifères marins et autres grands animaux vivant près de la surface (tortues, bancs de poissons) et de rassemblements d'oiseaux, en identifiant si possible les espèces observées. Des détails seront enregistrés en transit depuis et vers les zones d'exploration et lors du passage entre les stations. La variabilité temporelle sera analysée;

vi) Établir au moins une station dans chaque habitat ou région, quand il y a lieu, pour évaluer les variations temporelles dans les communautés de la colonne d'eau et du fond;

vii) Évaluer la répartition régionale des espèces et la connectivité génétique des principales espèces;

viii) Faire des photographies in situ (avec indexation en vue d'une visualisation sur écran) afin de disposer d'informations relatives au contexte pour chaque échantillon;

f) En ce qui concerne la bioturbation : rassembler, quand il y a lieu, des données sur le remaniement des sédiments par les organismes;

g) En ce qui concerne la sédimentation : rassembler des données chronologiques sur les flux et la composition des matières arrivant au fond de l'océan en provenance de la partie supérieure de la colonne d'eau.

16. Devraient être présentées avec les rapports annuels, outre les données analysées, les données brutes sous forme électronique comme arrêté avec le Secrétariat. Les données serviront à la gestion de l'environnement au niveau régional et à l'évaluation des impacts cumulés.

IV. Évaluation de l'impact sur l'environnement

17. Les meilleures techniques et méthodes d'échantillonnage disponibles devraient être utilisées pour recueillir des données de base utiles aux études d'impact sur l'environnement.

A. Activités ne nécessitant pas une évaluation de l'impact sur l'environnement

18. Sur la base des informations disponibles, on considère que des techniques très diverses actuellement employées pour l'exploration ne sont pas susceptibles de causer de graves dommages au milieu marin et n'appellent donc pas d'évaluation de l'impact sur l'environnement. Ce sont notamment :

   a) Les observations et mesures magnétométriques et gravitométriques;

   b) Le profilage acoustique ou électromagnétique de la résistivité, du potentiel spontané ou de la polarisation induite, ou la production d'images du fond et prises à proximité du fond sans utilisation d'explosifs ou de fréquences préjudiciables au milieu marin;

   c) Les prélèvements d'échantillons d'eau, d'organismes, de sédiments et de roches aux fins de l'étude des données écologiques de base, notamment :

   i) Les prélèvements de petits échantillons d'eau, de sédiments et de biotes (par des robots sous-marins télécommandés, par exemple);

   ii) Le prélèvement de petites quantités de minerais et de roches, par exemple par grappillages ou par godets dragueurs;

   iii) Les prélèvements de sédiments par carottage et carottes de petit diamètre;

   d) Les observations et mesures météorologiques, y compris l'installation d'instruments (mouillages, par exemple);

   e) Les observations et mesures océanographiques, en particulier hydrographiques, notamment l'installation d'instruments (mouillages, par exemple);

   f) Les observations et mesures vidéographiques et photographiques;

   g) Le titrage et l'analyse des minerais à bord des navires;

   h) Les systèmes de positionnement, y compris les transpondeurs coulés au fond et les balises de surface et de subsurface signalées dans les avis aux navigateurs;

   i) La mesure des rejets par appareil remorqué (analyses chimiques, néphélomètres, fluoromètres, etc.);

   j) Les mesures métaboliques de la faune *in situ* (par exemple, consommation d'oxygène sédimentaire);

   k) L'analyse de l'ADN des échantillons d'organismes;

   l) Les études par colorants ou traceurs, sauf prescriptions de la législation nationale ou internationale régissant les activités des navires battant pavillon.

B. Activités nécessitant une évaluation de l'impact sur l'environnement

19. Les activités suivantes nécessitent une évaluation préalable de leur impact sur l'environnement, ainsi que la mise en œuvre d'un programme de surveillance

pendant et après le déroulement de l'activité en question, conformément aux recommandations 29 et 30. Il importe de noter que les profils témoins, de même que les résultats du programme de surveillance et des études d'impact, constitueront probablement les principaux éléments des évaluations d'impact sur l'environnement des activités commerciales :

a) Prélèvements à étudier à terre du point de vue de leur extraction et de leur traitement si l'aire d'échantillonnage de chaque opération est supérieure à la limite fixée dans les recommandations propres à certaines ressources minérales comme indiqué dans la section IV. F. ci-après;

b) Utilisation de systèmes destinés à provoquer des perturbations au fond;

c) Essais des procédés et matériels de ramassage;

d) Activités de forage au moyen d'appareils de forage embarqués;

e) Échantillonnage de roches;

f) Prélèvements par traîneau, drague ou chalut épibenthique, à moins qu'ils ne soient autorisés pour des surfaces inférieures à la limite fixée dans les recommandations propres à certaines ressources minérales comme indiqué dans la section IV. F. ci-dessous.

20. Le contractant communique au Secrétaire général les résultats de l'évaluation préalable d'impact sur l'environnement ainsi que les informations visées à la recommandation 27 et le programme de surveillance prévu un an au moins avant le début des activités et trois mois au moins avant la session annuelle de l'Autorité.

21. Des données de surveillance de l'environnement sont requises avant, pendant et après les essais sur le site d'extraction et sur des sites témoins comparables (choisis en fonction de leurs caractéristiques environnementales et de leur composition faunique). L'évaluation d'impact doit être fondée sur un programme de surveillance soigneusement conçu pour la détection des impacts dans le temps et l'espace et la production de données statistiquement valables.

22. Les principaux impacts environnementaux devraient s'observer sur le fond de l'océan. Il pourrait y avoir d'autres impacts à la profondeur où seront déversés les résidus et dans la colonne d'eau. L'évaluation devrait concerner les impacts sur l'environnement benthique, pélagique et la couche d'interface benthique. L'évaluation d'impact devra porter non seulement sur les zones directement touchées par l'extraction mais aussi sur la région plus vaste touchée par les panaches à proximité du fond, le panache de rejets et les matières libérées par la remontée des minéraux à la surface de l'océan, en fonction de la technologie employée.

23. Des essais d'extraction peuvent être conduits par les contractants individuellement ou collectivement. Lors de ces essais, tous les éléments du système d'extraction minière seront assemblés et les opérations d'extraction, de remontée des minéraux à la surface et de rejet des résidus seront exécutées en totalité. Pour l'étude d'impact, cette phase de l'essai doit être suivie et étudiée de très près, de même que les essais de tous les éléments. Lorsque des essais d'extraction ont déjà été effectués, même par un autre contractant, les connaissances ainsi acquises doivent être appliquées, s'il y a lieu, afin de résoudre par de nouvelles recherches les questions sans réponse.

24. La surveillance des essais d'extraction doit permettre de prévoir les impacts à attendre du développement et de l'exploitation commerciale.

25. Un panache de rejets dans les eaux de surface risque de porter atteinte à la productivité primaire en augmentant les quantités de nutriments et en diminuant la pénétration de la lumière dans l'océan. L'introduction d'eau froide profonde modifiera aussi localement la température de surface océanique et libérera du dioxyde de carbone dans l'atmosphère. Une évaluation d'impact sur l'environnement s'impose avant que d'importants volumes d'eau profonde soient amenés à la surface lors d'un essai d'extraction, parce que les modifications du milieu peuvent altérer les chaînes alimentaires, perturber les migrations verticales et autres, et conduire à des modifications de la géochimie de la zone de minimum d'oxygène, le cas échéant. Compte tenu des variations régionales et, dans une certaine mesure, saisonnières de la zone de minimum d'oxygène, les études environnementales doivent en déterminer l'intervalle de profondeur pour chaque zone d'essai.

C. Informations que le contractant doit communiquer

26. Le contractant fournira à l'Autorité une description générale et un calendrier du programme d'exploration envisagé, y compris le programme d'activités pour les cinq années à venir, telles que les études à réaliser concernant les facteurs écologiques, techniques, économiques et autres facteurs appropriés à prendre en compte pour l'essai d'extraction. Il soumet notamment une description générale :

   a) Du programme d'études océanographiques et écologiques préalables prescrit par le Règlement applicable et les règles et procédures établies par l'Autorité afin d'évaluer l'impact environnemental potentiel des activités d'exploration envisagées, compte tenu des directives formulées par l'Autorité;

   b) Des mesures proposées pour la prévention, la réduction et la maîtrise de la pollution et des autres risques, ainsi que de l'impact possible, sur le milieu marin;

   c) De l'évaluation préliminaire de l'impact que les activités d'exploration envisagées sont susceptibles d'avoir sur le milieu marin;

   d) De la délimitation d'une zone témoin d'impact et d'une zone témoin de préservation. La première doit être représentative du site d'extraction envisagé sous l'angle des caractéristiques environnementales et des biotes. La seconde devra être choisie avec soin et suffisamment étendue pour ne pas être touchée par les activités d'extraction, y compris les effets des panaches d'extraction et de rejets. Le site témoin permettra de déterminer les variations naturelles des conditions écologiques. La composition des espèces devra y être comparable à celle du site envisagé pour les essais.

27. Le contractant communique au Secrétaire général tout ou partie des informations suivantes, en fonction de l'activité concernée :

   a) La taille, la forme, le tonnage et la qualité du gisement;

   b) La technique de ramassage des minéraux (dragage mécanique passif ou actif, aspiration hydraulique, jets d'eau, etc.);

   c) La profondeur de pénétration dans le fond marin;

d) L'appareil de locomotion (skis, roues, chenilles, vis d'Archimède, plaques, coussins d'eau, etc.) en contact avec le fond;

e) Les méthodes de séparation des ressources minérales et des sédiments au fond, y compris le lavage des minéraux, la concentration et la composition des sédiments mélangés à de l'eau dans le panache d'extraction au fond, la hauteur de rejet par rapport au fond marin, la modélisation de la dispersion et du dépôt de particules, l'évaluation de la profondeur de la couverture de sédiments selon la distance de l'activité d'extraction, etc.;

f) Les méthodes de traitement du fond marin;

g) Les méthodes de concassage des minéraux;

h) Les méthodes de remontée de matériel à la surface;

i) Les méthodes de séparation des ressources minérales des fines et sédiments sur le navire en surface;

j) Les méthodes d'élimination des fines et des sédiments;

k) Le volume et la profondeur du panache de rejets ainsi que la concentration et la composition des particules dans les eaux rejetées et les caractéristiques chimiques et physiques des rejets;

l) Le traitement des minéraux à bord du navire de surface;

m) L'emplacement et les limites du site d'essai;

n) La durée probable des essais;

o) Le programme d'essais (organisation spatiale du ramassage, zone perturbée, etc.);

p) Des cartes de référence (par exemple, établies par sonar latéral ou bathymétrie haute résolution) des gisements à exploiter;

q) Un état des données écologiques de base régionales et locales.

28. Chaque contractant doit également préciser dans son programme les événements susceptibles d'entraîner la suspension ou la modification des activités pour cause de dommages graves à l'environnement si les effets de ces événements ne peuvent pas être suffisamment atténués.

D. Observations et mesures à réaliser pendant une activité donnée

29. Le contractant communique au Secrétaire général tout ou partie des informations suivantes, en fonction de l'activité concernée :

a) Largeur, longueur et dessin des traces laissées par l'engin de ramassage sur le fond marin;

b) Profondeur de pénétration dans les sédiments ou les roches et perturbations latérales provoquées par l'engin de ramassage;

c) Volume et type de matière prélevée par l'engin de ramassage;

d) Proportion de séparation sédiments/source minérale par l'engin de ramassage, volume et taille des matières rejetées par l'engin de ramassage, taille et géométrie du panache d'extraction sur le fond marin, trajectoire et étendue de ce panache par rapport à la taille des particules qu'il contient;

e) Superficie et épaisseur de la sédimentation depuis le panache d'extraction jusqu'à la distance où elle devient négligeable;

f) Volume du panache de rejets depuis le navire en surface, concentration et composition de particules dans les eaux rejetées, caractéristiques physiques et chimiques des rejets, et comportement des rejets en surface, à moyenne profondeur ou au fond, selon le cas.

E. Observations et mesures à réaliser après une activité donnée

30. Le contractant communique au Secrétaire général tout ou partie des informations suivantes, en fonction de l'activité concernée :

a) Épaisseur des sédiments redéposés et des enrochements sur l'aire touchée par le panache provoqué par les essais d'extraction et le panache de rejets;

b) Abondance et diversité des communautés benthiques et modifications du comportement des principales espèces susceptibles d'être recouvertes par la sédimentation;

c) Modifications de la répartition, de l'abondance et de la diversité des communautés benthiques dans la zone d'extraction, y compris taux de recolonisation;

d) Modifications éventuelles des communautés benthiques dans les zones adjacentes non susceptibles d'être perturbées par l'activité, y compris les panaches d'extraction et de rejets;

e) Modifications des caractéristiques de l'eau au niveau des rejets pendant les essais, et modifications du comportement de la faune à l'endroit et en-dessous du panache de rejets;

f) Dans le cas des gisements minéraux, cartes établies après les essais d'extraction dans le domaine minier faisant apparaître l'évolution de la géomorphologie;

g) Importance des métaux relevés dans la faune benthique dominante soumise à la resédimentation provoquée par les panaches d'extraction et de rejets;

h) Nouveaux prélèvements d'échantillons afin d'obtenir des données de base locales au niveau des zones témoins et des zones d'essai, et évaluation des impacts sur l'environnement;

i) Modifications des flux de fluides et réaction des organismes aux modifications du contexte hydrothermal, le cas échéant;

j) Modifications des courants et réactions des organismes aux modifications de circulation.

F. Conditions supplémentaires propres à certains types de ressources

Nodules polymétalliques

31. Outre les informations déjà indiquées, il existe pour les nodules polymétalliques la condition particulière suivante : une étude d'impact sur l'environnement est nécessaire pour toute opération de prélèvement par traîneau, drague ou chalut, ou autre technique comparable, supérieure à 10 000 mètres carrés.

Sulfures polymétalliques

32. Outre les informations déjà indiquées, il existe pour les sulfures polymétalliques les conditions particulières suivantes :

   a) Enregistrement de toute modification des rejets de fluides dans les structures hydrothermales et la faune associée (photographies, relevés de température et autre mesures, selon les cas);

   b) Pour les dépôts de sulfures actifs, analyse des relations température/faune (par exemple, au moyen de 5 à 10 mesures discrètes de la température dans chaque sous-habitat avec enregistrement vidéo);

   c) Cartographie des principaux taxons, y compris des communautés particulières localisées issues de la chimiosynthèse, avec indication de leur position par rapport à d'éventuels lieux d'extraction dans un rayon de 10 kilomètres carrés du site proposé;

   d) Analyse de la structure de la méïofaune et des communautés microbiennes ainsi que de la biomasse associée aux gisements de sulfures polymétalliques à partir de dragages et de carottages de roche ou, si possible, de prélèvements effectués par un véhicule télécommandé ou un submersible. Pour identifier les espèces vivant sur la roche ou dans les fissures et les crevasses du dépôt, il faut prélever un nombre statistiquement valable d'échantillons de sulfures polymétalliques;

   e) La faune est collectée au moyen d'une technologie d'échantillonnage de précision par véhicule télécommandé ou submersible pour chaque sous-habitat et placée dans des boîtes séparées;

   f) Détermination de l'abondance et de la dominance des taxons dans chaque sous-habitat.

Encroûtements cobaltifères de ferromanganèse

33. Outre les informations déjà indiquées, il existe pour les encroûtements cobaltifères de ferromanganèse les conditions particulières suivantes :

   a) La répartition des communautés associées aux encroûtements cobaltifères de ferromanganèse est souvent très localisée. Les prélèvements biologiques seront donc stratifiés par type d'habitat, défini par la topographie (par exemple, sommet, flanc ou base d'un mont sous-marin), l'hydrographie, le régime des courants, la mégafaune prédominante (par exemple, massifs de coraux), la teneur en oxygène de l'eau si la couche de minimum d'oxygène se trouve au niveau considéré, et éventuellement la profondeur. Des échantillons biologiques répétés sont prélevés dans chaque sous-habitat, à l'aide des outils d'échantillonnage appropriés;

b) L'échantillonnage biologique sera réalisé, dans la mesure du possible, sur un sous-ensemble représentatif de toutes les caractéristiques susceptibles de présenter un intérêt du point de vue de l'exploration minière dans chaque zone d'exploration, de manière à déterminer la répartition de la communauté dans la zone considérée;

c) Des transects photographiques ou vidéo seront réalisés pour déterminer le type d'habitat, la structure des communautés et les associations entre la mégafaune et certains types de substrats. L'abondance, le pourcentage de couverture et la diversité de la mégafaune seront évalués sur la base, dans un premier temps, d'au moins quatre transects. Ces transects devront couvrir la zone du plancher sous-marin s'étendant à 100 mètres ou plus de la base du mont sous-marin, ainsi que son flanc et son sommet. Des prélèvements plus ciblés pourront s'avérer nécessaires sur les grands monts sous-marins. Dans les zones d'encroûtements susceptibles de présenter un intérêt pour les essais d'extraction, on réalisera un nombre de transects plus important;

d) Il est recommandé, pour la collecte des échantillons et l'évaluation de la richesse en espèces, de prélever un nombre statistiquement valable d'échantillons par strate au moyen d'un submersible ou d'un véhicule télécommandé;

e) Avant les essais, les poissons démersaux et autres nectons des fonds marins seront identifiés à partir de transects photographiques ou vidéo fournis par des caméras réglées de manière à effectuer des enregistrements périodiques, ou des observations et photographies réalisées par un submersible ou un véhicule télécommandé. Les monts sous-marins peuvent être des écosystèmes importants offrant divers habitats à de nombreuses espèces de poissons qui s'y rassemblent pour frayer ou se nourrir. Les opérations d'extraction expérimentale risquent de modifier le comportement des poissons;

f) La structure de la méiofaune et des communautés microbiennes ainsi que de la biomasse associée aux gisements d'encroûtements cobaltifères de ferromanganèse sera analysée à partir de prélèvements effectués par un véhicule télécommandé ou un submersible. Pour identifier les espèces vivant sur la roche ou dans les fissures et les crevasses du dépôt, il faut prélever un nombre statistiquement valable d'échantillons d'encroûtements cobaltifères de ferromanganèse.

V. Protocole de collecte, de notification et d'archivage des données

A. Collecte et analyse des données

34. Les catégories de données à recueillir, la fréquence de collecte et les méthodes d'analyse employées en application des présentes recommandations doivent être conformes aux meilleures techniques disponibles. Par ailleurs, le contractant doit appliquer un système de contrôle de qualité internationalement reconnu, et les activités de même que les laboratoires auxquels il est fait appel doivent être certifiés.

B. Système d'archivage et de recherche de données

35. Le contractant devrait établir dans l'année qui suit la fin de la campagne un rapport de campagne avec coordonnées des stations, liste des activités et autres métadonnées pertinentes, à l'intention du secrétariat de l'Autorité.

36. Le contractant communique à l'Autorité toutes les données ainsi que tous les descripteurs de données et inventaires nécessaires, y compris des données environnementales brutes, sous la forme arrêtée avec l'Autorité. Les données et informations qui sont nécessaires à l'élaboration par l'Autorité des règles, règlements et procédures relatifs à la protection et à la préservation du milieu marin et à la sécurité, autres que les données relatives à la conception de l'équipement réputées être propriété industrielle, (notamment les données hydrographiques, chimiques et biologiques) devraient être librement accessibles à des fins d'analyse scientifique dans les quatre ans qui suivent la fin de la campagne. Il devrait être possible d'accéder sur Internet à un inventaire des ensembles de données fournis par chaque contractant. Par ailleurs, des métadonnées détaillant les méthodes d'analyse, les analyses d'erreurs, les descriptions d'échecs, les méthodes et technologies à éviter, les observations relatives à la quantité suffisante de données à recueillir et d'autres descripteurs devraient accompagner les données courantes.

C. Présentation des rapports

37. L'évaluation et l'interprétation des résultats du programme de surveillance sont communiquées périodiquement à l'Autorité avec les données brutes selon les modalités prescrites.

D. Transmission de données

38. Toutes les données relatives à la protection et à la préservation du milieu marin, autres que celles concernant la conception du matériel, recueillies en application des recommandations 29 et 30, doivent être communiquées au Secrétaire général afin que celui-ci les mette librement à disposition pour l'analyse et la recherche scientifiques dans les quatre ans qui suivent la fin de la campagne, sous réserve du respect des dispositions concernant la confidentialité figurant dans le règlement applicable.

39. Le contractant communique au Secrétaire général toute autre donnée non confidentielle en sa possession qui pourrait présenter de l'intérêt pour la protection et la préservation du milieu marin.

VI. Recherche en coopération et recommandations visant à combler les lacunes des connaissances

40. La recherche en coopération peut fournir des données supplémentaires utiles à la protection du milieu marin et se révéler économique pour les contractants.

41. Les échanges entre de nombreuses disciplines océanographiques et de nombreux établissements peuvent servir à combler les lacunes des connaissances des contractants travaillant individuellement. L'Autorité peut soutenir cette

coordination ainsi que la diffusion des résultats des recherches, conformément à la Convention. L'Autorité devrait jouer un rôle consultatif auprès des contractants en les aidant à recenser les possibilités de recherche coopérative qui s'offrent à eux, mais les contractants devraient créer leurs propres liens avec les chercheurs et autres spécialistes de leur choix.

42. Les programmes de recherche coopérative peuvent produire un effet de synergie s'ils mettent en commun les connaissances spécialisées, les installations de recherche, les capacités logistiques et les objectifs des sociétés d'exploitation minière et des établissements et organismes de recherche coopérative. Ainsi, les contractants peuvent optimiser l'utilisation d'équipements de recherche à grande échelle, comme les navires, les véhicules sous-marins autonomes et les véhicules télécommandés, et mettre à profit les connaissances en géologie, écologie, chimie et océanographie physique des institutions de recherche.

43. Des expériences, observations et mesures doivent être faites pour répondre à diverses questions concernant les effets de l'exploitation minière sur le milieu. Il serait inutile que tous les contractants réalisent les mêmes études car cela n'enrichirait pas nécessairement les connaissances scientifiques ou celles relatives à l'impact et consommerait inutilement des ressources financières, humaines et technologiques. Les contractants sont encouragés à chercher comment unir leurs efforts pour mener des études océanographiques internationales en coopération.

Annexe I

Commentaire explicatif

1. Les présentes recommandations ont pour objet d'établir les informations océanographiques d'ordre biologique, chimique, géologique et physique nécessaires pour assurer la protection efficace du milieu marin contre les effets nocifs que pourraient avoir les activités menées dans la Zone. Elles définissent des orientations que les contractants en puissance doivent suivre lorsqu'ils élaborent le plan de travail relatif à l'exploration des ressources minérales de la mer.

2. Le plan de travail relatif à l'exploration des ressources minérales de la mer doit prévoir les activités suivantes, destinées à satisfaire les prescriptions concernant l'environnement :

   a) Réalisation d'une étude initiale sur l'environnement afin de comparer les changements dus à des facteurs naturels et ceux dus aux activités d'extraction minière;

   b) Établissement de méthodes d'observation et d'évaluation de l'impact sur le milieu marin de l'extraction minière dans les grands fonds marins;

   c) Présentation des données voulues pour la réalisation de l'étude d'impact sur l'environnement exigée préalablement à la conclusion d'un contrat d'exploitation des ressources minérales de la Zone, et désignation de zones d'impact témoins et de zones de préservation témoins;

   d) Présentation des données voulues pour assurer la gestion régionale de l'exploration et de l'exploitation des ressources, de la préservation de la diversité biologique et de la recolonisation des secteurs touchés par l'extraction minière dans les grands fonds marins;

   e) Établissement de procédures permettant de démontrer que les activités d'exploration des ressources minérales de la mer ne portent pas gravement atteinte à l'environnement.

3. Si l'on se fonde sur les méthodes actuellement proposées, les principaux impacts se situeraient sur le plancher océanique. D'autres peuvent découler du traitement des minerais à bord de navires d'exploitation minière, ainsi que des panaches de rejets ou encore des différentes techniques employées.

4. Le matériel d'extraction perturbera et détruira le plancher océanique (roches, nodules et sédiments), provoquant, près du fond, l'apparition d'un panache d'extraction composé de particules – parfois susceptibles de dégager des substances chimiques nocives – qui aura un impact sur la faune et la flore marines. Il faudra compenser la perte de substrat, assurer la recolonisation naturelle du fond marin et mettre au point des méthodes susceptibles de réduire au minimum les impacts spatiaux et temporels aussi bien de la perturbation directe du fond marin que des substances transportées et déposées par le panache.

5. Le traitement des boues minérales à bord des navires d'exploitation minière fera monter en surface de grandes quantités d'eau froide, riche en nutriments, saturées en dioxyde de carbone et chargée de particules, qui doivent être soigneusement contrôlées afin de ne pas bouleverser les écosystèmes de surface; de plus, il faudra prévoir le dégazage de substances ayant des incidences sur le climat,

la libération de métaux et composants dangereux découlant de l'extraction minière, particulièrement en rapport avec les phases minérales réduites, comme les sulfures. Les effets potentiellement nocifs des substances chimiques ajoutées pour séparer les phases minérales des résidus et de l'eau doivent être évalués.

6. Le panache de rejets doit être contrôlé afin d'en limiter les effets nocifs pour l'environnement. À la surface océanique, les rejets risquent d'injecter de l'eau chargée de particules dans des eaux oligotrophes (qui n'en contiennent que très peu), ce qui aurait pour effet d'amenuiser la pénétration de la lumière, de changer la température de la mer et d'importer beaucoup de nutriments dans des régions où il n'y en a guère, impactant fortement la composition spécifique des producteurs primaires et de l'écosystème pélagique. Dans les eaux profondes des zones de minimum d'oxygène, les rejets risquent de déclencher la libération de métaux bioactifs nocifs, et, dans des eaux encore plus profondes, d'injecter de l'eau riche en particules dans un milieu où se trouvent des populations pélagiques faibles en effectifs, mais en général diversifiées. Sur le plancher océanique, les rejets ajouteraient au panache de l'eau plus chaude et des particules plus fines.

7. Les prescriptions relatives aux données de référence se répartissent en sept catégories, qui concernent l'océanographie physique, la géologie, la chimie et la géochimie, les populations biologiques, les propriétés des sédiments, la bioturbation et la sédimentation.

8. Les données relatives à l'océanographie physique sont nécessaires pour évaluer les effets possibles du panache d'extraction et du panache de rejets; associées à des informations sur la géomorphologie du plancher océanique, elles peuvent être exploitées pour prévoir la répartition possible des espèces. Il importe de recueillir des informations sur les courants, les températures et la turbidité aussi bien à la surface qu'à profondeur intermédiaire et dans la couche limite benthique au-dessus du plancher océanique.

9. À la profondeur où doivent s'effectuer les rejets, il faut mesurer les courants et les particules, de sorte à prévoir le comportement du panache et évaluer la charge naturelle de particules à cet endroit.

10. La structure océanographique de la colonne d'eau est déterminée à l'aide d'une bathysonde (capteurs de conductivité, température, profondeur). Les variations temporelles de la structure physique en surface doivent également être examinées. Les profils et sections de conductivité, température, profondeur doivent être établis depuis la surface jusqu'au plancher afin que l'on puisse caractériser la stratification de la colonne d'eau dans son ensemble. Les structures du champ des courants et de la température peuvent être déduites des données obtenues à partir d'amarres installées pour une longue période ainsi que de courantomètres acoustiques Doppler supplémentaires. Des appareils contrôlés à distance, tels que des engins sous-marins ou des planeurs autonomes peuvent être utilisés pour obtenir des informations spatiales et temporelles. Le nombre et l'emplacement des amarres doivent être adaptés aux dimensions de la zone pour déterminer correctement le régime des courants, particulièrement là où la géomorphologie est complexe. La finesse de l'échantillonnage recommandée se fonde sur les normes établies par l'Expérience mondiale sur la circulation océanique et par l'Étude de la variabilité et la prévisibilité du climat (CLIVAR), avec un maillage inférieur à 50 kilomètres. Dans les régions à fort gradient horizontal (par exemple dans les courants de bord et près des grandes structures géomorphologiques), le maillage horizontal doit être

plus serré pour donner une meilleure résolution. Le nombre des courantomètres sur une amarre dépend des échelles caractéristiques de la topographie de la zone étudiée (différences de hauteur par rapport au fond). Le courantomètre le plus au fond devrait se trouver aussi près que possible du plancher océanique, normalement à une distance de 1 à 3 mètres de celui-ci. La hauteur du courantomètre le plus élevé par rapport au fond doit dépasser d'un facteur de 1,2 à 2 celle de l'élément topographique le plus élevé. En outre, les principaux niveaux où doivent être installés les courantomètres doivent se situer à 10 mètres, 20 mètres, 50 mètres et 200 mètres au-dessus du fond.

11. Il est recommandé de procéder à une analyse de données satellitaires pour comprendre l'activité de surface à l'échelle synoptique dans la zone et les événements à grande échelle.

12. La structure de la colonne d'eau devrait être établie soit par profilage continu, soit par prélèvement d'échantillons. Si l'on choisit la seconde méthode, l'espacement vertical des prélèvements ne doit pas être supérieur à 100 mètres. La résolution doit être augmentée dans les régions à gradient élevé (par exemple pour localiser et quantifier la présence éventuelle d'un minimum d'oxygène). Pour les paramètres dont les gradients horizontaux ne sont pas significatifs, il suffit de déterminer les intervalles de base (par exemple moyennes et écarts types). Pour ceux ayant une structure spatiale importante (gradients, extrema), la résolution doit permettre de caractériser cette structure. En raison de la forte influence de la topographie sur l'échelle spatiale des structures océaniques, cela exigera sans doute un plan de lever avec un espacement des stations qui sera fonction de l'échelle topographique, par exemple, une haute résolution pour les fortes pentes.

13. Le deuxième groupe de données de référence (océanographie chimique) relève d'une obligation particulière, celle de collecter des données avant toute décharge dans la colonne d'eau ou sur le plancher océanique. Ces données sont importantes parce qu'elles permettent de connaître les effets de l'extraction minière et des opérations d'essai y relatives sur la composition de l'eau – par exemple, le taux de concentration de métaux – et sur les processus de l'écosystème (activité biologique). Les échantillons devraient être collectés aux endroits où l'on a fait les relevés océanographiques physiques. L'eau située au-dessus des gisements de minéraux et l'eau interstitielle devraient être définies chimiquement, quand c'est possible, afin que puissent être évalués les échanges chimiques entre les sédiments et la colonne d'eau. Les paramètres chimiques à mesurer et les protocoles envisagés figurent au chapitre 23 du rapport de l'Autorité intitulé *Standardization of Environmental Data and Information: Development of Guidelines*. Le tableau 3 de ce rapport indique les paramètres qu'il faut mesurer (phosphates, nitrates, nitrites, silicates, carbonates (alcalinité), oxygène, zinc, cadmium, plomb, cuivre, mercure et carbone organique total). Une fois précisés les procédés techniques proposés pour les essais d'extraction, la liste des paramètres pourra être élargie aux substances potentiellement nocives qui pourraient être libérées dans la colonne d'eau au cours des essais. Toutes les mesures doivent être précises et se conformer aux normes scientifiques établies (par exemple les protocoles CLIVAR et GEOTRACES).

14. Pour que la valeur des paramètres additionnels puisse être analysée, il faut réunir et archiver en un lien accessible aux futurs chercheurs des échantillons d'eau permettant l'analyse des matières en solution et des particules.

15. Dans le cadre de ce programme de mesures, il faut également établir les profils verticaux et les variations dans le temps.

16. Le plan général des données de référence océanographiques, physiques et chimiques comprend :

   a) La collecte de données relatives à l'hydrographie de la colonne d'eau et à la pénétration de la lumière assez fines pour faire apparaître les structures dominantes, compte tenu, lorsqu'il y a lieu, de la géomorphologie et de la topographie du site exploré;

   b) La collecte de données permettant d'évaluer le potentiel de dispersion horizontal et vertical par advection et diffusion turbulente des matières en solution et des particules à des échelles de temps et d'espace écologiquement pertinentes;

   c) L'établissement et la validation d'un modèle de circulation numérique à des échelles de temps et d'espace pertinentes du point de vue de la dispersion et la mise en place d'expériences, par exemple pour étudier les effets que pourrait avoir un déversement accidentel.

17. Quelles que soient les techniques d'extraction employées, on sait qu'une certaine quantité de sous-produits particulaires et/ou en solution sera libérée dans la colonne d'eau au voisinage des gisements exploités, des conduits de transport et des sites de traitement en surface. Avec les techniques proposées actuellement pour l'exploration et les essais d'extraction, les principaux sous-produits prévisibles sont des particules formées lors de l'extraction par désagrégation mécanique des minéraux. On peut s'attendre à ce que les sociétés minières réduisent au minimum la perte des minéraux qui possèdent une valeur économique, mais il ne semble pas réaliste de penser que la perte sera nulle. Étant donné que l'on ignore dans quel intervalle se situe la taille des particules, on admet que les sous-produits des essais d'extraction contiennent de très petites particules qui peuvent rester en suspension pendant des mois. On ne peut exclure non plus la possibilité que des substances toxiques soient introduites. Les métaux liés ne sont pas disponibles pour les processus biologiques, mais une dissolution des métaux peut avoir lieu dans certaines conditions (par exemple faible pH des intestins d'invertébrés marins, zone de minimum d'oxygène dans la colonne d'eau) et provoquer une toxicité. On peut aussi envisager la libération, accidentelle ou intentionnelle, de substances chimiques utilisées pour l'exploration et les essais d'extraction. Le principal objectif de la collecte de données de référence physiques consiste à évaluer le potentiel de dispersion, qu'il s'agisse de particules ou de matières dissoutes. La connaissance de ce paramètre permet aussi de surveiller et d'atténuer les effets de déversements accidentels qui pourraient surgir lors des essais d'extraction. Il convient d'évaluer le potentiel de dispersion à proximité des futurs sites d'extraction même s'il est spécifié dans le projet que la technique d'extraction ne doit pas entraîner la libération de sous-produits dans l'environnement.

18. Pour chaque sous-produit des essais d'extraction, il convient de modéliser l'échelle de temps pendant laquelle ce produit a un impact significatif sur l'environnement. Cette échelle peut dépendre de la dilution; si tel est le cas, l'évaluation de la dispersion doit inclure une détermination des vitesses auxquelles s'effectue le mélange vertical et horizontal près du site considéré. Le potentiel de dispersion est évalué sur des échelles de temps qui vont de la fréquence des marées aux échelles les plus étendues ayant un impact sur l'environnement. Déterminer le

potentiel de dispersion dans l'océan profond exige normalement une observation sur la durée. Même la détermination des directions et des vitesses du débit moyen en profondeur peut exiger l'équivalent de plusieurs années de données de courantomètre. Évaluer la dispersion par diffusion turbulente est difficile et suppose en général l'application de techniques lagrangiennes (bouées à flottabilité neutre ou encore utilisation de colorants). C'est pourquoi il est souhaitable de procéder dès le début de l'exploration à l'évaluation du potentiel de dispersion régional à plusieurs niveaux de la colonne d'eau. On peut parfois évaluer la dispersion à faible profondeur et au voisinage de 1 000 mètres, en se fondant sur les données existantes fournies respectivement par les bouées dérivantes de surface et les flotteurs du dispositif d'océanographie géostrophique en temps réel (ARGO). Avant le début des essais d'extraction, le potentiel de dispersion doit être évalué à tous les niveaux où des sous-produits nocifs pourraient être libérés dans la colonne d'eau au cours des essais et où des déversements accidentels risquent de se produire. La résolution verticale requise dépendra du régime dynamique régional (cisaillement vertical des courants horizontaux), mais on prévoit que trois niveaux au moins devront être échantillonnés (faible profondeur, profondeur intermédiaire, grande profondeur). L'écoulement à proximité du fond marin en particulier doit bénéficier d'une résolution temporelle et spatiale élevée, par exemple, des mesures par des courantomètres acoustiques Doppler ancrés au fond, avec un échantillonnage suffisant pour identifier les flux de marée dominants. Dans les régions où il existe des accidents géomorphologiques près du site des essais, la résolution horizontale et verticale doit être augmentée pour permettre d'identifier les structures dynamiques dominantes qui sont en général associées à la géomorphologie des fonds marins (courants de bord, turbulences piégées, débordements, etc.).

19. Près des champs d'évents hydrothermaux actifs, les observations hydrographiques, chimiques et optiques fournissent souvent d'utiles informations de premier ordre sur la dispersion au niveau des panaches de flottabilité neutre. L'interprétation des observations sur la dispersion des panaches en termes de potentiel de dispersion des sous-produits d'extraction est difficile pour plusieurs raisons, et notamment du fait que les caractéristiques temporelles et spatiales des sources hydrothermales sont généralement mal connues, les panaches hydrothermaux se dispersent à leur niveau d'équilibre – lequel dépend à la fois des caractéristiques de la source et de celles du milieu – et la composition des particules des panaches hydrothermaux (et donc leur vitesse de sédimentation) ne peut être contrôlée. Néanmoins, lorsque les panaches hydrothermaux se produisent près d'un gisement de minéraux, il est probable que les observations sur leur dispersion seront utiles, en particulier pour la conception d'études de suivi contrôlées. Afin d'achever l'évaluation du potentiel de dispersion, un modèle numérique hydrodynamique 3D couvrant les échelles temporelles et spatiales appropriées doit être construit.

20. Le contractant doit choisir un modèle qui soit considéré par les spécialistes de la modélisation des océans comme convenant aux études de la dispersion à proximité des fonds marins; de simples modèles à compartiments ou à coordonnée z avec une résolution verticale médiocre en profondeur ne conviennent pas. Les caractéristiques précises dépendront de l'environnement topographique et océanographique du site considéré. La résolution doit correspondre aux échelles décrites ci-dessus (c'est-à-dire que les gradients doivent être traduits par plusieurs points) et le modèle doit être validé par rapport aux données d'observation. Après validation, le modèle numérique est utilisé pour étudier des scénarios hypothétiques,

par exemple, pour estimer l'impact potentiel de déversements accidentels ou pour des cas extrêmes comme les orages atmosphériques.

21. La modélisation est fort utile pour passer par extrapolation des essais d'extraction à l'extraction commerciale.

22. Le troisième groupe de données de référence à collecter (propriétés des sédiments, y compris la chimie de l'eau interstitielle) doit permettre de prévoir le comportement des panaches de rejets et les effets des essais d'extraction sur la composition des sédiments. Les paramètres suivants sont à mesurer : densité spécifique, masse volumique, résistance au cisaillement, granulométrie et profondeur à laquelle la zone oxique devient suboxique et inversement. En outre, la teneur en carbone organique et inorganique des sédiments, des métaux susceptibles d'être toxiques sous certaines formes (fer, manganèse, zinc, cadmium, plomb, cuivre et mercure), des nutriments (phosphates, nitrates, nitrites et silicates), des carbonates (alcalinité), ainsi que le phénomène d'oxydoréduction de l'eau interstitielle devraient être mesurés. La géochimie de l'eau interstitielle et des sédiments devrait être étudiée en descendant jusqu'à 20 centimètres. Les protocoles recommandés figurent aux tableaux 1 et 2 du chapitre 23 du rapport de l'Autorité intitulé *Standardization of Environmental Data and Information: Development of Guidelines*. Des carottes et des échantillons de sédiments représentatifs seront collectés avant les essais d'extraction et conservés.

23. Le quatrième groupe de données de référence (communautés biologiques) est celui des données relatives aux populations « naturelles », y compris celles sur la « variabilité naturelle spatiale et temporelle », qui permettent d'évaluer les effets potentiels des activités sur la faune benthique et pélagique.

24. Il convient de déterminer les caractéristiques des populations pélagiques et benthiques de tous les sous-habitats susceptibles d'être touchés par les activités d'extraction, ainsi que leur répartition régionale, de sorte à établir des zones de préservation témoins et définir des stratégies d'atténuation prévoyant la recolonisation des zones affectées par ces activités.

25. Il est recommandé d'exploiter les modules cartographiques du Système d'information géographique pour cartographier les habitats, garder trace de la localisation des échantillons et planifier des sondages stratifiés.

26. Les règles habituelles de conservation des organismes doivent être respectées; il convient notamment de placer les produits de l'échantillonnage intermittent dans des récipients séparés (isothermes de préférence) fermés par un couvercle pour éviter le lavage lors de l'extraction, de recouvrer les échantillons dans les 12 heures qui suivent le prélèvement pour obtenir un matériau de qualité, de traiter et préserver immédiatement les échantillons à bord du navire ou les garder en chambre froide pendant six heures au maximum avant leur préservation (voire moins, si des analyses moléculaires sont prévues).

27. Il faut utiliser plusieurs procédés de préservation : conservation dans le formol pour les études taxinomiques, congélation ou conservation dans l'éthanol pur pour les analyses moléculaires; séchage d'animaux entiers et/ou de certains tissus pour l'analyse des isotopes stables, ou encore congélation d'animaux entiers et/ou de certains tissus aux fins d'analyse des métaux traces et analyses biochimiques.

28. Lorsque cela est possible, des photographies en couleur des organismes frais devraient être prises, *in situ* et/ou à bord, afin que les données correspondent à leurs couleurs naturelles. Ces clichés doivent être conservés.

29. Tous les échantillons et produits connexes (photographies, matériaux préservés, séquences génomiques) doivent être accompagnés des indications de collecte : date, heure, procédé d'échantillonnage, latitude, longitude, profondeur, etc.

30. L'identification et l'inventaire des échantillons en mer ou en laboratoire doivent être complétés s'il y a lieu par des analyses moléculaires et isotopiques. Sauf impossibilité, des tableaux indiquant l'abondance des espèces et leur biomasse seront systématiquement établis.

31. Des spécimens doivent être archivés aux fins de comparaison avec les inventaires taxinomiques établis sur d'autres sites, afin d'observer avec précision les changements qui surviennent au fil du temps. La modification de la composition des espèces, lorsqu'elle intervient, est parfois ténue; il est donc essentiel de pouvoir se reporter aux spécimens originaux (qui peut-être n'avaient pas été identifiés avec certitude). Il est recommandé de conserver les échantillons dans des collections nationales ou internationales.

32. L'harmonisation des procédés et la diffusion des résultats sont d'une importance capitale. L'effort de normalisation doit porter sur l'instrumentation et le matériel; l'assurance qualité en général; les techniques de collecte, de traitement et de conservation des échantillons; les méthodes de détermination et de contrôle de la qualité à bord des navires; les protocoles d'analyse et de contrôle de la qualité en laboratoire; ainsi que sur le traitement et la notification des données. L'harmonisation des procédés permet de comparer les résultats entre les provinces et de choisir les paramètres critiques pour les activités de suivi.

33. Les variations spatiales des populations biologiques seront étudiées avant le début des essais, grâce à des échantillons prélevés sur au moins trois gisements minéraux, si possible, séparés les uns des autres par une distance supérieure à celle qui correspond à la retombée probable de 90 % des particules mises en suspension lors des opérations minières. Étant donné que les populations fauniques vivant dans certains gisements sont des sous-ensembles de métapopulations qui agissent les unes sur les autres au gré des dispersions et colonisations, il est important de connaître le degré d'isolement de celles présentes dans les gisements d'où vont être extraits les minéraux, et de savoir si une population donnée constitue un stock de géniteurs critique pour d'autres populations.

34. Divers types de dispositifs d'échantillonnage peuvent être utilisés en fonction des propriétés du fond marin et des dimensions de la faune à collecter; il s'ensuit que les méthodes retenues pour recueillir des données biologiques de référence avant les essais d'extraction doivent être adaptées à chaque ensemble de conditions. L'utilisation de carottiers multitubes dans des sédiments meubles permet de disposer de plusieurs tubes d'échantillonnage provenant de la même station, à répartir entre spécialistes utilisant des techniques différentes d'identification et de dénombrement de la faune. Cependant, il faut souligner que le diamètre des tubes doit être adapté pour éviter une perturbation excessive des sédiments ou l'obstruction par de grosses particules, telles que des nodules et des fragments de roche, et que les échantillons biologiques doivent être suffisamment grands pour produire des échantillons de

bonne taille représentatifs de l'abondance et de la biomasse aux fins d'une analyse statistique de qualité.

35. Les substrats durs – sulfures polymétalliques, encroûtements cobaltifères ou encore basalte –, en particulier s'ils renferment de petits organismes, ne se prêtent guère à un échantillonnage quantitatif. Il faudra parfois recourir à plusieurs techniques de prélèvement, telles que le prélèvement par aspiration ou le prélèvement aléatoire d'organismes de plus grande taille. Il arrive que les transects vidéo ou photographiques soient les seuls moyens adéquats d'élaborer une matrice de l'abondance des espèces. Il est recommandé de procéder, pour tous les habitats, à des prélèvements d'échantillons de haute précision au moyen d'engins télécommandés. Les véhicules sous-marins autonomes, seuls ou associés à des robots télécommandés, pourraient s'avérer utiles pour l'observation et le prélèvement. Les surfaces minérales exposées sont parfois irrégulières ou en pente forte, et il peut être difficile d'en obtenir une visualisation quantitative si l'on ne dispose pas d'un véhicule télécommandé.

36. Les données à recueillir et les méthodes à appliquer pour les différentes classes et échelles de la faune du plancher océanique sont les suivantes :

a) **Mégafaune**. Les données relatives à la mégafaune, à son abondance, sa biomasse, sa diversité spécifique et à la structure des populations doivent se fonder sur des transects vidéo et photographiques. Les images doivent avoir une résolution suffisante pour permettre d'identifier des organismes de plus de 2 centimètres dans leur plus petite dimension. L'espace couvert par les images doit être d'au moins 2 mètres. À l'instar des stations d'échantillonnage, la répartition des transects vidéo ou photographiques devrait être définie en tenant compte des diverses particularités du plancher océanique, telles que la topographie, la variabilité des caractéristiques des sédiments ainsi que l'abondance et le type de gisement. L'identification des espèces devra être confirmée par des prélèvements de spécimens sur le site. Les prélèvements devraient permettre d'identifier les composants plus rares, mais d'importance peut-être décisive, de la mégafaune (poissons, crabes et autres organismes vagiles). Des spécimens devraient être conservés aux fins des analyses taxinomiques, moléculaires et isotopiques;

b) **Macrofaune**. Les données sur la macrofaune (>250 µm), son abondance, sa biomasse, sa diversité spécifique et la structure des populations sont obtenues au moyen de l'analyse quantitative des échantillons. Dans les sédiments meubles, des profils verticaux correspondant à une répartition adéquate suivant la profondeur dans le sédiment (profondeurs suggérées : de 0 à 0,5; 0,5 à 1,0; 1 à 2; 2 à 3; 3 à 4; et de 4 à 5 cm) doivent être obtenus à partir de carottiers-boîtes (0,25 m^2) ou de carottiers multitubes, selon le cas;

c) **Méiofaune**. Les données sur la méiofaune (organismes de 32 à 250 µm), son abondance, sa biomasse, sa diversité spécifique et la structure des populations sont obtenues au moyen de l'analyse quantitative des échantillons. Dans les sédiments meubles, des profils verticaux correspondant à une répartition adéquate suivant la profondeur dans le sédiment (profondeurs suggérées : de 0 à 0,5; 0,5 à 1,0; 1 à 2; 2 à 3; 3 à 4; et de 4 à 5 cm) doivent être obtenus à partir de carottes. Un tube de carottiers multitubes par station peut être utilisé à cette fin;

d) **Microfaune**. L'activité métabolique microbienne est déterminée au moyen de l'adénosine triphosphate ou d'un autre essai biologique normalisé. Dans les sédiments meubles, des profils verticaux doivent être obtenus à des intervalles d'échantillonnage (intervalles suggérés : de 0 à 0,5; 0,5 à 1,0; 1 à 2; 2 à 3; 3 à 4; 4 à 5 cm). Un tube de carottiers multitubes par station peut être utilisé à cette fin;

e) **Organismes vivant à la surface des nodules**. L'abondance, la biomasse et la structure des espèces biologiques vivant à la surface des nodules sont déterminées à partir de nodules sélectionnés prélevés à la partie supérieure des carottiers-boîtes ou par robot sous-marin télécommandé;

f) **Détritivores démersaux**. L'évolution physique des sédiments superficiels et leur remise en suspension ainsi que le degré d'activité de la mégafaune sur le plancher océanique sont déterminés au moyen d'un appareil photographique doté d'un intervallomètre et d'appâts installé dans la zone étudiée pendant un an au moins. Des nasses appâtées permettent aussi de définir la composition taxinomique des populations. Des données sur les populations d'amphipodes nécrophages sont obtenues au moyen d'appâts posés pendant une durée suggérée de 24 à 48 heures.

37. En cas de risque de rejets en surface, il faut déterminer les espèces planctoniques qui se rencontrent dans les 200 premiers mètres de la colonne d'eau. La modélisation du panache déterminera s'il faut étudier les populations planctoniques, et plus particulièrement du plancton gélatineux, à des intervalles de profondeurs très diverses. La structure des populations pélagiques vivant plus ou moins à la profondeur du panache et dans des couches inférieures doit aussi être connue avant les essais d'extraction. En outre, les caractéristiques des populations pélagiques de la couche limite benthique doivent être déterminées au moyen de robots sous-marins télécommandés ou de chaluts pélagiques fermants placés à proximité du plancher. La composition du phytoplancton, sa biomasse et sa productivité ainsi que la composition et la biomasse du zooplancton et la biomasse et la productivité du plancton bactérien doivent être mesurées, de même que les variations saisonnières et interannuelles des populations planctoniques de la couche supérieure de l'océan. Il est possible d'élargir le champ de l'analyse en recourant à la télédétection, mais un étalonnage est alors indispensable, de même que la validation des résultats obtenus.

38. La présence de métaux traces et d'éléments potentiellement toxiques dans les muscles et les organes cibles des poissons et invertébrés démersaux les plus répandus doit être repérée. Cette opération doit être répétée plusieurs fois avant le début des essais (afin de mesurer la variabilité naturelle), puis au moins une fois par an pour faire apparaître les modifications éventuellement induites par les activités d'extraction. Il faut éventuellement combiner contrôles et expériences à bord et en laboratoire pour résoudre définitivement, avant les essais d'extraction, les problèmes écotoxicologiques que pourraient notamment soulever les effets sur le phytoplancton et le zooplancton des rejets en surface et à profondeur intermédiaire.

39. Les variations temporelles sont étudiées sur l'un au moins des sites d'essai envisagés et dans la zone de préservation témoin (en théorie, au moins une fois par an, pendant trois ans au minimum). Les résultats en sont examinés par l'Autorité avant le début des essais. Lorsqu'elles concernent le plancher océanique, elles doivent se fonder sur une documentation vidéographique et/ou photographique. Lorsqu'elles portent sur des gisements de sulfure, il faut consigner les températures et prélever des spécimens des sous-habitats. De simples appareils photographiques d'observation du plancher prenant des vues quatre à cinq fois par jour pendant un an

fournissent des données temporelles de haute résolution. Lorsque cela est possible, des études de l'écosystème doivent être effectuées, qui porteront notamment sur le taux de croissance et de recrutement ainsi que sur le statut trophique des taxons dominants. Dans le cas où plusieurs sites d'essai ont été identifiés, le contractant évalue la mesure dans laquelle les études temporelles menées sur un site sont applicables à un autre; cette évaluation doit, elle aussi, être examinée par l'Autorité.

40. Il convient de s'occuper d'harmoniser la taxinomie. Pour faciliter les identifications, il faut que les grands laboratoires et les grandes collections qui procèdent à l'étude taxinomique des organismes marins échangent leurs codes, clefs, dessins et séquences. Les connaissances en la matière sont très limitées, même en qui concerne les principales espèces animales (par exemple, les poissons, les mollusques, les crustacés décapodes, les coraux, les éponges et les échinodermes). Il importe de faire l'inventaire taxinomique de toutes les espèces sur chaque site, et le meilleur moyen d'y parvenir est de créer des centres ou groupes d'experts qui travailleront en coopération. La taxinomie par numéros (par exemple, espèce 1, espèce 2, etc.), à condition que des règles cohérentes soient appliquées et que l'on conserve des spécimens en double, constitue une bonne base pour les études visant à collecter des données de référence, mais la taxinomie classique et la taxinomie moléculaire doivent être effectuées soit directement par le contractant, soit dans le cadre de programmes de recherche en coopération. Les méthodes moléculaires progressent rapidement et toutes les études biotiques, notamment celles des micro-organismes, pourront être réalisées beaucoup plus vite et de manière beaucoup plus économique qu'aujourd'hui. Les séquences moléculaires doivent être déposées dans Genbank ou dans des banques de données analogues internationalement reconnues.

41. Les données sur la succession faunique recueillies après les essais d'extraction sont indispensables pour recueillir des informations sur le rétablissement des espèces benthiques. Des échantillons doivent être prélevés à proximité immédiate du site avant et après les essais, à certaines distances de la zone exploitée, pour déterminer l'impact du panache benthique, et à intervalles répétés une fois les essais terminés. Ces études d'impact peuvent être effectuées en collaboration.

42. Des renseignements concernant d'autres effets du panache de rejets sur la faune pélagique peuvent provenir de l'observation de phénomènes naturels peu courants comme la mort massive de poissons ou la présence de concentrations inhabituelles de poissons, de mammifères marins, de tortues ou d'oiseaux.

43. La répartition verticale de la lumière influe directement sur la production primaire dans la couche euphotique. En cas de rejets de surface, le gradient de luminosité illustrera l'effet des particules rejetées sur l'absorption de la lumière et ses bandes spectrales en fonction de la durée, de la profondeur et de la distance au navire. Ces valeurs permettront également de déceler l'accumulation éventuelle de particules en suspension dans la pycnocline. Par ailleurs, un panache de rejets peut donner lieu à la dissémination de grandes quantités de nutriments, à des changements de température, à la libération de dioxyde de carbone, voire, sur les sites contenant des sulfures, à d'éventuelles variations du pH et à l'acidification de l'océan.

44. Le cinquième groupe de données de référence (bioturbation) est celui des données de base sur le taux « naturel » de sédimentation, y compris la « variabilité naturelle spatiale et temporelle », qui permettent de modéliser et d'évaluer l'effet des activités d'extraction sur les processus y relatifs. Les taux de bioturbation

(mélange des sédiments occasionné par des organismes) doivent être mesurés pour analyser l'importance de l'activité biologique avant une extraction perturbante; ils peuvent être évalués à partir de profils d'activité excédentaire de Pb 210 dans les carottes, en tenant compte de la variabilité dans le sédiment. L'activité excédentaire de ce radioélément doit être mesurée à au moins cinq niveaux par carotte (profondeurs suggérées : de 0 à 0,5; 0,5 à 1,0; 1 à 1,5; 1,5 à 2,5; et de 2,5 à 5 cm). Les taux et la profondeur de la bioturbation doivent être déterminés à l'aide de modèles standard d'advection ou de diffusion directe.

45. Le sixième groupe de données de référence (sédimentation) doit permettre de recueillir des données en vue de modéliser et d'évaluer les effets du panache de rejets. Il est recommandé de déployer des amarres comportant des pièges à sédiments, avec au moins un piège au-dessous de 2 000 mètres pour caractériser le flux de matières provenant de la zone euphotique et un autre à environ 500 mètres du fond pour le flux de matières atteignant le plancher océanique. Le piège situé près du fond doit être suffisamment loin du plancher pour ne pas subir les effets d'une remise en suspension du sédiment. Les pièges doivent rester en place suffisamment longtemps, les prélèvements d'échantillons ayant lieu chaque mois afin d'examiner les variations saisonnières des flux et d'en évaluer les variations interannuelles, en particulier entre les années à phénomènes climatiques (El Niño, La Niña, etc.). Ils peuvent être placés sur les mêmes amarres que les courantomètres décrits plus haut. Compte tenu de l'importance écologique, pour le cycle alimentaire des organismes benthiques, des sédiments se déplaçant de la colonne d'eau supérieure vers le fond, il est indispensable, aux fins de la comparaison avec les effets des rejets, de caractériser le flux de matières dans les eaux de la couche intermédiaire et celui touchant le fond. Une fois connues les vitesses de sédimentation *in situ* des particules dégagées lors des essais d'extraction, aussi bien à profondeur intermédiaire qu'à grande profondeur, il sera plus aisé de vérifier la capacité des modèles mathématiques à prévoir la dispersion des panaches benthiques et des panaches de profondeur intermédiaire, et de la perfectionner. Ces informations répondent aux préoccupations qui ont été exprimées concernant les effets du panache de rejets et du panache d'extraction sur les organismes benthiques et sur les organismes pélagiques vivant dans la couche limite benthique. La résolution temporelle des mesures du flux de particules doit être d'un mois au moins, et la série chronologique néphélométrique doit être enregistrée sur les pièges à sédiments.

46. Le septième groupe de données de référence (propriétés géologiques) doit permettre de déterminer l'hétérogénéité de l'environnement et de circonscrire adéquatement l'emplacement des sites d'échantillonnage.

47. Des données bathymétriques à haute résolution et de qualité doivent être recueillies dans la zone où la dispersion des sous-produits des essais d'extraction risque d'avoir un impact significatif sur l'environnement, c'est-à-dire sur toute la région couverte par le modèle de circulation numérique.

48. Dans le cadre de l'étude initiale à haute résolution, on prélèvera, si possible, une série de carottes préliminaires représentatives du gisement, qui seront ensuite entreposées dans un dépôt adapté. Il conviendra d'utiliser des techniques de prélèvement permettant de recueillir des échantillons intacts dans les premiers centimètres de la couche.

49. S'agissant des gisements de sulfures, les évents hydrothermaux doivent être considérés soit dormants, s'ils sont encore sous l'influence potentielle d'une source

de chaleur bien qu'il n'y ait plus aucun dégagement de fluides hydrothermaux, soit éteints, si les cheminées sont éloignées de leur source de chaleur ou si celle-ci a disparu. Du point de vue écologique, ces deux scénarios peuvent être considérés comme plus ou moins équivalents. Ce qui est important du point de vue biologique c'est de savoir si un dégagement hydrothermal actif persiste sur le site (cas 1), si les essais d'extraction prévus relanceront le dégagement hydrothermal sur un site par ailleurs inactif (cas 2) ou si le site reste inactif sur le plan hydrothermal même lorsqu'il est perturbé par des essais d'extraction (cas 3). L'étude initiale doit déterminer si le site considéré relève du cas 1, du cas 2 ou du cas 3.

50. La quatrième partie des recommandations traite de l'étude d'impact sur l'environnement. Certaines activités ne sont pas susceptibles de causer de dommages sérieux à l'environnement marin et n'exigent donc pas une étude d'impact. Ces activités sont énumérées. En ce qui concerne les activités qui exigent une étude d'impact, on doit recourir à un programme de surveillance avant, pendant et après une activité particulière, afin de déterminer l'importance des perturbations biologiques créées par cette activité, y compris la recolonisation des zones perturbées.

51. Les études environnementales menées au cours de l'exploration se fondent sur un plan proposé par le contractant et examiné par la Commission juridique et technique, qui en vérifie l'exhaustivité, l'exactitude et la fiabilité statistique. Ce plan est ensuite incorporé au programme d'activités prévu par le contrat. Les études environnementales à effectuer pendant l'exploration porteront notamment sur l'observation de paramètres environnementaux, de sorte à confirmer les conclusions selon lesquelles aucune des activités prévues au niveau de la couche benthique ou sur les colonnes d'eau supérieure et intermédiaire ne provoque de réels dommages.

52. Les essais relatifs aux procédés de ramassage offrent l'occasion d'examiner les effets écologiques de l'exploitation minière. Le contractant en soumet le plan, accompagné de précisions sur les activités d'observation de l'environnement, à l'Autorité au moins un an avant la mise en route et trois mois avant sa session annuelle. Ce plan doit comporter des dispositions relatives à l'observation des zones touchées par les activités du contractant lorsque celles-ci risquent de causer de graves dommages à l'environnement, même si ces zones se trouvent à l'extérieur du périmètre d'essais envisagé. Le programme détermine à l'avance, dans la mesure du possible, les activités ou phénomènes qui, du fait de dommages environnementaux graves dont il ne serait pas possible d'atténuer les effets, risqueraient de provoquer la suspension ou la modification des essais. Il permet aussi d'aménager le plan avant les essais et à d'autres dates appropriées, si nécessaire. Le plan comporte des stratégies destinées à assurer que l'échantillonnage soit fondé sur des méthodes statistiques satisfaisantes, que le matériel et les procédés soient reconnus sur le plan scientifique, que le personnel chargé de planifier, collecter et analyser les données soit qualifié et que les données ainsi obtenues soient présentées à l'Autorité sous des formats spécifiés.

53. À l'occasion des essais d'extraction, il est recommandé de communiquer les coordonnées du périmètre de la zone d'impact témoin et de la zone de préservation témoin. Pour la première, on choisira une zone représentative des caractéristiques environnementales du site où se dérouleront ces essais, y compris pour ce qui est des peuplements. La seconde devra être déterminée avec soin et être suffisamment étendue pour ne pas être affectée par les variations naturelles du milieu local. Elle

devra présenter une variété d'espèces comparable à celle de la zone d'essais et se situer à l'extérieur de celle-ci comme des zones subissant les effets du panache.

54. Le programme d'observation proposé par le contractant doit donner des précisions quant aux modalités d'évaluation des essais d'extraction.

55. La cinquième partie des recommandations traite de la collecte et de la communication des données. Il est recommandé que les techniques de collecte et d'analyse soient conformes aux pratiques optimales, par exemple celles de la Commission océanographique intergouvernementale de l'Organisation des Nations Unies pour l'éducation, la science et la culture – qui peuvent être obtenues auprès des centres mondiaux de données et des centres nationaux responsables des données océanographiques – ou celles qui sont établies ou recommandées par l'Autorité. Il devrait être possible d'accéder en ligne, par l'entremise de l'Autorité, à l'inventaire des ensembles de données fournis par chaque contractant.

56. Les études initiales de l'environnement et les programmes de surveillance sont une grande source de données et de connaissances. Un plan d'archivage et de récupération des données pourrait aider tous les contractants à rechercher des indicateurs écologiques significatifs. La synthèse de ces données et de l'expérience acquise peut faciliter la tâche de tous les contractants. L'accès généralisé aux données améliorera probablement la précision des modèles et permettra :

   a) De cerner les pratiques à recommander;

   b) De définir une conception commune de la gestion des données;

   c) De procéder à un échange multilatéral de vues et de données débouchant sur une coopération internationale;

   d) De gagner du temps, de regrouper les travaux et d'opérer des économies, puisque les milieux concernés seront alertés en cas d'échec;

   e) De réaliser des économies, puisque certains paramètres n'auront pas à être mesurés plusieurs fois.

57. Les modèles obtenus peuvent être validés et ajustés à l'aide de ces données réelles (vérité de mer), et ils peuvent par la suite compléter en partie les coûteuses campagnes de collecte de données. Certains gisements concédés peuvent se situer à proximité, immédiate ou non, d'autres concessions, ce qui justifie aussi l'accès aux données et la réalisation en commun de travaux de modélisation, de sorte que les effets des activités menées dans les zones voisines puissent être évalués sans qu'il soit nécessaire de reproduire toutes les phases de l'étude d'impact sur le milieu.

58. La sixième partie des recommandations traite de la coopération en matière de recherche et des lacunes qu'il s'agirait de combler. Les années qui viennent de s'écouler ont été témoins d'une révolution des connaissances et des techniques relatives aux grands fonds. Plusieurs instituts de recherche mènent sur toute la planète des programmes de recherche ambitieux. Détenteurs de connaissances scientifiques et biologiques approfondies, ils pourraient être disposés à s'associer aux contractants pour réaliser certaines des études environnementales requises. Ils pourraient ainsi fournir du matériel d'échantillonnage et mettre leurs connaissances spécialisées à disposition, et ils seraient probablement très désireux d'envoyer leurs chercheurs à bord du navire d'un contractant pour aider aux prélèvements dans des zones isolées.

59. La coopération en matière de recherche peut faciliter l'établissement de profils témoins de la variabilité naturelle d'après les données géologiques et biologiques et les autres données environnementales recueillies dans des zones déterminées.

60. L'établissement de partenariats entre les milieux scientifiques et les contractants peut aboutir à la constitution de collections de spécimens en double, à la mise en place d'une banque de données pour le séquençage des génomes, à la réalisation d'analyses et d'interprétations des isotopes stables et à l'établissement d'une photothèque des espèces et spécimens. Les informations scientifiques de base obtenues en partenariat devraient permettre d'obtenir à moindres frais des informations aux fins de la planification de la mise en valeur, de la prise de décisions et de l'intégration en temps utile de tout effet écologique sensible et de tout autre problème avant et pendant les essais d'extraction. Elles peuvent aider à trouver des solutions avec un minimum de polémique quant aux façons de procéder.

61. L'extinction d'une partie importante d'une population faunique dans la zone des essais d'extraction est largement fonction du type de répartition – localisée ou généralisée – de l'espèce. Pour calculer ce risque, il faut faire la synthèse des données biogéographiques concernant cette faune. Le travail sera facilité si les contractants collaborent entre eux et avec les scientifiques.

62. Les études de modélisation devraient être entreprises en collaboration et reliées étroitement aux travaux sur le terrain afin que puissent être mesurés les risques d'extinction selon divers scénarios d'aménagement, y compris les divers périmètres des zones à protéger. Les stratégies générales de conservation doivent tenir compte des effets sur les populations fauniques des extractions réelles et non plus des essais.

63. Les contractants devraient collaborer avec l'Autorité ainsi qu'avec des organismes nationaux et internationaux de recherche scientifique à la réalisation de programmes communs de recherche afin de tirer le meilleur profit des études d'impact et de réduire au minimum le coût des opérations.

64. Aux termes de la Convention, l'Autorité doit promouvoir et encourager la conduite de recherches océanographiques dans la Zone, et coordonner et diffuser les résultats de ces recherches et de leur analyse lorsque l'on en dispose.

Annexe II

Glossaire des termes techniques

Adénosine triphosphate (ATP)	Composé organique complexe utilisé dans tous les organismes pour le stockage de courte durée de l'énergie et sa conversion. La quantité d'ATP, qui correspond au nombre de cellules actives, dont la plupart sont des bactéries, peut servir à mesurer la biomasse microbienne totale dans le sédiment.
Bathypélagique	Relatif aux environnements de haute mer à des profondeurs supérieures à 3 000 mètres, au-dessous de la zone mésopélagique
Bathysonde	Instrument doté de capteurs, utilisé pour mesurer la conductivité (indicateur de salinité), la température et la profondeur (définie à partir des mesures de la pression). Les deux premiers paramètres sont essentiels dans les observations océanographiques; la profondeur est nécessaire pour déterminer la structure verticale de l'océan. D'autres paramètres, comme le pH et la concentration en oxygène dissous, peuvent être mesurés si les capteurs correspondants sont installés.
Benthique	Relatif au plancher océanique
Benthopélagique	Relatif à la zone voisine du plancher océanique et, dans une certaine mesure en contact avec ce dernier, dans les grandes profondeurs océaniques
Chimiosynthèse	Processus par lequel des micro-organismes transforment le carbone inorganique en carbone organique (cellules) grâce à l'énergie dégagée par l'oxydation de composés réduits. La chimiosynthèse est à la base du réseau trophique lié aux évents hydrothermaux situés en eau profonde. « Chimiotrophie » est un terme plus descriptif et précis servant à qualifier le phénomène général de la chimiosynthèse; les deux mots sont souvent utilisés indifféremment.
Couche limite benthique	Couche d'eau située immédiatement au-dessus de l'interface entre les sédiments et la couche d'eau située au plancher océanique
Démersal	Se dit des espèces qui vivent sur le plancher océanique ou son voisinage
Détritivore	Animal qui se nourrit de détritus et de cadavres d'autres animaux et de plantes qu'il ne tue pas lui-même
Diel	Désigne une période de 24 heures comprenant généralement un jour et la nuit suivante
Eau interstitielle	Eau présente entre les particules sédimentaires

Échelles spatiales	Échelles caractéristiques des dimensions spatiales de phénomènes océaniques telles que le diamètre d'un tourbillon ou la longueur d'une vague. Elles concernent aussi la disposition spatiale des stations d'échantillonnage.
Échelles synoptiques	Échelles de variabilité hydrodynamique d'événements associant des échelles temporelles comprises entre une à deux semaines et un à deux mois à des échelles spatiales comprises entre 1 000 mètres et plusieurs centaines de kilomètres. Les tourbillons synoptiques de 100 à 200 kilomètres de diamètre traversant d'est en ouest le nord-est de l'océan Pacifique tropical et pénétrant souvent jusqu'au fond de l'océan sont représentatifs de cette échelle.
Embolie	Phénomène consistant dans la présence de gaz dissous dans le sang et les tissus des poissons. Lorsqu'un poisson des eaux abyssales est amené à la surface, la baisse de pression permet aux gaz dissous de se dilater sous forme de bulles (embolie), causant des défigurations et protrusions d'organes internes à travers la bouche et les autres orifices.
Encroûtement cobaltifère de ferromanganèse	Croûtes ferromanganésifères riches en cobalt, généralement formées par précipitation et situées sur des substrats durs en eau profonde, au niveau de reliefs prononcés tels que les monts sous-marins et les dorsales
Endémisme	Degré de confinement d'une espèce dans une zone donnée. L'endémisme est généralement observé dans des zones relativement isolées. Les biologistes utilisent également le terme « endémique » pour qualifier un organisme qui pourrait avoir une grande extension géographique, mais se cantonne à un habitat particulier, par exemple les évents hydrothermaux.
Endofaune	Organismes vivant enfouis dans les sédiments
Épifaune	Faune vivant sur le plancher océanique, fixée sur celui-ci ou s'y déplaçant librement
Épipélagique	Se dit de la région supérieure des profondeurs océaniques, au-dessus de la zone mésopélagique et en général au-dessous de la zone du minimum d'oxygène
Essai d'extraction	Utilisation et essai des procédés et du matériel d'extraction
Euphotique	Se dit de la couche supérieure de l'océan qui reçoit suffisamment de lumière pour la photosynthèse. Dans les eaux claires, la zone euphotique peut s'étendre jusqu'à 150 mètres de profondeur.
Faune	Ensemble des invertébrés et des vertébrés

Halocline	Couche d'eau caractérisée par un fort gradient de salinité
Hydrodynamique	Se dit de tout phénomène concernant les mouvements de l'eau de mer.
Impacts cumulés	Impacts résultant de changements progressifs dus à différents phénomènes ou activités passés, présents ou à venir
Impacts directs	Impacts résultant directement d'un phénomène ou d'une activité, par exemple la disparition d'un habitat et celle de ses populations résultant de l'extraction de sulfures ou d'autres matières
Impacts indirects	Impacts sur le milieu ne résultant pas directement de l'exploitation, mais découlant souvent d'un enchaînement complexe de phénomènes physiques, chimiques et biologiques. Souvent qualifiés d'impacts secondaires, voire tertiaires
Macrofaune	Animaux d'une taille suffisante pour être observables à l'œil nu et d'une longueur ne dépassant pas 2 cm
Mégafaune	Animaux suffisamment grands (plus de 2 cm) pour être distingués sur les photographies, qu'il est proposé de retenir comme taxon principal (voir taxinomie) pour l'étude d'impact d'une exploitation minière en haute mer
Méïofaune	Organismes de la population benthique de dimensions intermédiaires entre la macrofaune et la microfaune. Définie à des fins pratiques comme l'ensemble des animaux de taille comprise entre 32 µm et 250 µm
Mésopélagique	Se dit de la région située au-dessous de la zone épipélagique et au-dessus de la zone bathypélagique et en général faiblement éclairée (zone crépusculaire).
Microfaune	Organismes invisibles à l'œil nu, plus petits que la méïofaune. Définie à des fins pratiques comme l'ensemble des animaux de taille inférieure à 32 µm
Micro-organismes	Catégorie regroupant les bactéries, les archées et les eucaryotes microscopiques
Monts sous-marins	Reliefs isolés, généralement d'origine volcanique, qui s'élèvent notablement au-dessus du plancher océanique
Necton	Poissons, calmars, crustacés et mammifères marins nageant activement en haute mer
Panache	Dispersion d'eau de mer contenant des particules sédimentaires denses. Un panache benthique est un courant d'eau contenant des particules provenant de sédiments des fonds océaniques, des produits d'abrasion de nodules de manganèse et des organismes benthiques

	macérés en suspension. Il émane du système de dragage minier qui perturbe les fonds marins et s'étend à la zone voisine. La partie la plus éloignée du panache benthique est ce que l'on appelle la « pluie de particules fines ». Un panache de surface est un courant d'eau contenant des particules provenant de sédiments des fonds océaniques, des produits d'abrasion de nodules de manganèse et des organismes benthiques macérés en suspension découlant de la séparation, à bord du navire minier, des nodules et de l'eau porteuse, et il s'étend sur une zone plus rapprochée du dragage que le panache benthique à la surface de l'océan.
Pélagique	Relatif à la haute mer
pH	Mesure de l'acidité ou de l'alcalinité
Photosynthèse	Synthèse biologique de matière organique utilisant la lumière comme source d'énergie. En présence de chlorophylle et de lumière, les végétaux transforment le dioxyde de carbone et l'eau en glucides et en oxygène.
Plancton	Organismes dérivant passivement ou nageant faiblement. Cette catégorie regroupe les larves d'organismes benthiques et pélagiques, le phytoplancton (dans les eaux de surface), le zooplancton, les méduses et les autres organismes qui dérivent ou nagent peu.
Pluie de particules fines	Partie la plus éloignée du panache benthique, constituée essentiellement de particules fines; particules sédimentaires qui dérivent avec le courant et se déposent lentement sur le plancher océanique, en général hors de la zone minière considérée
Pycnocline	Couche d'eau présentant un fort gradient de densité en fonction de la profondeur. Elle sépare les eaux de surface très mélangées des eaux abyssales denses. La densité de l'eau est fonction de la température, de la salinité et, dans une moindre mesure, de la pression.
Réaction redox (oxydoréduction)	Réaction chimique essentielle associant oxydation (don d'un électron) et réduction (capture d'un électron). L'intensité d'oxydation de l'environnement peut être exprimée par le potentiel redox (en millivolts), lequel peut être mesuré à l'aide d'un redox-mètre. Le potentiel d'oxyréduction est fortement corrélé à la concentration en oxygène dissous dans le sédiment.
Sous-habitat	Élément visuellement discernable d'un habitat plus vaste (par exemple, les lits d'annélides tubicoles et de moules peuvent être les sous-habitats d'un gisement donné de sulfures polymétalliques actifs). Terme fonctionnel facilitant la compréhension de l'habitat en tant que système.

Substrat dur	Affleurement de concrétions carbonatées, de matières solides, de roches crustales ou de dépôts de précipités de matières, de métaux et de minéraux produits à la subsurface par les systèmes hydrothermaux
Sulfures actifs	Sulfures polymétalliques traversés par des flux d'eau chaude. Les sulfures actifs, également appelés évents hydrothermaux, rejettent des composés réduits (par exemple des sulfures) à l'interface entre le plancher océanique et l'eau, où ces composés sont soit oxydés soit métabolisés de façon autotrophe par des micro-organismes libres ou symbiotiques.
Sulfures inactifs (sulfures dormants)	Sulfures polymétalliques dans lesquels les flux d'eau chaude dirigés vers la couche d'eau supérieure se sont taris (ces sulfures sont donc « froids »). En cas de perturbation, les flux hydrothermaux peuvent réapparaître dans la colonne d'eau, les sulfures inactifs redevenant alors actifs (d'où le concept de sulfures dormants).
Sulfures polymétalliques	Gisements de minéraux sulfurés d'origine hydrothermique, contenant des concentrations de métaux, notamment de cuivre, de plomb, de zinc, d'or et d'argent
Symbioses (chimiosynthétiques)	Associations entre des bactéries (symbiotes) et des invertébrés ou vertébrés (hôtes), dans lesquelles les symbiotes, chimiosynthétiques, nourrissent l'hôte. Les bactéries peuvent être endosymbiotiques, lorsqu'elles investissent les tissus de l'hôte, comme les annélides tubicoles, les praires et les moules, ou épisymbiotiques, lorsqu'elles vivent à l'extérieur de l'hôte, comme les crevettes *Bresiliidæ* et les polychètes *Alvinellidæ*.
Taxinomie	Classification ordonnée de la faune et de la flore en fonction de critères morphologiques et génétiques et de leurs relations naturelles supposées
Thermocline	Couche d'eau à fort gradient vertical de température
Transect	Profil vertical (servant de référence pour l'ensemble des mesures et échantillonnages effectués pendant l'étude), de la surface jusqu'au fond de la mer, de la route suivie par un navire hydrographique et océanographique du point A au point B
Transmissomètre	Appareil utilisé pour mesurer l'affaiblissement de la lumière qui traverse un milieu donné, par exemple l'eau. Les données peuvent être corrélées à la quantité de particules présentes

Zone d'impact témoin	Zone retenue pour mesurer les effets des activités sur le milieu marin. Elle doit présenter les mêmes caractéristiques physiques, chimiques et biologiques que la zone à exploiter
Zone d'impact	Zone dans laquelle on observe les impacts (directs, indirects, cumulés ou réciproques) de l'exploitation
Zone de minimum d'oxygène	Couche d'eau présente dans tous les océans à des profondeurs comprises entre 400 et 1 000 mètres. Le manque d'oxygène qui la caractérise résulte de la chute de la matière organique produite à la surface de l'océan et de sa dégradation par les bactéries. Cette faible teneur en oxygène peut provoquer la dissolution des particules métalliques.
Zone de préservation témoin	Zone représentative du site accueillant les essais d'extraction, mais dans laquelle aucun essai n'est pratiqué. Elle permet d'évaluer les changements de l'état biologique du milieu imputables aux essais d'extraction.
Zooplancton/plancton animal	Organismes qui, contrairement au phytoplancton, ne peuvent synthétiser par eux-mêmes de la matière organique et doivent donc se nourrir d'autres organismes

Autorité internationale des fonds marins — ISBA/19/LTC/14

Commission juridique et technique

Distr. limitée
12 juillet 2013
Français
Original : anglais

Dix-neuvième session
Kingston (Jamaïque)
15-26 juillet 2013

Recommandations concernant les programmes de formation au titre des plans de travail relatifs à l'exploration formulées à l'intention des contractants et des États de patronage

Document publié par la Commission juridique et technique

Introduction

1. Les présentes recommandations ont pour objet de fournir des orientations aux candidats pour les plans de travail relatifs à l'exploration, aux contractants et aux États de patronage sur leurs responsabilités concernant les programmes de formation au titre des plans de travail relatifs à l'exploration.

2. Ces recommandations portent sur les aspects ci-après de la conception et de l'exécution des programmes de formation :

    a) L'examen et l'approbation des programmes de formation présentés par les candidats au titre des plans de travail relatifs à l'exploration;

    b) Le contenu des programmes de formation, y compris la participation des États de patronage;

    c) L'affectation des candidats aux possibilités de formation;

    d) Les méthodes d'établissement de rapports sur les activités de formation.

3. L'importance fondamentale de la coopération technique et scientifique internationale en ce qui concerne les activités menées dans la Zone, y compris la formation du personnel de l'Entreprise et des ressortissants des pays en développement, est reconnue aux articles 144 et 148 de la Convention des Nations Unies sur le droit de la mer, lus conjointement avec la section 5 de l'annexe de l'Accord relatif à l'application de la partie XI de la Convention.

I. Obligations juridiques

4. Les obligations juridiques des contractants concernant la formation sont décrites à l'article 15 de l'annexe III de la Convention et développées dans le Règlement adopté par l'Autorité relatif à la prospection et à l'exploration. L'article 27 du Règlement relatif à la prospection et l'exploration des nodules polymétalliques (règlement relatif aux nodules)[1] se lit comme suit :

> En application de l'article 15 de l'annexe III de la Convention, chaque contrat comporte en annexe un programme de formation pratique du personnel de l'Autorité et des États en développement qui est établi par le Contractant en coopération avec l'Autorité et le ou les États patronnant la demande. Cette formation porte sur l'exploration et permet aux personnes intéressées de participer pleinement à toutes les activités sur lesquelles porte le contrat. Le programme de formation peut être modifié de temps à autre, selon que de besoin, par consentement mutuel.

5. L'article 8 des clauses types de contrat d'exploration[2] stipule ce qui suit :

> 8.1 Conformément au Règlement, avant de commencer l'exploration en vertu du présent contrat, le Contractant soumet pour approbation au Secrétaire général des projets de programmes de formation du personnel de l'Autorité et des États en développement, prévoyant notamment la participation dudit personnel à toutes les activités qu'il mène en vertu du présent contrat.
>
> 8.2 La portée et le financement du programme de formation sont sujets à négociation entre le Contractant, l'Autorité et l'État ou les États patronnant le Contractant.
>
> 8.3 Le Contractant assure la formation conformément aux programmes de formation du personnel visés expressément à l'article 8.1 du présent contrat approuvé par l'Autorité en application du Règlement; ce programme, qui est révisé et étoffé de temps à autre, devient partie intégrante du présent contrat en tant que son annexe 3.

II. Buts et objectifs des programmes de formation

6. Les programmes de formation sont conçus et exécutés dans l'intérêt du stagiaire, du pays proposant sa candidature et, plus largement, des membres de l'Autorité, en particulier des pays en développement. Les membres de l'Autorité qui peuvent contribuer au développement de l'Entreprise devraient également en tirer avantage en accédant aux mêmes possibilités de formation.

7. Aucun effort ne doit être épargné pour faire en sorte que la planification et la formulation des programmes de formation soient effectuées de bonne foi et que les pratiques optimales soient suivies de manière systématique. En conséquence, toutes les parties doivent faire tout leur possible pour veiller à ce que la formation contribue à répondre aux besoins de formation et de développement des capacités des pays d'origine des participants.

---

[1] Article 29 du règlement relatif aux sulfures et aux encroûtements.
[2] À l'annexe 4 du règlement relatif aux nodules, aux sulfures et aux encroûtements.

8. Le programme de formation doit recevoir l'attention qu'il mérite dans le programme de travail du contractant; il devrait donc être établi dans le cadre de discussions et de négociations préalables au contrat et inséré dans le contrat en tant qu'annexe 3 avant sa signature et le début des activités d'exploration.

9. Tout contractant demandant l'approbation d'un plan de travail relatif à l'exploration doit agir de bonne foi et comprendre que la fourniture d'une formation est aussi importante que toute autre activité prévue dans le plan de travail proposé, et doit, à ce titre, recevoir le même rang de priorité en terme de temps, d'efforts et de financement.

10. L'utilisation et le maintien des compétences et expériences acquises par les stagiaires et les pays concernés sont tout aussi importantes que la formation elle-même. Toutes les parties, mais plus particulièrement l'Autorité et les pays en développement, doivent s'efforcer d'encourager l'utilisation de la formation reçue dans l'intérêt du stagiaire et la participation du pays aux activités relatives à l'Autorité et à la Zone.

11. Toutes les parties doivent s'engager à maintenir des voies de communication libres et ouvertes afin d'assurer l'exécution optimale des programmes de formation, l'établissement de rapports dans les délais prévus et l'amélioration du contrôle de l'exécution.

12. Les recommandations concernant des mesures spécifiques à prendre dans la mise en œuvre des programmes de formation sont énoncées ci-après :

III. Approbation des programmes de formation

13. Le règlement stipule qu'une demande de plan de travail doit comprendre un élément sur les programmes de travail. L'utilité du programme proposé est directement reflétée par les liens pratiques entre la formation et le plan de travail du contractant. Il est logique que les deux aspects soient considérés conjointement.

14. Les responsabilités de chaque partie sont les suivantes :

    A. Le candidat au titre d'un plan de travail relatif à l'exploration devrait :

1. Inclure dans sa demande des détails sur les activités qu'il entreprendra durant son premier programme quinquennal d'activités se prêtant à la formation;

2. Compte tenu de ce qui précède, inclure dans la demande un calendrier d'activités éventuel dans le cadre d'un programme de formation proposé, y compris une description générale de la formation;

3. Inclure un résumé du nombre minimum de possibilités de formation qui seront offertes chaque année au cours des cinq premières années du contrat et une estimation du nombre de possibilités qui seront offertes durant chacune des périodes quinquennales suivantes du contrat;

4. Donner une description succincte des activités de formation selon la présentation figurant à l'annexe du présent document pour chaque type de possibilité de formation identifiée à l'alinéa 2 ci-dessus;

5. Indiquer tout programme de formation établi en collaboration avec les États de patronage;

6. Indiquer les cas où le contractant envisage d'appuyer des programmes de formation en plus des activités visées par son plan de travail;

7. Indiquer les cas où un programme de formation a été établi en totalité ou en partie en collaboration avec l'État de patronage, des instituts nationaux de cet État, des organisations ou tout autre État partie;

B. L'État de patronage indiquera s'il prévoit de fournir tout autre apport ou appui spécifique au programme de formation du candidat;

C. En examinant une demande au titre d'un plan de travail relatif à l'exploration, la Commission juridique et technique :

1. Examinera les possibilités de formation, le programme et le plan de travail correspondant du contractant;

2. Examinera les demandes de formation, appréciant pleinement les besoins en matière de formation et de développement des capacités du pays en développement concerné et du secrétariat;

3. Aura des discussions avec le contractant concernant le programme de formation proposé lors de l'examen de son plan de travail;

4. Informera le Secrétaire général et lui adressera les recommandations appropriées sur la présentation, la teneur et la structure du programme de formation proposé;

5. Examinera le programme de formation proposé compte tenu des présentes recommandations;

D. Le Secrétaire général devrait :

1. Tenir compte des recommandations de la Commission juridique et technique lors de l'examen et de la négociation des programmes de formation avec les contractants;

2. Maintenir au sein du secrétariat une base de données sur les candidats et les besoins en formation des pays en développement, tout en déterminant et en incluant les besoins futurs de l'Entreprise.

IV. Contenu des programmes de formation

15. En cas de doute, les contractants doivent s'en tenir à leurs obligations juridiques, ce qui veut dire qu'ils doivent dispenser des formations d'ordre pratique qui porteront sur les activités d'exploration et couvriront, dans la mesure du possible, toutes les activités inscrites à leur plan de travail. Les programmes de formation devraient être proposés et dispensés durant toute la durée du contrat.

16. En ce qui concerne le contenu des programmes de formation :

A. Les contractants devraient :

1. Dès que possible, aborder la question du contenu et des dates des programmes de formation avec la Commission juridique et technique;

2. Arrêter une série de formations en consultation avec la Commission et l'État de patronage;

3. Tenir compte des besoins des pays en développement et du secrétariat (Entreprise) en matière de formation et de renforcement des capacités lorsqu'ils mettent au point leurs programmes de manière à couvrir le plus grand nombre de sujets possibles;

4. Assurer la formation d'au moins 10 stagiaires durant chacune des tranches quinquennales du contrat;

5. Au besoin, adapter le contenu et les dates des formations en fonction des besoins qui se font jour durant la durée du contrat;

6. Faire une contribution à titre gracieux à l'Autorité qui soit expressément assignée à des activités de formation lorsque les circonstances empêchent l'organisation de formations;

7. Faire leur possible pour éviter que des stagiaires potentiels dignes d'intérêt qui s'inscrivent à ces formations soient pénalisés en raison de facteurs qui échappent à leur contrôle (par exemple, la barrière de la langue) et s'efforcer de leur proposer des solutions de rechange équivalentes;

B. La Commission juridique et technique devrait :

1. Connaître le mieux possible les besoins de formation des États en développement qui ont proposé des candidats;

2. Savoir quels sont les programmes de formation et de renforcement des capacités qui répondent aux besoins de l'Entreprise;

3. Savoir quelles formations pourraient être tenues en lien avec le plan de travail quinquennal du contractant;

4. Savoir quels ont été les résultats des programmes de formation antérieurs afin d'orienter les activités de planification et de programmation;

C. Le Secrétaire général devrait :

1. Renforcer les capacités et les ressources du secrétariat pour lui permettre de se consacrer exclusivement aux activités de formation et de renforcement des capacités. L'important serait de mettre au point un système d'information puis une base de données pour recenser les besoins de formation des pays en développement;

2. À court terme, concevoir des applications électroniques et des formulaires de candidature qui permettent de cerner le plus précisément le candidat et ses besoins en matière de formation;

3. Recueillir et stocker des informations sur d'autres programmes et institutions de formation, et les partenaires potentiels;

4. À des fins de planification, établir un programme à plus long terme sur les besoins et les priorités des pays, dont la Commission puisse se servir dans ses discussions avec les contractants;

5. Prendre en compte les recommandations de la Commission lors de la discussion et de la négociation des programmes de formation avec les contractants.

V. Affectation des candidats aux formations

17. Jusqu'à présent, l'organisation des formations était un processus réactif conditionné par l'offre du contractant. Si les pays manifestaient leur intérêt, une décision était prise sur la base de la liste des candidats retenus établie par la Commission. Si le but d'une formation est de répondre aux besoins existants, alors il faut adopter une attitude plus volontariste. L'Autorité doit définir les capacités, les processus et le système qui lui permettront d'orienter le programme de formation au lieu de se contenter de répondre aux offres qui lui sont adressées.

18. Les recommandations suivantes sont adressées aux différentes parties.

A. Le contractant devrait :

1. Communiquer au secrétariat le plus d'informations possible sur son plan de travail et les programmes de formation correspondants qu'il propose, y compris le nombre de places offertes, les dates et toute autre modalité liée à la fourniture des formations;

2. Spontanément informer l'Autorité des nouvelles formations proposées et de tout changement apporté à celles déjà dispensées;

3. Encourager les candidats intéressés et les États les présentant à faire acte de candidature auprès de l'Autorité en utilisant les formulaires adaptés;

4. Une fois le programme de formation approuvé, être en liaison étroite avec le secrétariat concernant les candidats qui auront été retenus pour régler certaines questions, comme l'obtention des visas ou la communication des titres universitaires;

B. L'État de patronage, en particulier s'il s'agit d'un pays en développement, devrait :

1. Communiquer au secrétariat des renseignements complets sur les candidats qu'il propose;

2. Dans la mesure du possible, veiller à ce que ses besoins en matière de formation aient été définis dans un accord bilatéral et dans les conditions de son patronage;

3. Informer le secrétariat si ses besoins de formation excèdent ceux qui sont définis dans l'accord bilatéral et ne pourront être satisfaits par le contractant;

C. Le secrétariat devrait :

1. À court terme, faire connaître le plus largement et le plus rapidement possible quelles sont les activités de formation proposées au moyen de notifications officielles adressées aux États membres et de contacts directs avec les membres de la Commission, les organisations internationales pertinentes, les établissements scientifiques et d'autres parties intéressées;

2. Trouver des moyens d'encourager les ressortissants de pays en développement à participer en plus grand nombre aux activités de formation de l'Autorité;

3. Mettre au point un programme de renforcement des capacités et développer les capacités, les politiques, les stratégies et les programmes nécessaires pour :

a) Recevoir les candidatures et dresser la liste des candidats qualifiés;

b) Coordonner les demandes de formation et notamment mettre en rapport les besoins des pays et avec les qualifications des candidats;

c) Faire le point à chaque réunion avec la Commission sur les formations dispensées et les candidatures reçues;

d) En consultation avec les contractants, aider à choisir les candidats adéquats à partir d'une liste préapprouvée par la Commission, ou l'un de ses sous-groupes, en fonction des programmes proposés;

4. Veiller à ce que la Commission soit constamment tenue informée de façon à ce qu'elle puisse assumer ses fonctions de la manière la plus efficace;

D. À chacune de ses réunions, la Commission juridique et technique :

1. Nommera un sous-comité ou sous-groupe pour que les questions liées aux programmes de formation soient traitées de la manière la plus approfondie possible;

2. Examinera toutes les candidatures qui lui auront été transmises;

3. Arrêtera, sur la base de critères transparents, une liste de candidats préapprouvés à partir des informations reçues du secrétariat;

4. Fournira des orientations sur le profil et les préférences des candidats, tout en tenant compte des programmes proposés;

5. Procédera à des examens réguliers pour assurer une répartition géographique équitable des stagiaires.

VI. Procédure d'établissement de rapports

19. Dans un souci de respect des principes de responsabilité et de transparence, il est nécessaire de mettre en place une procédure officielle d'établissement de rapport sur les activités de formation. La procédure décrite ci-après permettrait d'améliorer l'analyse des formations offertes et de planifier plus efficacement les programmes futurs en fonction des demandes et des besoins des pays en développement. Les recommandations suivantes sont adressées aux différentes parties :

A. Le contractant devrait :

1. Dans son rapport annuel, donner des informations sur les formations dispensées durant l'année couverte;

2. Dans son plan de travail, faire figurer tout changement apporté aux programmes de formation;

3. Tenir compte des orientations données par la Commission lors de la présentation initiale du programme de formation et modifier, au besoin, le programme en fonction de l'évolution des circonstances;

B. Les stagiaires devraient être tenus de :

1. Remettre un rapport à la fin de leur formation dans lequel ils expliqueront ce que la formation leur a apporté en indiquant de manière objective, si possible, si leurs attentes ont été satisfaites. Le rapport sera communiqué à l'Autorité, au contractant et à l'État présentant le candidat. Ils veilleront à ne rien divulguer qui soit confidentiel ou qui puisse nuire aux intérêts commerciaux ou aux droits de propriété intellectuelle du contractant;

2. Remettre un rapport cinq ans après la fin de leur formation pour faire le point sur les bénéfices à long terme de la formation. L'État présentant le candidat doit veiller à ce que les stagiaires respectent cette obligation;

3. Formuler toute observation ou fournir toute information qui puisse aider la Commission à formuler des orientations sur les programmes de formation à venir. Les stagiaires devraient indiquer ce qu'ils ont retiré de la formation ou ce qu'ils ont pu transmettre à d'autres grâce à la formation;

4. Indiquer que, au besoin, ils pourraient se mettre à la disposition de l'Entreprise ou de pays en développement;

C. Le secrétariat devrait :

1. Faire le point sur le déroulement des programmes de formation à chaque réunion de la Commission, y compris les formations suivies par les candidats et les nouvelles candidatures reçues, afin de permettre aux membres de la Commission de donner des orientations;

2. Rester en contact avec les stagiaires des programmes antérieurs pour se tenir informé des bénéfices de la formation et des disponibilités futures;

3. Rendre compte des progrès accomplis dans les programmes de renforcement des capacités qu'il a lancés, par exemple en ce qui concerne l'Entreprise;

4. Remettre un rapport annuel à la Commission sur l'état des programmes de formation et de renforcement des capacités, y compris sur les résultats des formations pertinentes organisées grâce au Fonds de dotation et à tout partenariat mis en place avec d'autres institutions et organismes des Nations Unies;

D. La Commission juridique et technique s'attachera à :

1. Fournir des orientations complémentaires sur les formations en fonction des rapports reçus, y compris sur la forme, le contenu et la structure des programmes à venir, et fournir des conseils sur les critères permettant de sélectionner les candidats à venir;

2. Dans la mesure du possible, tenir un dossier sur toutes les activités menées au sein de la Zone et repérer les domaines d'intérêt scientifique ou technique, ou les lacunes, qui pourraient faire l'objet de formations ou de programmes de recherche scientifique marine;

3. Rendre compte au Conseil dans le cadre des rapports qu'elle lui présente régulièrement.

VII. Procédure d'examen

20. Il est recommandé que le secrétariat suive l'efficacité des formations organisées sur la base des présentes recommandations et procède à leur évaluation périodique.

21. Les présentes recommandations devraient être examinées et actualisées à intervalles réguliers.

VIII. Avertissement

22. Rien dans les présentes recommandations ne devrait être contraire au but et à l'objet du Règlement.

Annexe

Tableau récapitulatif

(À remplir par le contractant)

Type de formation proposée (précisez le nombre total)	
Institutions autres que le contractant qui participent à la fourniture des formations	
Objectifs du programme de formation	
Compétences enseignées ou développées	
Calendrier des activités de formation	
Années durant lesquelles la formation aura lieu	
Nombre de stagiaires prévus (par année)	
Suggestions concernant la sélection des stagiaires potentiels (connaissance linguistiques, qualifications requises, etc.)	

Autorité internationale des fonds marins — ISBA/21/LTC/11

Commission juridique et technique

Distr. générale
14 avril 2015
Français
Original : anglais

Vingt et unième session
Kingston (Jamaïque)
13-24 juillet 2015

Recommandations à l'usage des contractants pour l'établissement de rapports concernant les dépenses d'exploration directes et effectives

Document publié par la Commission juridique et technique

Agissant en application de l'article 39 du Règlement relatif à la prospection et à l'exploration des nodules polymétalliques dans la Zone, de l'article 41 du Règlement relatif à la prospection et à l'exploration des sulfures polymétalliques dans la Zone et de l'article 41 du Règlement relatif à la prospection et à l'exploration des encroûtements cobaltifères de ferromanganèse dans la Zone, la Commission juridique et technique émet les recommandations ci-après à l'attention des contractants.

I. Introduction

1. Les « Règlements » auxquels renvoient les présentes recommandations à l'usage des contractants s'entendent collectivement du Règlement relatif à la prospection et à l'exploration des nodules polymétalliques dans la Zone, du Règlement relatif à la prospection et à l'exploration des sulfures polymétalliques dans la Zone et du Règlement relatif à la prospection et à l'exploration des encroûtements cobaltifères de ferromanganèse dans la Zone. Les références aux « clauses types » sont des références aux clauses générales applicables au contrat en question.

2. Ces recommandations ont pour objet de fournir aux contractants des orientations sur les points suivants :

   a) Les livres, pièces et écritures comptables à tenir conformément à l'article 9 de l'annexe 4 des Règlements;

   b) Le recensement des principes comptables internationalement reconnus;

c) La présentation des renseignements financiers dans les rapports annuels qui doivent être soumis conformément à l'article 10 de l'annexe 4 des Règlements;

d) La définition des dépenses directes et effectives d'exploration visées à l'article 10.2 c) de l'annexe 4 des Règlements;

e) La forme que doit revêtir la certification des dépenses directes et effectives d'exploration.

3. Sauf indication contraire, les termes et expressions définis dans les Règlements ont la même signification dans les présentes recommandations.

4. L'obligation de présenter des rapports financiers détaillés répond à un double souci. En premier lieu, il s'agit de faire preuve de la diligence voulue, exigence communément énoncée dans les contrats d'exploration et d'exploitation de ressources minières afin de permettre une quantification objective de la façon dont le contractant respecte son plan de travail. À cet égard, le contractant est tenu, dans le cadre du processus de demande d'approbation d'un plan de travail relatif à l'exploration, de fournir un programme d'activités quinquennal assorti d'un calendrier des dépenses annuelles prévues. Conformément aux clauses types (art. 4.2 de l'annexe 4 des Règlements), le contractant doit pour chaque année de contrat consacrer aux dépenses directes et effectives d'exploration un montant au moins équivalant à celui qui est prévu dans le programme d'activités ou dans toute modification y afférente. Le rapport financier annuel est donc le seul moyen qu'a l'Autorité de vérifier objectivement si le contractant se conforme à ces dispositions.

5. La seconde raison pour laquelle des rapports financiers sont demandés peut intéresser directement le contractant. Il est d'usage, dans l'industrie minière, de permettre de compenser une part des dépenses de mise en valeur d'un site minier par les recettes attendues de la production. En ce qui concerne l'exploitation minière des fonds marins, l'article 13 de l'annexe III de la Convention des Nations Unies sur le droit de la mer définit la notion de « dépenses de mise en valeur » et prévoit la possibilité d'en recouvrer le montant dans certaines circonstances. Du fait de l'Accord relatif à l'application de la Partie XI de la Convention, ces dispositions ne s'appliquent plus, mais l'article 10.2 c) de l'annexe 4 des Règlements prévoit la possibilité pour l'Autorité de décider le moment venu que certains éléments des dépenses de mise en valeur pourront faire l'objet d'un recouvrement et que le contractant pourra présenter de telles dépenses comme faisant partie des dépenses de mises en valeur encourues avant le démarrage de la production commerciale. Aussi est-il particulièrement important de disposer de moyens de vérifier objectivement le montant de ces dépenses, leur lien avec le programme d'activités et s'il s'agit bien de dépenses directes et effectives d'exploration.

II. Livres, pièces et écritures comptables

6. L'article 9 de l'annexe 4 des Règlements impose au contractant de tenir « une série complète et appropriée de livres, comptes et états financiers conformes aux principes comptables internationalement reconnus ». Aux fins des Règlements, la Commission recommande que les contractants adoptent et appliquent les Normes internationales d'information financière adoptées par le Conseil international des normes comptables, en particulier la norme 6, qui a trait à l'établissement de rapports financiers concernant les dépenses engagées au titre de l'exploration et de

l'évaluation des ressources minérales. En outre, afin de garantir la comparabilité avec les précédents états financiers du contractant, ainsi qu'avec les états financiers des autres contractants, tous les états financiers, y compris l'état financier qui doit figurer dans le rapport annuel requis au titre de l'article 10 de l'annexe 4 des Règlements, doivent être fournis selon les modalités prévues par la norme internationale d'information financière 1.

III. Présentation des renseignements financiers

7. L'article 9 de l'annexe 4 des Règlements exige aussi que ces livres, pièces et états financiers renseignent pleinement sur les dépenses engagées effectivement et directement aux fins d'exploration et fournissent tous autres renseignements susceptibles de faciliter un audit effectif de ces dépenses. Les renseignements que les contractants doivent fournir devraient donc permettre de recenser, en les expliquant, les montants figurant dans les états financiers au titre de l'exploration et de l'évaluation des ressources minérales. À cet effet, il est recommandé aux contractants d'expliciter leur politique comptable en matière de dépenses d'exploration et d'évaluation, y compris la reconnaissance des avoirs en matière d'exploration et d'évaluation. Ils doivent aussi communiquer le montant des avoirs, charges, recettes et dépenses de fonctionnement et d'investissement ainsi que des flux de trésorerie liés à la prospection et à l'évaluation des ressources minérales.

8. Les états financiers doivent recouvrir la même période que la période comptable et doivent normalement correspondre à l'année civile. Lorsque cela n'est pas possible, par exemple, parce que le pays dans lequel le contractant est basé a un exercice différent, le contractant doit indiquer l'exercice comptable et, dans la mesure du possible, fournir un résumé proportionnel des dépenses correspondant à l'année de notification.

9. L'état financier doit être conforme au projet de programme d'activités, y compris le projet de calendrier des dépenses annuelles, lequel figure dans le tableau 2 du contrat pour la période de temps équivalente. Tout écart par rapport au projet de programme d'activités ou au calendrier de dépenses annuelles doit être signalé clairement et expliqué, sur la base d'un ajustement formel du projet de programme ayant fait l'objet d'un accord entre les parties.

10. Lorsqu'une activité d'exploration s'étend au-delà de l'exercice comptable, les dépenses indiquées ne doivent porter que sur des activités menées à bien au cours de l'exercice comptable pertinent. Il convient de les distinguer sans équivoque des coûts liés à des activités d'exploration passées, précédentes ou futures.

11. Il convient également d'indiquer les cas où aucune dépense n'a été engagée.

IV. Dépenses directes et effectives d'exploration

12. Conformément aux Règlements, les dépenses indiquées doivent se rapporter uniquement aux coûts directs et effectifs d'exploration. Toutes les dépenses encourues durant une période donnée ne peuvent pas être considérées comme des coûts directs et effectifs d'exploration. Généralement, on entend par dépenses directes et effectives d'exploration celles qui étaient nécessaires pour mener à bien des activités d'exploration de la ressource visée dans le contrat durant l'exercice

comptable considéré, conformément au programme d'activités exposé dans le contrat d'exploration. Ces coûts doivent être précisés comme il se doit dans la ventilation des dépenses.

13. Conformément à l'article 1.3 des Règlements, on entend par « exploration » la recherche avec droits exclusifs de gisements dans la Zone, l'analyse de ces gisements, l'essai des procédés et du matériel de collecte, des installations de traitement et des systèmes de transport, ainsi que la réalisation d'études des facteurs environnementaux, techniques, économiques, commerciaux et autres à prendre en considération dans l'exploitation. On peut donc considérer comme dépenses liées à l'exploration celles qui concernent les activités énumérées dans la définition du terme « exploration ». La norme internationale d'information financière 6 fournit aussi une liste non exhaustive d'exemples de dépenses qui pourraient figurer dans l'évaluation initiale des avoirs d'exploration et d'évaluation. Pour être considérées comme directes, les dépenses doivent être liées directement aux activités d'exploration menées conformément au programme de travail exposé dans le contrat. On trouvera en annexe un modèle de présentation des dépenses directes et effectives d'exploration.

14. Les dépenses indiquées doivent aussi être liées à des coûts effectifs. Autrement dit, elles doivent avoir été encourues effectivement, ce qui exclut les coûts indicatifs, estimatifs ou prévisionnels. Les dépenses effectives doivent aussi correspondre dans le temps aux dépenses encourues durant l'exercice, ce qui exclut les dépenses liées aux activités passées ou futures d'exploration. Les dépenses effectives peuvent différer des dépenses prévisionnelles mais cette différence doit être expliquée dans le rapport.

V. Certification des états financiers

15. En vertu des clauses types figurant dans les contrats d'exploration, les états financiers indiquant les dépenses directes et effectives d'exploration encourues par le contractant dans l'exécution du programme d'activités doivent être certifiés durant l'année comptable par une firme dûment qualifiée d'experts-comptables ou, si le contractant est un État ou une entreprise d'État, par l'État qui patronne.

16. Afin d'éviter toute confusion à cet égard, lorsque le contractant est un État ou une entreprise d'État, il doit préciser dans son rapport annuel quelle entité de l'État qui patronne est habilitée à certifier les états financiers.

17. La date de réception de la certification doit être la même que celle qui s'applique aux autres éléments des rapports annuels, c'est-à-dire qu'elle ne doit pas être postérieure au 31 mars. Lorsque cela n'est pas possible, par exemple parce que l'autorité qui certifie applique un exercice fiscal différent, le contractant doit indiquer la date envisagée pour la présentation du rapport annuel. Une fois la certification disponible, le contractant doit transmettre celle-ci immédiatement au Secrétaire général.

Annexe

Présentation recommandée des dépenses directes et effectives d'exploration

1. Le rapport relatif aux dépenses devrait comporter les rubriques suivantes :

   • **Activités d'exploration**
   – Recherches et analyses, y compris sur le terrain;
   – Matériel et instruments.

   • **Études environnementales**
   – Recherches et analyses, y compris sur le terrain;
   – Matériel et instruments.

   • **Mise au point de techniques extractives**
   – Recherches et analyses, y compris sur le terrain;
   – Matériel et instruments.

   • **Mise au point de procédés métallurgiques**
   – Recherches et analyses, y compris sur le terrain;
   – Matériel et instruments.

   • **Formation**

   • **Autres activités**
   – Établissement du rapport annuel;
   – Toute dépense directe et effective d'exploration non visée aux rubriques ci-dessus mais relevant du programme d'activités prévues au titre du contrat.

2. Lorsqu'une dépense peut être attribuée à plusieurs activités, il convient de l'inscrire dans une seule rubrique afin d'éviter qu'elle soit prise en compte plus d'une fois.

3. Dans la mesure du possible, les dépenses de chaque rubrique doivent être ventilées en : a) dépenses de fonctionnement; b) dépenses d'équipement; c) dépenses de personnel; et d) frais généraux. Si une campagne océanographique a eu lieu, il convient de préciser le coût journalier de la navigation et de tout équipement important utilisé durant cette campagne.

4. Toute dépense d'équipement concernant un seul élément et dépassant 200 000 dollars par an doit être détaillée dans le rapport.

Autorité internationale des fonds marins

ISBA/21/LTC/15

Commission juridique et technique

Distr. générale
4 août 2015
Français
Original : anglais

Recommandations à l'intention des contractants sur le contenu, le format et la structure des rapports annuels

1. Agissant en application de l'article 39 du Règlement relatif à la prospection et à l'exploration des nodules polymétalliques dans la Zone, de l'article 41 du Règlement relatif à la prospection et à l'exploration des sulfures polymétalliques dans la Zone et de l'article 41 du Règlement relatif à la prospection et à l'exploration des encroûtements cobaltifères de ferromanganèse dans la Zone, la Commission juridique et technique de l'Autorité internationale des fonds marins émet les présentes recommandations à l'intention des contractants.

I. Introduction

2. Les « Règlements » auxquels renvoient les présentes recommandations s'entendent collectivement du Règlement relatif à la prospection et à l'exploration des nodules polymétalliques dans la Zone, du Règlement relatif à la prospection et à l'exploration des sulfures polymétalliques dans la Zone et du Règlement relatif à la prospection et à l'exploration des encroûtements cobaltifères de ferromanganèse dans la Zone. Les références aux « clauses » sont des références aux clauses générales applicables à un contrat donné.

3. Ces recommandations ont pour objet de fournir aux contractants des orientations sur le contenu, le format et la structure de leurs rapports annuels. Elles comprennent des exigences générales relatives à ces rapports, ainsi que des directives particulières concernant la présentation de rapports relatifs aux activités d'exploration de nodules polymétalliques, de sulfures polymétalliques et d'encroûtements cobaltifères de ferromanganèse, menées sous contrat. Les recommandations remplacent les directives de la Commission figurant dans l'annexe au document ISBA/8/LTC/2 et devraient être appliquées par tous les contractants à partir du 1er janvier 2016.

II. Exigences générales

4. Les rapports annuels, qui doivent parvenir au Secrétaire général à la fin du mois de mars de chaque année, portent sur les activités menées au cours de l'année précédente et contiennent les informations demandées à l'article 10 de l'annexe IV des Règlements.

5. Les rapports doivent être communiqués sur support papier et sous forme électronique et toutes les données environnementales et géologiques doivent être présentées dans un format numérique et géoréférencé compatible avec les exigences de l'Autorité en utilisant les modèles publiés par la Commission et énumérés à l'annexe IV au présent document.

6. Les rapports doivent présenter les résultats des travaux de la période considérée concernant le plan de travail approuvé relatif à l'exploration. Le contractant doit indiquer ses objectifs à court terme (1 an), à moyen terme (5 ans) et à long terme (10 à 15 ans). Les rapports doivent contenir des informations sur la gestion du projet de façon à offrir une vue d'ensemble du déroulement du programme de travail et, le cas échéant, des activités de formation.

7. Les rapports doivent indiquer clairement les travaux effectués durant la période considérée.

III. Directives particulières

8. Le contenu, le format et la structure recommandés pour les rapports annuels relatifs aux activités d'exploration de nodules polymétalliques menées sous contrat figurent à l'annexe I.

9. Le contenu, le format et la structure recommandés pour les rapports annuels relatifs aux activités d'exploration de sulfures polymétalliques menées sous contrat figurent à l'annexe II.

10. Le contenu, le format et la structure recommandés pour les rapports annuels relatifs aux activités d'exploration d'encroûtements cobaltifères de ferromanganèse menées sous contrat figurent à l'annexe III.

11. La liste des modèles devant être utilisés pour la présentation des données géologiques et environnementales figure à l'annexe IV.

12. Les normes de classification de l'Autorité, adoptées par la Commission, qui régissent la présentation des rapports sur les évaluations des résultats des travaux d'exploration minérale ainsi que sur les ressources et réserves minérales, figurent à l'annexe V.

Annexe I

Contenu, format et structure des rapports annuels relatifs aux activités d'exploration de nodules polymétalliques menées sous contrat

I. Résumé

1. Le contractant est prié de présenter un résumé des principales réalisations et des principaux problèmes pour l'année 20xx [indiquer l'année] (quatre pages maximum).

II. Généralités

2. Le contractant est prié de fournir :

a) Des informations sur les aménagements apportés au programme d'activité, le cas échéant, pour 20xx [indiquer l'année];

b) Une réponse aux observations de l'Autorité internationale des fonds marins, le cas échéant, sur le rapport annuel précédent;

III. Résultat des travaux d'exploration

3. Programme prévu et état d'achèvement

Le contractant est prié de présenter un rapport sur le programme de travail annuel qui a été réalisé et de fournir des informations sur tout changement par rapport au programme prévu.

4. Méthodes et matériel

Le contractant est prié d'énumérer et de décrire les méthodes appliquées et le matériel utilisé pour la cartographie, l'échantillonnage ou toute autre activité d'exploration des fonds marins et de leur sous-sol au cours de ses campagnes de mesures.

a) Cartographie

Le contractant est prié de donner une description générale des méthodes, du matériel d'acquisition et des procédures (étalonnage, détails sur l'installation, etc.) qui ont été utilisés pour étudier la zone d'exploration. L'Autorité sait que ces méthodes peuvent comprendre, sans s'y limiter :

i) Un sondage acoustique à faisceau unique et à faisceaux multiples (échosondeur monté en coque et/ou à partir de véhicules télécommandés ou de véhicules sous-marins autonomes);

ii) Un profilage par sonar à balayage latéral (effectué par remorquage depuis le navire ou par véhicules télécommandés, véhicules sous-marins autonomes ou autres);

iii) Un sondage de sédiments;

iv) Des photographies et des enregistrements vidéo réalisés à l'aide de bennes preneuses dotées d'une caméra vidéo, de traîneaux, de véhicules télécommandés, de véhicules sous-marins autonomes, de submersibles ou autres.

b) Un échantillonnage

Le contractant est prié de donner une description générale du programme d'échantillonnage qui a été réalisé, y compris une description du matériel d'échantillonnage et de ses méthodes d'utilisation, à savoir les carottiers, les bennes, les dragues ou autre méthode et matériel. Cette description doit être formulée en vue d'étayer la présentation des données géologiques et environnementales sur les nodules polymétalliques dans les modèles appropriés (voir annexe IV).

c) Autres activités

Le contractant est prié de donner une description générale de toute autre activité permettant de recueillir des données et des informations pertinentes relatives aux fonds marins ou à la subsurface.

5. Données recueillies

Le contractant est prié de communiquer les données recueillies lors de la cartographie, l'échantillonnage ou la conduite de toute autre activité d'exploration des fonds marins et de leur sous-sol au cours de ses campagnes de mesures.

a) Données de navigation

Des informations complètes sur la navigation à l'aide de coordonnées géographiques doivent figurer dans tous les ensembles de données. Toutefois, pour en faciliter la consultation, les contractants sont également invités à fournir des fichiers électroniques distincts, ainsi que les coordonnées de chacun des éléments suivants :

i) Sites de prélèvement;

ii) Trajet de levé des données obtenues par sondeur multifaisceaux et sonar et des données sismiques;

iii) Route du navire.

b) Bathymétrie

L'Autorité attend du contractant qu'il transmette les données bathymétriques recueillies et traitées sous forme de fichiers numériques XYZ au format ASCII (American Standard Code for Information Interchange) ou dans un format compatible avec le système SIG (système d'information géographique). La séquence de traitement doit être entièrement décrite.

c) Données obtenues par sonar à balayage latéral et données sismiques

L'Autorité attend du contractant qu'il transmette les données recueillies sous forme de fichiers numériques (SEG-Y ou XTF) et/ou d'images à haute résolution (JPG, PDF, TIFF, etc.).

d) Photographies et vidéos

L'Autorité attend du contractant qu'il transmette les photographies et les vidéos sous forme d'images représentatives à haute résolution (JPG, PDF, TIFF, etc.).

e) Caractéristiques des nodules

Les nodules se caractérisent par leur abondance, leur morphologie, leur composition minérale et leurs propriétés chimiques et physiques. Le contractant est prié de donner une description générale de ces caractéristiques et des méthodes analytiques appliquées. Les résultats spécifiques des analyses des nodules et des substrats sur chaque site d'échantillonnage doivent être présentés sous forme de tableau selon le modèle de présentation des données géologiques sur les nodules polymétalliques (voir annexe IV).

6. Interprétations et évaluations

Le contractant est prié de rendre compte des résultats des interprétations de la géologie du gisement et des évaluations des ressources réalisées sur la base des données recueillies.

a) Interprétations du gisement de minéraux

Les interprétations du contractant concernant les différents aspects du gisement de minéraux peuvent être illustrées par un ensemble de cartes accompagnées de commentaires, par exemple sur la bathymétrie, la morphologie des fonds marins, la géologie ou la lithologie, l'abondance de nodules et la répartition des métaux et des ressources (sous forme de fichiers de type Shape et d'images numériques).

b) Estimation des ressources minérales

Lorsqu'il est rendu au stade de l'estimation des ressources des gisements de minéraux, le contractant doit présenter en détail les éléments suivants :

i) La méthode d'estimation;

ii) La classification des ressources/réserves, présentée conformément aux normes de présentation de l'Autorité (voir annexe V).

c) Le rapport doit également contenir un état de la quantité de nodules prélevés à titre d'échantillons ou à des fins d'expérimentation (même si la quantité est nulle).

7. Stratégie future en matière d'exploration

Le contractant est prié de rendre compte de tout changement prévu dans sa future stratégie d'exploration.

IV. Profil écologique témoin (suivi et évaluation)

8. Pour toute information sur le profil écologique témoin, le contractant doit se référer aux recommandations à l'intention des contractants en vue de l'évaluation

d'éventuels impacts sur l'environnement liés à l'exploration des minéraux marins dans la Zone (ISBA/19/LTC/8, sect. III).

A. Surveillance environnementale

9. Le contractant est également prié de fournir :

a) Une description des objectifs au cours de la période considérée (prévus, en cours et atteints);

b) Des informations sur le matériel technique et les méthodes utilisés en profondeur, à bord et en laboratoire (y compris les logiciels d'analyse);

c) Les résultats obtenus (également résumés sous forme de représentations graphiques des données sur lesquelles les résultats sont basés);

d) Une interprétation des conclusions, y compris des comparaisons avec des données publiées émanant d'autres études;

e) Des informations sur l'océanographie physique (caractéristiques de la colonne d'eau et des courants près du lit, y compris la vitesse et la direction des courants, les températures, la turbidité de l'eau à différentes profondeurs et la modélisation hydrodynamique). Les données doivent être liées à des observations à partir de mouillages à long terme;

f) Des informations sur l'océanographie chimique (caractéristiques de l'eau de mer, y compris la valeur du pH, l'oxygène dissous, l'alcalinité totale, les concentrations de nutriments, le carbone organique dissous et particulaire, l'estimation du flux de masse, les métaux lourds, les éléments traces et la chlorophylle a);

g) Des informations sur les études relatives aux communautés biologiques et à la diversité biologique (y compris la mégafaune, la macrofaune, la méiofaune, la microflore, la faune associée aux nodules, les nécrophages démersaux et les communautés pélagiques);

h) Des informations sur le fonctionnement des écosystèmes (mesures de la bioturbation, isotopes stables et consommation d'oxygène de la communauté sédimentaire).

B. Évaluation environnementale

10. Le contractant est prié de fournir :

a) Des informations sur l'impact écologique des activités d'exploration, y compris sur un programme de surveillance avant, pendant et après certaines activités susceptibles de causer des dommages graves;

b) Une déclaration attestant que les activités entreprises dans la zone visée par le contrat pendant la période couverte par le rapport annuel n'ont pas causé de dommages graves, et des précisions sur la manière dont les faits ont été établis.

c) Des informations sur l'impact écologique des activités liées aux essais d'extraction, mesuré dans les zones témoins;

d) Une évaluation de la fiabilité/puissance statistique, compte tenu du nombre et de la taille des échantillons et, s'agissant des communautés biologiques, de l'abondance de chacune des espèces (données ayant une incidence statistique);

e) Une analyse des lacunes et une stratégie future pour atteindre les objectifs du programme d'activité quinquennal et satisfaire aux exigences énoncées dans le document ISBA/19/LTC/8;

f) Un examen de la régénération au fil du temps des communautés des fonds marin après les expériences de perturbation réalisées à ce niveau;

g) Une évaluation des avantages et des inconvénients des différentes méthodes d'échantillonnage et d'analyse, y compris le contrôle de la qualité;

h) Une comparaison des résultats sur le plan environnemental dans des zones analogues pour comprendre la distribution des espèces et leur dispersion à l'échelle des bassins océaniques.

11. Toutes les données utilisées dans le rapport (figures, graphiques et illustrations) doivent être présentées à l'aide du modèle Excel pour les données environnementales sur les nodules polymétalliques (voir annexe IV).

V. Essais d'extraction et techniques extractives proposées

12. Le contractant est prié de fournir :

a) Des données et des informations sur la nature du matériel d'extraction conçu et mis à l'essai, le cas échéant, ainsi que des données sur l'utilisation du matériel non conçu par le contractant;

b) Une description du matériel, des opérations et des résultats des essais d'extraction;

c) Une description de la nature et des résultats des expériences (le cas échéant);

d) En ce qui concerne les techniques extractives, des informations sur les progrès technologiques réalisés par le contractant dans le cadre de son programme de mise au point de systèmes d'extraction (par exemple, collecteurs, colonnes montantes, navire de production ou autre);

e) En ce qui concerne les techniques de traitement :

i) Des informations sur le traitement des minéraux, les essais métallurgiques et les méthodes de traitement, en déterminant, par exemple, s'il s'agit de trois métaux, de cinq métaux, d'éléments de terre rare ou autre;

ii) Des informations sur d'autres méthodes.

VI. Programme de formation

13. Le contractant est prié de fournir des informations détaillées sur la mise en œuvre du programme de formation, conformément à l'annexe 3 du contrat, en tenant compte des exigences énoncées dans les recommandations concernant les

programmes de formation au titre des plans de travail relatifs à l'exploration, formulées à l'intention des contractants et des États qui les patronnent (ISBA/19/LTC/14).

VII. Coopération internationale

14. Le contractant est prié de fournir des informations sur :

   a) Sa participation aux programmes de coopération parrainés par l'Autorité;

   b) Sa coopération avec d'autres contractants;

   c) D'autres formes de coopération internationale.

VIII. État financier certifié des dépenses d'exploration directes et effectives

15. Le contractant est prié de fournir un état financier détaillé qui respecte les recommandations à l'usage des contractants pour l'établissement de rapports concernant les dépenses d'exploration directes et effectives (ISBA/21/LTC/11), conformément à l'article 10 de l'annexe IV des Règlements.

IX. Programme d'activité pour l'année suivante

16. Le contractant est prié :

   a) D'indiquer brièvement les travaux qu'il est proposé d'effectuer l'année suivante;

   b) De décrire les aménagements qu'il est proposé d'apporter au programme d'activité initial pour l'année suivante dans le cadre du contrat;

   c) D'expliquer les raisons de ces aménagements.

X. Informations supplémentaires fournies par le contractant

17. Le contractant est prié de fournir :

   a) Une liste des publications pertinentes diffusées dans des revues spécialisées pendant l'année considérée;

   b) Des références complètes à tous les documents pertinents, communiqués de presse et publications scientifiques cités dans le rapport.

Annexe II

Contenu, format et structure des rapports annuels relatifs aux activités d'exploration de sulfures polymétalliques menées sous contrat

I. Résumé

1. Le contractant est prié de fournir un résumé des principales réalisations et des principaux problèmes pour l'année 20xx [indiquer l'année] (quatre pages maximum).

II. Généralités

2. Le contractant est prié de fournir :

   a) Des informations sur les aménagements apportés au programme d'activité, le cas échéant, pour 20xx [indiquer l'année];

   b) Une réponse aux observations de l'Autorité internationale des fonds marins, le cas échéant, sur le rapport annuel précédent.

III. Résultat des travaux d'exploration

3. Programme prévu et état d'achèvement

Le contractant est prié de présenter un rapport sur le programme de travail annuel qui a été réalisé et de fournir des informations sur tout changement par rapport au programme prévu.

4. Méthodes et matériel

Le contractant est prié d'énumérer et de décrire les méthodes appliquées et le matériel utilisé pour la cartographie, l'échantillonnage ou toute autre activité d'exploration des fonds marins et de leur sous-sol au cours de ses campagnes de mesures.

   a) Cartographie

   Le contractant est prié de donner une description générale des méthodes, du matériel d'acquisition et des procédures (étalonnage, détails sur l'installation, etc.) qui ont été utilisés pour étudier la zone d'exploration. L'Autorité sait que ces méthodes peuvent comprendre, sans s'y limiter :

   i) Un sondage acoustique à faisceau unique et à faisceaux multiples (échosondeur monté en coque et/ou à partir de véhicules télécommandés ou de véhicules sous-marins autonomes);

   ii) Une mesure de la conductivité, de la température et de la profondeur (CTP), soit par échantillonnage au moyen de bouteilles de prélèvement, soit à l'aide du dispositif tow-yo (mécanisme qui se meut de bas en haut et inversement dans la colonne d'eau pour mesurer des variables);

iii) Un profilage par sonar à balayage latéral (effectué par remorquage depuis le navire ou par véhicules télécommandés, véhicules sous-marins autonomes ou autres);

iv) Un sondage de sédiments;

v) Un profilage électromagnétique;

vi) Des photographies et des enregistrements vidéo réalisés à l'aide de bennes preneuses dotées d'une caméra vidéo, de traîneaux, de véhicules télécommandés, de véhicules sous-marins autonomes, de submersibles ou autres;

vii) Autres méthodes.

b) Un échantillonnage

Le contractant est prié de donner une description générale du programme d'échantillonnage qui a été réalisé, y compris une description du matériel d'échantillonnage et de ses méthodes d'utilisation, à savoir les carottiers, les bennes, les dragues, les véhicules télécommandés, les submersibles ou autre méthode et matériel. Cette description doit être formulée en vue d'étayer la présentation des données géologiques et environnementales sur les sulfures polymétalliques dans les modèles appropriés (voir annexe IV).

c) Autres activités

Le contractant est prié de donner une description générale de toute autre activité ayant permis de recueillir des données et des informations pertinentes relatives aux fonds marins ou à la subsurface.

5. Données recueillies

Le contractant est prié de communiquer les données recueillies lors de la cartographie, l'échantillonnage ou la conduite de toute autre activité d'exploration des fonds marins et de leur sous-sol au cours de ses campagnes de mesures.

a) Données de navigation

Des informations complètes sur la navigation à l'aide de coordonnées géographiques doivent figurer dans tous les ensembles de données. Toutefois, pour en faciliter la consultation, les contractants sont invités à fournir également des fichiers électroniques distincts, ainsi que les coordonnées de chacun des éléments suivants :

i) Sites de prélèvement;

ii) Trajet de levé des données obtenues par sondeur multifaisceaux et sonar et des données sismiques;

iii) Route du navire.

b) Bathymétrie

L'Autorité attend du contractant qu'il transmette les données bathymétriques recueillies et traitées sous forme de fichiers numériques xyz au format ASCII (American Standard Code for Information Interchange) ou dans un format compatible avec le système SIG (système d'information géographique). La séquence de traitement doit être entièrement décrite.

c) Données obtenues par sonar à balayage latéral et données sismiques

L'Autorité attend du contractant qu'il transmette les données recueillies sous forme de fichiers numériques (SEG-Y ou XTF) et/ou d'images à haute résolution (JPG, PDF, TIFF, etc.).

d) Données (électro)magnétiques

L'Autorité attend du contractant qu'il fournisse les données (électro)magnétiques recueillies sous forme de grilles numériques dans un format SIG courant.

e) Données relatives au potentiel électrique spontané.

L'Autorité attend du contractant qu'il transmette les données relatives au potentiel spontané recueillies sous forme de grilles numériques dans un format SIG courant.

f) Paramètres des eaux près du fond

L'Autorité attend du contractant qu'il transmette les données recueillies sur les eaux près du fond (température, salinité, turbidité ou transparence, Eh, pH et autres) sous forme de tableaux (Excel, txt, etc.) et de graphiques en format numérique.

g) Photographies et vidéos

L'Autorité attend du contractant qu'il transmette les photographies et les vidéos sous forme d'images représentatives à haute résolution (JPEG, PDF, TIFF, etc.).

h) Caractéristiques des sulfures polymétalliques

Les gisements de sulfures polymétalliques se caractérisent par leur composition minérale et leurs propriétés chimiques et physiques. Le contractant est prié de donner une description générale de ces caractéristiques et des méthodes analytiques appliquées au gisement minéral proprement dit et aux sédiments métallifères qui y sont associés. Les résultats spécifiques des analyses des sulfures polymétalliques, de la minéralisation à basse température et des substrats sur chaque site d'échantillonnage doivent être présentés sous forme de tableau selon le modèle de présentation des données géologiques sur les sulfures polymétalliques (voir annexe IV).

6. Interprétations et évaluations

Le contractant est prié de rendre compte des résultats des interprétations de la géologie du gisement et des évaluations des ressources réalisées sur la base des données recueillies.

a) Interprétations du gisement de minéraux

Les interprétations du contractant concernant les différents aspects du gisement de minéraux peuvent être illustrées par un ensemble de cartes accompagnées de commentaires, par exemple sur la bathymétrie, la morphologie des fonds marins, la géologie (y compris la délimitation du gisement), la lithologie, etc., (sous forme de fichiers de type Shape et d'images numériques).

b) Activité hydrothermale associée aux gisements

Dans le cas des gisements de sulfures polymétalliques, les informations sur l'activité hydrothermale associée présentent un intérêt particulier. Le contractant est prié de présenter les informations relatives aux champs actifs et inactifs comme suit :

i) Méthode de détection de l'activité hydrothermale :

– Observation directe (visualisation), à l'aide de photographies représentatives;

– Observation indirecte (anomalies dans la colonne d'eau), par échantillonnage au moyen de bouteilles de prélèvement, et/ou à l'aide du dispositif tow-yo (mécanisme qui se meut de bas en haut et inversement dans la colonne d'eau pour mesurer des variables).

c) Estimation des ressources minérales

Lorsqu'il est rendu au stade de l'estimation des ressources des gisements minéraux, le contractant doit présenter en détail les éléments suivants :

i) La méthode d'estimation;

ii) La classification des ressources/réserves, présentée conformément aux normes de présentation de l'Autorité (voir annexe V);

d) Le rapport doit également contenir un état de la quantité de sulfures polymétalliques prélevés à titre d'échantillons ou à des fins d'expérimentation (même si la quantité est nulle).

7. Stratégie future en matière d'exploration

Le contractant est prié de rendre compte de tout changement prévu dans sa future stratégie d'exploration.

IV. Profil écologique témoin (suivi et évaluation)

8. Pour toute information sur le profil écologique témoin, le contractant doit se référer aux recommandations à l'intention des contractants en vue de l'évaluation d'éventuels impacts sur l'environnement liés à l'exploration des minéraux marins dans la Zone (ISBA/19/LTC/8, sect. III).

A. Surveillance environnementale

9. Le contractant est prié de fournir :

a) Une description des objectifs au cours de la période considérée (prévus, en cours et atteints);

b) Des informations sur le matériel technique et les méthodes utilisés en profondeur, à bord et en laboratoire (y compris les logiciels d'analyse);

c) Les résultats obtenus (également résumés sous forme de représentations graphiques des données sur lesquelles les résultats sont basés);

d) Une interprétation des conclusions, y compris des comparaisons avec des données publiées émanant d'autres études;

e) Des informations sur l'océanographie physique (caractéristiques de l'eau de mer et des courants de fond, y compris la vitesse et la direction des courants, les températures, la turbidité de l'eau à différentes profondeurs, le transport sur les pentes et la modélisation hydrodynamique). Les données doivent également être liées à des observations faites à partir de mouillages à long terme pour les travaux d'exploration;

f) Des informations sur l'océanographie chimique (caractéristiques de l'eau de mer, y compris la valeur du pH, l'oxygène dissous, l'alcalinité totale, les concentrations de nutriments, le carbone organique dissous et particulaire, l'estimation du flux de masse, les métaux lourds, les éléments traces et la chlorophylle a);

g) Des informations sur les études relatives aux communautés biologiques et à la diversité biologique (y compris la diversité de l'habitat, la mégafaune, la macrofaune, la méiofaune, les tapis bactériens, les nécrophages démersaux et les communautés pélagiques);

h) Des informations sur le fonctionnement des écosystèmes (y compris les réseaux trophiques, les isotopes stables, les acides gras et le métabolisme du méthane et du sulfure d'hydrogène).

B. Évaluation environnementale

10. Le contractant est prié de fournir :

a) Des informations sur l'impact écologique des activités d'exploration, y compris sur un programme de surveillance avant, pendant et après certaines activités susceptibles de causer des dommages graves;

b) Une déclaration attestant que les activités entreprises dans la zone visée par le contrat pendant la période couverte par le rapport annuel n'ont pas causé de dommages graves, et des précisions sur la manière dont les faits ont été établis;

c) Des informations sur l'impact écologique des activités liées aux essais d'extraction, mesuré dans les zones témoins;

d) Une évaluation de la fiabilité/puissance statistique, compte tenu du nombre et de la taille des échantillons et, s'agissant des communautés biologiques, de l'abondance de chacune des espèces (données ayant une incidence statistique);

e) Une analyse des lacunes et une stratégie future pour atteindre les objectifs du programme d'activité quinquennal et satisfaire aux exigences énoncées dans le document ISBA/19/LTC/8;

f) Un examen de l'évolution et de la régénération des écosystèmes suite à des perturbations naturelles et anthropogéniques, y compris les activités de forage;

g) Une évaluation des avantages et des inconvénients des différentes méthodes d'échantillonnage et d'analyse, y compris le contrôle de la qualité;

h) Une comparaison des résultats sur le plan environnemental dans des zones analogues pour comprendre la distribution des espèces et leur dispersion à l'échelle des bassins océaniques.

11. Toutes les données utilisées dans le rapport (figures, graphiques et illustrations) doivent être présentées à l'aide du modèle Excel pour les données environnementales sur les sulfures polymétalliques (voir annexe IV).

V. Essais d'extraction et techniques extractives proposées

12. Le contractant est prié de fournir :

a) Des données et des informations sur la nature du matériel d'extraction conçu et mis à l'essai, le cas échéant, ainsi que des données sur l'utilisation du matériel non conçu par le contractant;

b) Une description du matériel, des opérations et des résultats des essais;

c) Une description de la nature et des résultats des expériences (le cas échéant);

d) En ce qui concerne les techniques extractives, des informations sur les progrès technologiques réalisés par le contractant dans le cadre de son programme de mise au point de systèmes d'extraction (par exemple, collecteurs, colonne montante, navire de production ou autre);

e) En ce qui concerne les techniques de traitement :

   i) Des informations sur le traitement des minéraux, les essais métallurgiques et les méthodes de traitement;

   ii) Des informations sur d'autres méthodes.

VI. Programme de formation

13. Le contractant est prié de fournir des informations détaillées sur la mise en œuvre du programme de formation, conformément à l'annexe 3 du contrat, en tenant compte des exigences énoncées dans les recommandations concernant le programme de formation au titre des plans de travail relatifs à l'exploration, formulées à l'intention des contractants et des États qui les patronnent (ISBA/19/LTC/14).

VII. Coopération internationale

14. Le contractant est prié de fournir des informations sur :

a) Sa participation aux programmes de coopération parrainés par l'Autorité;

b) Sa coopération avec d'autres contractants;

c) D'autres formes de coopération internationale.

VIII. État financier certifié des dépenses d'exploration directes et effectives

15. Le contractant est prié de fournir un état financier détaillé qui respecte les recommandations à l'usage des contractants pour l'établissement de rapports concernant les dépenses d'exploration directes et effectives (ISBA/21/LTC/11), conformément à l'article 10 de l'annexe IV des règlements.

IX. Programme d'activité pour l'année suivante

16. Le contractant est prié :

   a) D'indiquer brièvement les travaux qu'il est proposé d'effectuer l'année suivante;

   b) De décrire les aménagements qu'il est proposé d'apporter au programme d'activité initial pour l'année suivante dans le cadre du contrat;

   c) D'expliquer les raisons de ces aménagements.

IX. Informations supplémentaires fournies par le contractant

17. Le contractant est prié de fournir :

   a) Une liste des publications pertinentes diffusées dans des revues spécialisées pendant l'année considérée;

   b) Des références complètes à tous les documents pertinents, communiqués de presse et publications scientifiques cités dans le rapport.

Annexe III

Contenu, format et structure des rapports annuels relatifs aux activités d'exploration d'encroûtements cobaltifères de ferromanganèse menées sous contrat

I. Résumé

1. Le contractant est prié de fournir un résumé des principales réalisations et des principaux problèmes pour l'année 20xx [indiquer l'année] (quatre pages maximum).

II. Généralités

2. Le contractant est prié de fournir :

   a) Des informations sur les aménagements apportés au programme d'activité, le cas échéant, pour 20xx [indiquer l'année];

   b) Une réponse aux observations de l'Autorité internationale des fonds marins, le cas échéant, sur le rapport annuel précédent.

III. Résultat des travaux d'exploration

3. Programme prévu et état d'achèvement

   Le contractant est prié de présenter un rapport sur le programme de travail annuel qui a été réalisé et de fournir des informations sur tout changement par rapport au programme prévu.

4. Méthodes et matériel

   Le contractant est prié d'énumérer et de décrire les méthodes appliquées et le matériel utilisé pour la cartographie, l'échantillonnage ou toute autre activité d'exploration des fonds marins et de leur sous-sol au cours de ses campagnes de mesures.

   a) Cartographie

   Le contractant est prié de donner une description générale des méthodes, du matériel d'acquisition et des procédures (étalonnage, détails sur l'installation, etc.) qui ont été utilisés pour étudier la zone d'exploration. L'Autorité sait que ces méthodes peuvent comprendre, sans s'y limiter :

   i) Un sondage acoustique à faisceau unique et à faisceaux multiples (échosondeur monté en coque et/ou à partir de véhicules télécommandés ou de véhicules sous-marins autonomes);

   ii) Un profilage par sonar à balayage latéral (effectué par remorquage depuis le navire ou par véhicules télécommandés, véhicules sous-marins autonomes ou autres);

iii) Un sondage des sédiments (effectués au moyen de véhicules montés en coque ou télécommandés et de véhicules sous-marins autonomes);

iv) Des photographies et des enregistrements vidéo réalisés à l'aide de bennes preneuses dotées d'une caméra vidéo, de traîneaux, de véhicules télécommandés, de véhicules sous-marins autonomes, de submersibles ou autres;

v) D'autres méthodes (par exemple, détection de rayons gamma).

b) Échantillonnage

Le contractant est prié de donner une description générale du programme d'échantillonnage qui a été réalisé, y compris une description du matériel d'échantillonnage et de ses méthodes d'utilisation, à savoir les carottiers, les dragues, les véhicules télécommandés, les submersibles ou autre méthode et matériel. Cette description doit être formulée en vue d'étayer la présentation des données géologiques et environnementales sur les encroûtements cobaltifères de ferromanganèse dans les modèles appropriés (voir annexe IV);

c) Autres activités

Le contractant est prié de donner une description générale de toute autre activité ayant permis de recueillir des données et des informations pertinentes relatives aux fonds marins ou à la subsurface.

5. Données recueillies

Le contractant est prié de communiquer les données recueillies lors de la cartographie, l'échantillonnage ou la conduite de toute autre activité d'exploration des fonds marins et de leur sous-sol au cours de ses campagnes de mesures.

a) Données de navigation

Des informations complètes sur la navigation à l'aide de coordonnées géographiques doivent figurer dans tous les ensembles de données. Toutefois, pour en faciliter la consultation, les contractants sont invités à fournir également des fichiers électroniques distincts, ainsi que les coordonnées de chacun des éléments suivants :

i) Sites de prélèvement;

ii) Trajet de levé des données obtenues par sondeur multifaisceaux et sonar et des données sismiques;

iii) Route du navire.

b) Bathymétrie

L'Autorité attend du contractant qu'il transmette les données bathymétriques recueillies sous forme de fichiers numériques XYZ au format ASCII (American Standard Code for Information Interchange) ou dans un format compatible avec le système SIG (système d'information géographique).

c) Données obtenues par sonar à balayage latéral et données sismiques

L'Autorité attend du contractant qu'il transmette les données recueillies sous forme de fichiers numériques ((SEG-Y ou XTF) et/ou d'images à haute résolution (JPG, PDF, TIFF, etc.).

d) Photographies et vidéos

L'Autorité attend du contractant qu'il transmette les photographies et les vidéos sous forme d'images représentatives à haute résolution (JPG, PDF, TIFF, etc.).

e) Caractéristiques des encroûtements cobaltifères de ferromanganèse

Les gisements des encroûtements cobaltifères de ferromanganèse se caractérisent par leur épaisseur, la couverture de la croûte, leur composition minérale et leurs propriétés chimiques et physiques. Le contractant est prié de donner une description générale de ces caractéristiques et des méthodes analytiques appliquées. Les résultats spécifiques des analyses des encroûtements cobaltifères de ferromanganèse sur chaque site d'échantillonnage doivent être présentés sous forme de tableau selon le modèle de présentation des données géologiques sur les encroûtements cobaltifères de ferromanganèse (voir annexe IV).

6. Interprétations et évaluations

Le contractant est prié de rendre compte des résultats des interprétations de la géologie du gisement et des évaluations des ressources réalisées sur la base des données recueillies.

a) Interprétations du gisement de minéraux

Les interprétations du contractant concernant les différents aspects du gisement de minéraux peuvent être illustrées par un ensemble de cartes accompagnées de commentaires, par exemple sur la bathymétrie, la morphologie des fonds marins, la géologie et la lithologie, la couverture de la croûte, la répartition des métaux, l'épaisseur de la croûte et sa variation spatiale et régionale (y compris la variation avec la profondeur), sous forme de fichiers Shape et d'images numériques.

b) Estimation des ressources minérales

Lorsqu'il est rendu au stade de l'estimation des ressources des gisements de minéraux, le contractant doit présenter en détail les éléments suivants :

i) La méthode d'estimation;

ii) La classification des ressources/réserves, présentée conformément aux normes de présentation de l'Autorité (voir annexe V).

c) Le rapport doit également contenir un état de la quantité d'encroûtements cobaltifères de ferromanganèse prélevés à titre d'échantillons ou à des fins d'expérimentation (même si la quantité est nulle).

7. Stratégie future en matière d'exploration

Le contractant est prié de rendre compte de tout changement prévu dans sa future stratégie d'exploration.

IV. Profil écologique témoin (suivi et évaluation)

8. Pour toute information sur le profil écologique témoin, le contractant doit se référer aux recommandations à l'intention des contractants en vue de l'évaluation d'éventuels impacts sur l'environnement liés à l'exploration des minéraux marins dans la Zone (ISBA/19/LTC/8, sect. III).

A. Surveillance environnementale

9. Le contractant est prié de fournir :

a) Une description des objectifs au cours de la période considérée (prévus, en cours et atteints);

b) Des informations sur le matériel technique et les méthodes utilisés en profondeur, à bord et en laboratoire (y compris les logiciels d'analyse);

c) Les résultats obtenus (également résumés sous forme de représentations graphiques des données sur lesquelles les résultats sont basés);

d) Une interprétation des conclusions, y compris des comparaisons avec des données publiées émanant d'autres études;

e) Des informations sur l'océanographie physique (caractéristiques de l'eau de mer et des courants de fond, y compris la vitesse et la direction des courants, les températures, la turbidité de l'eau à différentes profondeurs, le transport sur les pentes et la modélisation hydrodynamique). Les données doivent également être liées à des observations faites à partir de mouillages à long terme pour les travaux d'exploration;

f) Des informations sur l'océanographie chimique (caractéristiques de l'eau de mer, y compris la valeur du pH, l'oxygène dissous, l'alcalinité totale, les concentrations de nutriments, le carbone organique dissous et particulaire, l'estimation du flux de masse, les métaux lourds, les éléments traces et la chlorophylle a);

g) Des informations sur les études relatives aux communautés biologiques et à la diversité biologique (y compris la diversité de l'habitat, la mégafaune, la macrofaune, la méiofaune, les tapis bactériens, les nécrophages démersaux et les communautés pélagiques);

h) Des informations sur le fonctionnement des écosystèmes (y compris les réseaux trophiques, les isotopes stables et les acides gras).

B. Évaluation environnementale

10. Le contractant est prié de fournir :

a) Des informations sur l'impact écologique des activités d'exploration, y compris sur un programme de surveillance avant, pendant et après certaines activités susceptibles de causer des dommages graves;

b) Une déclaration attestant que les activités entreprises dans la zone visée par le contrat pendant la période couverte par le rapport annuel n'ont pas causé de dommages graves, et des précisions sur la manière dont les faits ont été établis.

c) Des informations sur l'impact écologique des activités liées aux essais d'extraction, mesuré dans les zones témoins;

d) Une évaluation de la fiabilité/puissance statistique, compte tenu du nombre et de la taille des échantillons et, s'agissant des communautés biologiques, de l'abondance de chacune des espèces (données ayant une incidence statistique);

e) Une analyse des lacunes et une stratégie future pour atteindre les objectifs du programme d'activité quinquennal et satisfaire aux exigences énoncées dans le document ISBA/19/LTC/8;

f) Un examen de la régénération des écosystèmes suite à des perturbations naturelles et anthropogéniques, le cas échéant;

g) Une évaluation des avantages et des inconvénients des différentes méthodes d'échantillonnage et d'analyse, y compris le contrôle de la qualité;

h) Une comparaison des résultats sur le plan environnemental dans des zones analogues pour comprendre la distribution des espèces et leur dispersion à l'échelle des bassins océaniques.

11. Toutes les données utilisées dans le rapport (figures, graphiques et illustrations) doivent être présentées à l'aide du modèle Excel pour les données environnementales sur les encroûtements cobaltifères de ferromanganèse (voir annexe IV).

V. Essais d'extraction et techniques extractives proposées

12. Le contractant est prié de fournir :

a) Des données et des informations sur la nature du matériel d'exploitation conçu et mis à l'essai, le cas échéant, ainsi que des données sur l'utilisation du matériel non conçu par le contractant;

b) Une description du matériel, des opérations et, le cas échéant, des résultats des essais;

c) Une description de la nature et des résultats des expérimentations (le cas échéant);

d) En ce qui concerne les techniques extractives, des informations sur les progrès technologiques réalisés par le contractant dans le cadre de son programme de mise au point de systèmes d'extraction (par exemple, collecteurs, colonnes montantes, navire de production ou autre);

e) En ce qui concerne les techniques de traitement :

   i) Des informations sur le traitement des minéraux, les essais métallurgiques et les méthodes de traitement;

   ii) Des informations sur d'autres méthodes.

VI. Programme de formation

13. Le contractant est prié de fournir des informations détaillées sur la mise en œuvre du programme de formation, conformément à l'annexe 3 du contrat, en tenant compte des exigences énoncées dans les recommandations concernant les programmes de formation au titre des plans de travail relatifs à l'exploration, formulées à l'intention des contractants et des États qui les patronnent (ISBA/19/LTC/14).

VII. Coopération internationale

14. Le contractant est prié de fournir des informations sur :

   a) Sa participation aux programmes de coopération parrainés par l'Autorité;

   b) Sa coopération avec d'autres contractants;

   c) D'autres formes de coopération internationale.

VIII. État financier certifié des dépenses d'exploration directes et effectives

15. Le contractant est prié de fournir un état financier détaillé qui respecte les recommandations à l'usage des contractants pour l'établissement de rapports concernant les dépenses d'exploration directes et effectives (ISBA/21/LTC/11), conformément à l'article 10 de l'annexe IV des Règlements.

IX. Programme d'activité pour l'année suivante

16. Le contractant est prié :

   a) D'indiquer brièvement les travaux qu'il est proposé d'effectuer l'année suivante;

   b) De décrire les aménagements qu'il est proposé d'apporter au programme d'activité initial pour l'année suivante dans le cadre du contrat;

   c) D'expliquer les raisons de ces aménagements.

X. Informations supplémentaires fournies par le contractant

17. Le contractant est prié de fournir :

a) Une liste des publications pertinentes diffusées dans des revues spécialisées pendant l'année considérée;

b) Des références complètes à tous les documents pertinents, communiqués de presse et publications scientifiques cités dans le rapport.

Annexe IV

Liste des modèles de présentation des données environnementales et géologiques tabulaires

1. Modèle de présentation des données géologiques sur les nodules polymétalliques et les substrats

2. Modèle de présentation des données géologiques sur les sulfures polymétalliques et les substrats

3. Modèle de présentation des données géologiques sur les encroûtements cobaltifères de ferromanganèse

4. Modèle de présentation des données environnementales sur les nodules polymétalliques

5. Modèle de présentation des données environnementales sur les sulfures polymétalliques

6. Modèle de présentation des données environnementales sur les encroûtements cobaltifères de ferromanganèse

Annexe V

Normes de l'Autorité internationale des fonds marins en matière de présentation de rapports sur les évaluations des résultats des travaux d'exploration minérale, les ressources minérales et les réserves minérales

I. Introduction

1. Le présent document énonce les normes à respecter dans tous les documents présentés à l'Autorité internationale des fonds marins, qui contiennent des rapports sur les estimations des ressources dans la Zone. Ces estimations ne sont pas destinées à être diffusées auprès du grand public ou à être publiées dans l'unique but d'informer les investisseurs réels ou potentiels et leurs conseillers. Elles doivent être présentées selon le système de classification des ressources de l'Autorité, qui s'articule sur les trois grands axes ci-après : a) évaluations des résultats de l'exploration minérale; b) ressources minérales; et c) réserves minérales (voir la figure ci-dessous). Le document s'appuie sur l'édition de novembre 2013 du modèle international de notification du Committee for Mineral Reserves International Reporting Standards (CRIRSCO)[1].

2. Dans le présent document, les principaux termes sont définis dans des paragraphes en caractères gras. Lorsqu'ils apparaissent dans la définition d'autres termes, ils sont soulignés. Les clauses des modèles sont présentées en caractères normaux. Les paragraphes en italiques qui sont placés après chacune des clauses visent à fournir aux lecteurs des orientations pour les aider à interpréter l'application des clauses figurant dans les normes de présentation de rapports de l'Autorité. La pièce jointe 1 fournit une liste des termes génériques, des termes équivalents et des définitions afin d'éviter toute répétition ou ambiguïté.

---

[1] La présente annexe a été établie à la demande de l'Autorité internationale des fonds marins par un groupe composé des membres suivants : C. Antrim, Directrice exécutive du Rule of Law Committee for Oceans (États-Unis d'Amérique); H. Parker, Vice-Président du Committee for Mineral Reserves International Reporting Standards (CRIRSCO) et géologue et géostatisticien consultant dans le secteur minier, Amec Foster Wheller (États-Unis); et P. R. Stephenson, ancien Vice-Président du CRIRSCO et Directeur et géologue principal, AMC Consultants (Canada); certains membres du CRIRSCO ont également apporté leur contribution. L'annexe donne suite aux lignes directrices élaborées par un groupe de travail lors d'un atelier sur la classification des ressources en nodules polymétalliques, qui avait été organisé par l'Autorité en collaboration avec le Ministère indien des sciences de la Terre et qui s'était tenu à Goa (Inde) du 13 au 17 octobre 2014. Le groupe de travail était composé des membres suivants : M. Stephenson; Mme Antrim; M. Nimmo, géologue principal, Golder Associates (Australie); D. MacDonald, Président du Groupe d'experts de la classification des ressources de la Commission économique pour l'Europe; P. Kay, administrateur, Offshore Minerals, Geoscience Australia; P. Madureira, Chef adjoint du Groupe de travail pour l'extension du plateau continental (Portugal); G. Cherkashov, Directeur adjoint, Institut de recherche sur la géologie et les ressources minières des océans (Fédération de Russie); T. Ishiyama, Deep Ocean Resources Development (Japon); T. Abramowski, Directeur général, Interoceanmetal Joint Organization (Pologne); J. Parionos, géologue en chef, Tonga Offshore Mining Limited (Tonga); et J. Paynjon, G-TEC Sea Mineral Resources NV.

II. Portée

3. Les principes fondamentaux régissant le fonctionnement et l'application des normes de présentation de rapports sont la transparence et la pertinence :

   a) La transparence signifie que l'Autorité et, en particulier, la Commission juridique et technique doivent pouvoir disposer d'informations suffisantes, dont la présentation claire et précise leur permet de comprendre le rapport et de ne pas être induites en erreur;

   b) La pertinence signifie que le rapport doit contenir toutes les informations pertinentes que l'Autorité et, en particulier, la Commission juridique et technique peuvent raisonnablement exiger et s'attendre à trouver dans le rapport, afin de porter un jugement éclairé et équilibré concernant les ressources ou les réserves minérales faisant l'objet du rapport;

4. **Les normes de présentation précisent les normes minimales requises pour tous les documents présentés à l'Autorité qui contiennent des rapports sur les évaluations des résultats des travaux d'exploration, les ressources minérales et les réserves minérales. Ces rapports ne sont pas destinés à être diffusés auprès du grand public ou à être publiés dans l'unique but d'informer les investisseurs réels ou potentiels et leurs conseillers**[2]. Les entités concernées sont encouragées à fournir des informations aussi complètes que possible dans leurs rapports[3].

5. L'estimation des ressources et des réserves minérales comporte par nature certaines incertitudes et inexactitudes. Des compétences et une expérience exceptionnelles peuvent être nécessaires pour interpréter certains éléments d'information, notamment les cartes géologiques et les résultats analytiques reposant sur des échantillons qui ne représentent souvent qu'une petite partie d'un gisement. Les incertitudes entourant les estimations devraient être examinées dans le rapport et être prises en compte dans le choix des catégories de ressources et de réserves minérales.

6. Les normes de présentation de rapports sont applicables à toutes **les ressources minérales** pour lesquelles un rapport sur **les évaluations des résultats des travaux d'exploration minérale ainsi que des ressources** et **des réserves minérales** est demandé par l'Autorité conformément à ses règles, règlements et procédures.

---

[2] Lorsque les rapports sont établis principalement dans le but d'être diffusés auprès du grand public ou d'informer les investisseurs réels ou potentiels et leurs conseillers, l'Autorité recommande qu'ils soient conformes aux normes de présentation reconnues par le CRIRSCO comme étant compatibles avec le modèle international de présentation de rapports.

[3] Bien qu'aucun effort n'ait été épargné pour faire en sorte que les normes de présentation de l'Autorité visent la plupart des situations susceptibles de se présenter lors de l'établissement des rapports sur les évaluations des résultats des travaux d'exploration minérale et les ressources et réserves minérales, il peut parfois subsister un doute quant à la façon appropriée de communiquer les informations. Dans ce cas, les utilisateurs des normes de présentation et les personnes chargées d'établir les rapports conformément aux normes devraient garder à l'esprit l'intention qui sous-tend ces dernières, à savoir fournir des normes minimales en matière de rapports, et faire en sorte que les rapports contiennent toutes les informations que les lecteurs peuvent raisonnablement exiger et s'attendre à trouver, afin de porter un jugement éclairé et équilibré concernant les évaluations des résultats des travaux d'exploration minérale et des ressources et réserves minérales faisant l'objet du rapport.

7. Il est entendu que les normes devront être revues de temps à autre.

Relation générale entre les évaluations des résultats des travaux d'exploration minérale, les ressources minérales et les réserves minérales

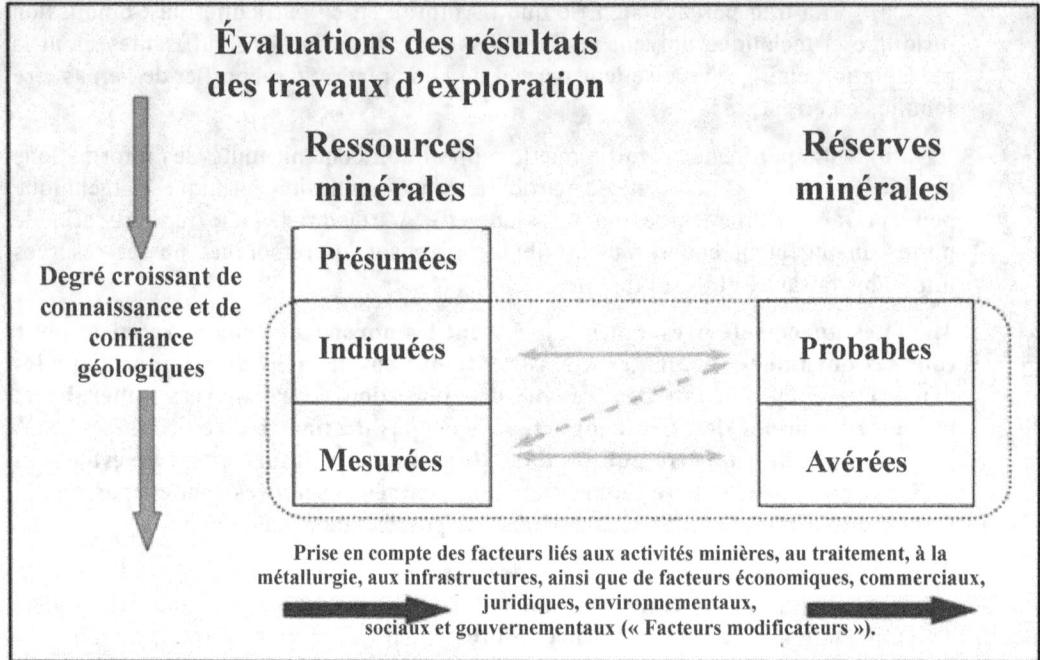

III. Terminologie utilisée dans les rapports

8. Les facteurs modificateurs sont ceux sur lesquels on s'appuie pour convertir les <u>ressources minérales</u> en <u>réserves minérales</u>. Ce sont, entre autres, les facteurs miniers, les facteurs propres au traitement, à la métallurgie ou à l'infrastructure, les facteurs économiques, commerciaux, juridiques, environnementaux, sociaux, gouvernementaux, etc.

Indications

9. *La figure présentée au paragraphe 7 définit le cadre de classification des estimations du tonnage et de la teneur pour illustrer différents degrés de confiance géologique et d'évaluation technique et économique. Les ressources minérales peuvent être estimées essentiellement sur la base d'informations géologiques et de certaines données complémentaires provenant d'autres disciplines. S'agissant des réserves minérales qui constituent un sous-ensemble modifié de ressources minérales indiquées et mesurées (voir l'encadré en pointillés dans la figure), il faut prendre en compte les facteurs modificateurs influant sur l'extraction et, dans la plupart des cas, estimer les réserves à l'aide de données provenant d'autres disciplines.*

10. *Les ressources minérales mesurées peuvent être converties en réserves minérales avérées ou probables. Elles peuvent être converties en réserves minérales probables en raison des incertitudes associées à tout ou partie des facteurs modificateurs qui sont pris en compte dans la conversion de ressources minérales en réserves minérales. Cette relation est indiquée par la flèche en tireté dans la figure. Bien que l'orientation de la flèche comprenne une composante verticale, cela ne signifie pas, dans ce cas, une diminution du degré de connaissance ou de confiance géologiques. Dans une telle situation, les facteurs modificateurs devraient être pleinement expliqués (voir également par. 21 concernant une subdivision des ressources minérales).*

IV. Informations générales

11. Les rapports présentés à l'Autorité par un contractant sur les évaluations des résultats des travaux d'exploration minérale ainsi que sur les ressources ou les réserves minérales doivent contenir une description du type et de la nature de la minéralisation.

12. Un contractant doit divulguer toute l'information pertinente relative à un gisement susceptible d'influer sensiblement sur la valeur économique de ce gisement pour lui-même. Un contractant doit signaler sans tarder à l'Autorité tout changement important dans ses ressources ou ses réserves minérales.

13. Dans l'ensemble des normes en matière de présentation de rapports, certains termes sont utilisés dans un sens général alors que des groupes particuliers de l'industrie peuvent y attacher une signification plus précise. Afin d'éviter toute répétition ou ambiguïté, ces termes sont énumérés dans la pièce jointe 1, ainsi que d'autres termes pouvant être considérés comme des synonymes aux fins du présent document[4].

V. Rapport sur les évaluations des résultats des travaux d'exploration minérale

14. **Par cible d'exploration, on entend la déclaration ou l'estimation d'un potentiel d'exploration en rapport avec un gisement minier dans une configuration géologique déterminée : la déclaration ou l'estimation en question, exprimée en tonnes et en teneur/qualité, se rapporte à un gisement n'ayant pas fait l'objet d'une exploration suffisante pour permettre une estimation des <u>ressources minérales</u> correspondantes.**

15. **Les évaluations des résultats des travaux d'exploration minérale comprennent les données et les informations générées par les programmes d'exploration minérale pouvant présenter un intérêt pour les lecteurs du**

---

[4] L'utilisation d'un terme particulier dans l'ensemble du présent document ne signifie pas qu'il est préférable de l'utiliser ou qu'il est nécessairement le terme le plus juste dans toutes les circonstances. Les contractants devraient choisir et utiliser la terminologie la plus appropriée pour le produit de base ou l'activité déclaré.

rapport, mais ne faisant pas partie d'une déclaration de <u>ressources minérales</u> ou de <u>réserves minérales</u>[5].

16. Ce type de données est courant pendant les premières phases des travaux d'exploration lorsque la quantité de données disponibles n'est généralement pas suffisante pour permettre de faire des estimations autres que sous la forme d'une cible d'exploration à atteindre.

17. Lorsqu'un contractant présente un rapport sur les évaluations des résultats de travaux d'exploration minérale ayant trait à un gisement non classé comme ressource ou réserve minérale, les estimations du tonnage et de la teneur moyenne associée ne doivent pas être déclarées autrement que sous la forme d'une cible d'exploration[6].

18. Les rapports sur des évaluations de résultats d'exploration ayant trait à un gisement non classé comme ressource ou réserve minérale doivent contenir suffisamment d'informations pour permettre une appréciation éclairée et équilibrée de la signification des résultats. Les rapports sur des évaluations de résultats d'exploration ne doivent pas être présentés de façon à laisser entendre à tort qu'un gisement présentant un intérêt économique potentiel a été découvert.

VI. Rapport sur les ressources minérales

19. **Par ressources minérales, on entend la concentration ou la présence de matières solides sous la croûte terrestre ou à la surface de celle-ci, sous une forme, ou d'une qualité ou dans une quantité telle que son extraction offre des perspectives raisonnablement avantageuses d'un point de vue économique**[7].

20. **La localisation, la quantité, la teneur ou la qualité, la continuité et d'autres caractéristiques géologiques des ressources minérales sont connues, estimées ou interprétées sur la base de preuves et de connaissances géologiques spécifiques, y compris des prélèvements d'échantillons.**

21. Pour renforcer la confiance géologique, les ressources minérales sont subdivisées en ressources « présumées », « indiquées » et « mesurées ».

---

[5] Il doit être clairement établi dans les rapports contenant des évaluations des résultats de travaux d'exploration qu'il est inapproprié d'utiliser ces informations pour en déduire des estimations de tonnage et de teneur. Il est recommandé que ces rapports comportent en toutes circonstances une déclaration formulée de la façon suivante : « Les informations fournies dans le présent rapport ou déclaration ou communication constituent des évaluations des résultats de travaux d'exploration aux termes de la clause 24 des normes de l'Autorité internationale des fonds marins en matière de présentation de rapports. Il est inapproprié d'utiliser ces informations pour en déduire des estimations de tonnage et de teneur ».

[6] Les descriptions des cibles d'exploration ou d'un potentiel d'exploration figurant dans les rapports ne devraient pas être faussement présentées comme étant une estimation de ressources ou de réserves minérales.

[7] Par « ressource minérale » on entend le gisement qui a été repéré et estimé au moyen de travaux d'exploration et d'échantillonnage et à partir duquel les réserves minérales peuvent être délimitées en tenant compte des facteurs modificateurs et en les appliquant.

22. Les parties d'un gisement qui ne présentent aucune perspective raisonnable d'extraction rentable ne doivent pas être incluses dans la ressource minérale[8].

23. **Les ressources minérales présumées sont la partie des <u>ressources minérales</u> dont la quantité, la teneur ou la qualité sont estimées sur la base de preuves géologiques et d'échantillonnages limités. Les preuves géologiques sont suffisantes pour supposer, mais non vérifier la continuité géologique et la continuité de la teneur ou de la qualité.**

24. **Les ressources minérales présumées offrent un niveau de confiance moindre que celui des <u>ressources minérales indiquées</u> et ne se prêtent pas à une conversion en <u>réserves minérales</u>. Moyennant la poursuite de l'exploration, on peut raisonnablement escompter que la majorité des ressources minérales présumées pourront ultérieurement être reclassifiées en ressources minérales indiquées[9].**

25. La catégorie des ressources présumées vise à couvrir les situations dans lesquelles une concentration ou la présence de matière minérale a été identifiée et où un nombre limité de mesures et de prélèvements d'échantillons a été effectué, mais pour lesquels les données sont insuffisantes pour permettre d'interpréter en toute confiance la continuité de la géologie ou de la teneur. Généralement, il serait raisonnable de s'attendre à ce que la plupart des ressources minérales présumées puissent être reclassifiées en ressources minérales indiquées, assurant ainsi la continuité de l'exploration. Toutefois, en raison des incertitudes liées aux ressources minérales présumées, il ne faudrait pas supposer que cette reclassification survient dans tous les cas.

26. **Les ressources minérales indiquées sont la partie des <u>ressources minérales</u> dont la quantité, la teneur ou la qualité, la densité, la forme et les caractéristiques physiques peuvent être estimées avec une confiance telle que l'on puisse appliquer les <u>facteurs modificateurs</u> à un niveau de précision suffisant pour justifier la planification minière et l'évaluation de la viabilité économique du gisement.**

---

[8] L'expression « perspectives raisonnablement avantageuses d'un point de vue économique » implique un jugement (même préliminaire) du contractant concernant les facteurs techniques et économiques pouvant vraisemblablement influer sur la perspective d'une extraction avantageuses d'un point de vue économique, y compris les paramètres approximatifs d'extraction. En d'autres termes, une ressource minérale ne constitue pas un inventaire de tous les gisements forés et échantillonnés, indépendamment des paramètres de coupure, soit, probablement, les dimensions, l'emplacement ou la continuité. Elle constitue un inventaire réaliste du gisement dont l'extraction, en tout ou partie, pourrait s'avérer rentable dans l'hypothèse de conditions techniques et économiques justifiables. Les hypothèses selon lesquelles l'extraction pourrait s'avérer avantageuse d'un point de vue économique doivent être présentées de manière explicite dans le rapport. Tout ajustement des données aux fins de présentation d'une estimation des ressources minérales, par exemple en tronquant ou en factorisant les teneurs ou en factorisant les mesures d'abondance des nodules des fonds marins, doit être présenté et décrit de manière explicite dans le rapport.

[9] Le degré de confiance dans l'estimation est généralement insuffisant pour qu'il soit possible d'utiliser les résultats de l'application des paramètres techniques et économiques en vue d'une planification détaillée. Pour cette raison, il n'existe aucun lien direct entre une ressource présumée et une catégorie de réserves minérales (voir la figure au paragraphe 7). Il faut faire preuve de prudence si l'on envisage cette catégorie dans des études techniques et économiques.

27. Les preuves géologiques sont obtenues à partir de travaux d'exploration, de prélèvements d'échantillons et d'essais suffisamment détaillés et fiables; elles sont suffisantes pour supposer la continuité géologique et celle de la teneur ou de la qualité entre différents points d'observation.

28. Les ressources minérales indiquées offrent un niveau de confiance moindre que celui des <u>ressources minérales mesurées</u> et peuvent seulement être converties en <u>réserves minérales probables</u>[10].

29. Les ressources minérales mesurées sont la partie des <u>ressources minérales</u> dont la quantité, la teneur ou la qualité, la densité, la forme et les caractéristiques physiques peuvent être estimées avec une confiance telle que l'on puisse appliquer les <u>facteurs modificateurs</u> dans l'optique d'une planification minière détaillée et d'une évaluation finale de la viabilité économique du gisement.

30. Les preuves géologiques sont obtenues à partir de travaux d'exploration, de prélèvements d'échantillons et d'essais détaillés et fiables; elles sont suffisantes pour confirmer la continuité géologique et celle de la teneur ou de la qualité entre différents points d'observation.

31. Les ressources minérales mesurées offrent un niveau de confiance supérieur à celui des <u>ressources minérales indiquées</u> ou des <u>ressources minérales présumées</u>. Elles peuvent être converties en <u>réserves minérales avérées</u> ou en <u>réserves minérales probables</u>.

Indications

32. *Le gisement peut être classé dans la catégorie des ressources minérales mesurées lorsque la nature, la qualité, la quantité et la répartition des données sont telles qu'il ne fait aucun doute, de l'avis du contractant qui détermine la ressource minérale, que le tonnage et la teneur de la minéralisation peuvent être estimés à l'intérieur de limites restreintes et que toute variation de l'estimation n'aurait probablement pas d'incidence notable sur la viabilité économique potentielle.*

33. *S'agissant de la géologie et des contrôles du gisement minéral, cette catégorie nécessite un niveau élevé de confiance et de compréhension.*

34. *La confiance dans l'estimation est suffisante pour permettre l'application de paramètres techniques et économiques et une évaluation de la viabilité économique dont le degré de confiance est élevé.*

35. *Le choix de la catégorie appropriée d'une ressource minérale dépend de la quantité, de la répartition et de la qualité des données disponibles et du degré de confiance attaché à ces données.*

---

[10] Le gisement peut être classé dans la catégorie des ressources minérales indiquées lorsque la nature, la qualité, la quantité et la distribution des données sont suffisantes pour permettre d'interpréter avec confiance le contexte géologique et émettre une hypothèse raisonnable sur la continuité du gisement. La confiance dans l'estimation est suffisante pour permettre l'application de paramètres techniques et économiques et une évaluation de la viabilité économique.

Indications

36. *La classification d'une ressource minérale implique un jugement éclairé et le contractant doit tenir compte des éléments du tableau 1 relatif au degré de confiance dans les estimations d'une ressource minérale.*

37. *Au moment de choisir entre une ressource minérale indiquée et une ressource minérale mesurée, il peut être utile d'examiner, outre les explications relatives à la continuité de la géologie et de la teneur aux paragraphes 26 et 29, le libellé de la ligne directrice correspondant à la définition d'une ressource minérale mesurée, à savoir que « toute variation de l'estimation n'aurait probablement pas d'incidence notable sur la viabilité économique potentielle ».*

38. *Au moment de choisir entre une ressource minérale présumée et une ressource minérale indiquée, il peut être utile d'examiner, outre les explications relatives à la continuité de la géologie et de la teneur aux paragraphes 23 et 26, la ligne directrice correspondant à la définition d'une ressource minérale indiquée, à savoir « la confiance dans l'estimation est suffisante pour permettre l'application de paramètres techniques et économiques et une évaluation de la viabilité économique », qui diffère de la ligne directrice correspondant à la définition d'une ressource minérale présumée, à savoir « le degré de confiance dans l'estimation est généralement insuffisant pour qu'il soit possible d'utiliser les résultats de l'application des paramètres techniques et économiques en vue d'une planification détaillée » et « il faut faire preuve de prudence si l'on envisage cette catégorie dans des études techniques et économique ».*

39. *En évaluant la continuité de la géologie et de la teneur, le contractant doit prendre en considération le type de minéralisation, l'échelle et les paramètres de coupure.*

40. Les estimations d'une ressource minérale ne sont pas calculées de façon précise, car elles dépendent de l'interprétation d'informations limitées sur l'emplacement, la forme et la continuité de l'occurrence et des résultats des échantillons disponibles. Les chiffres sur le tonnage et la teneur devraient refléter l'élément d'incertitude relative des estimations par l'arrondissement des chiffres significatifs et, dans le cas des ressources minérales présumées, par l'ajout du terme « approximativement »[11].

Indications

41. *Le contractant est encouragé, le cas échéant, à vérifier l'exactitude relative ou le degré de confiance des estimations de la ressource minérale. La déclaration devrait préciser si elle se rapporte à des estimations mondiales (totalité de la ressource) ou locales (sous-ensemble de la ressource pour lequel le niveau d'exactitude ou de confiance peut différer du niveau correspondant à la totalité de la ressource) et, s'il s'agit d'une estimation locale, elle devrait indiquer le tonnage*

---

[11] Dans la plupart des situations, l'arrondissement au deuxième chiffre devrait être suffisant. Par exemple, on arrondirait 10 863 000 tonnes à 8,23 % à 11 millions de tonnes à 8,2 %. Il peut arriver, toutefois, qu'un arrondissement au premier chiffre significatif soit nécessaire afin de bien montrer les incertitudes subsistant dans l'estimation. Ce sera généralement le cas concernant les ressources minérales présumées. Pour souligner le caractère imprécis de l'estimation d'une ressource minérale, le résultat final doit toujours être désigné comme étant une estimation et non un calcul.

ou le volume. Lorsqu'une déclaration concernant l'exactitude relative ou le niveau de confiance n'est pas possible, une analyse qualitative des incertitudes devrait être prévue (voir pièce jointe 1).

42. Les rapports sur les ressources minérales doivent préciser une ou plusieurs des catégories de ressources « présumées », « indiquées » et « mesurées ». Les catégories doivent faire l'objet d'un rapport distinct à moins que les chiffres pour chacune d'elles ne soient également fournis. Les rapports sur les ressources minérales ne doivent pas indiquer la teneur en métal ou en minerai à moins que les chiffres correspondant au tonnage et à la teneur ne soient également donnés. Les ressources minérales ne doivent pas être agrégées aux réserves minérales[12].

43. La pièce jointe 1 présente une liste récapitulative des principaux critères qui devraient être pris en considération lors de l'élaboration des rapports sur les évaluations des résultats des travaux d'exploration et sur les ressources et réserves minérales. Ces critères n'ont nul besoin d'être évoqués dans un rapport à moins qu'ils ne modifient sensiblement l'estimation ou la classification des ressources minérales[13].

44. Les termes « minerais » et « réserves » ne doivent pas être utilisés dans des estimations de ressources minérales, car ils impliquent une faisabilité technique et une viabilité économique et ne sont appropriés que lorsque tous les facteurs modificateurs pertinents ont été pris en considération. Les rapports et les déclarations devraient continuer de mentionner la catégorie ou les catégories appropriées de ressources minérales jusqu'à ce que la faisabilité technique et la viabilité économique aient été établies. Si, lors d'une réévaluation, il apparaît qu'une partie des réserves minérales n'est plus viable, ces réserves doivent être reclassées dans la catégorie des ressources minérales ou retirées des déclarations sur les ressources et réserves minérales[14].

---

[12] Les informations sur le tonnage et la teneur en dehors des catégories visées par les normes de présentation de rapports ne sont pas autorisées.

[13] Il n'est pas nécessaire, au moment de présenter le rapport, de commenter chaque point de la pièce jointe 1, mais il est essentiel d'examiner toute question de nature à influer sensiblement sur la compréhension ou l'interprétation du lecteur concernant les résultats ou les estimations déclarés. Cet aspect est particulièrement important lorsque des données insuffisantes ou incertaines affectent la fiabilité d'une déclaration sur les résultats des travaux d'exploration ou d'une estimation des ressources ou des réserves minérales ou la confiance en celles-ci, par exemple, un faible volume d'échantillons prélevés ou la confiance accordée aux résultats d'imagerie vidéo ou acoustique des fonds marins. En cas de doute sur les informations à fournir, il est préférable d'en donner trop que trop peu. Toute incertitude entourant l'un des critères énumérés dans la pièce jointe 1 susceptible d'entraîner une sous-estimation ou une surestimation des ressources devrait être indiquée.

[14] Cela ne signifie pas que l'on doive procéder à une reclassification de la catégorie de réserves minérales à la catégorie de ressources minérales ou vice versa à la suite de changements vraisemblablement temporaires ou de courte durée, ou lorsque le contractant a pris délibérément la décision d'opérer sur une base non économique. On pourrait mentionner, à titre d'exemple, des fluctuations des prix des produits apparemment de courte durée, une situation d'urgence temporaire dans la zone d'exploration et une grève dans les transports.

VII. Rapports sur les réserves minérales

45. Les réserves minérales sont la partie des <u>ressources minérales indiquées</u> ou mesurées qui se prête à une exploitation économiquement rentable.

46. Elles englobent les matériaux de dilution et les provisions pour pertes subies lors des opérations minières ou des procédés d'extraction. Selon le cas, elles sont déterminées sur la base d'études de <u>préfaisabilité</u> ou de <u>faisabilité</u>, lesquelles nécessitent l'application des <u>facteurs modificateurs</u>. De telles études montrent qu'au moment de la notification, l'extraction est raisonnablement justifiable.

47. Le point de référence servant à la détermination des réserves, qui est habituellement celui où le minerai est amené à l'installation de traitement, doit être précisé. Il importe que, dans tous les cas où un autre point de référence est indiqué, une déclaration explicative soit jointe afin que son destinataire dispose de tous les éléments d'appréciation.

Indications

48. *Les réserves minérales constituent la partie des ressources minérales qui, après l'application de tous les facteurs miniers, donne une estimation du tonnage et de la teneur qui, de l'avis du contractant réalisant les estimations, peut former la base d'un projet viable après considération de tous les facteurs modificateurs pertinents.*

49. *Dans les rapports sur les réserves minérales, les informations sur les facteurs estimés de récupération suite à la transformation des minéraux sont très importantes et devraient toujours être incluses dans les rapports.*

50. *L'expression « une exploitation économiquement rentable » suppose qu'il a été démontré que l'extraction de la réserve minérale est viable selon des hypothèses financières raisonnables. L'expression hypothèse « réaliste » variera selon le type de gisement, le niveau de l'étude qui a été menée et les critères financiers du contractant. C'est pourquoi il ne peut y avoir de définition stricte de l'expression « une exploitation économiquement rentable ». Toutefois, en principe, les entreprises chercheront à réaliser un rendement acceptable sur le capital investi et les rendements offerts aux investisseurs du projet seront concurrentiels par rapport à d'autres investissements présentant des risques comparables.*

51. *Afin d'obtenir le degré de confiance requis dans les ressources minérales et tous les facteurs modificateurs, des études de préfaisabilité ou de faisabilité, selon le cas, auront été menées avant la détermination des réserves minérales. L'étude aura défini un plan d'exploration techniquement réalisable et économiquement viable à partir duquel les réserves minérales pourront être établies.*

52. *L'expression « réserves minérales » ne signifie pas nécessairement que les installations d'extraction sont en place ou en exploitation ou que toutes les autorisations nécessaires ou les contrats de vente ont été reçus. Elle signifie que l'on peut raisonnablement s'attendre à recevoir ces autorisations ou contrats. Le contractant devrait prendre en compte la pertinence de toute question non résolue dépendant d'un tiers auquel l'extraction est subordonnée.*

53. *Tout ajustement des données aux fins de présentation d'une estimation des ressources minérales, par exemple en tronquant ou en factorisant les teneurs ou en factorisant les mesures d'abondance des nodules des fonds marins, doit être présenté et décrit de manière explicite dans le rapport.*

54. *Il convient de noter que les normes de présentation de rapports n'impliquent pas qu'une exploitation rentable se fonde nécessairement sur des réserves minérales avérées. Il peut arriver que des réserves minérales probables suffisent à justifier une extraction. Il appartient au contractant d'exercer son jugement.*

55. **Les réserves minérales probables sont la partie des ressources indiquées et, dans certains cas, des <u>ressources minérales mesurées</u>, qui se prête à une exploitation économiquement rentable. Le niveau de confiance dans les <u>facteurs modificateurs</u> qui s'appliquent aux réserves minérales probables est inférieur à celui qui s'applique aux <u>réserves minérales avérées</u>.**

56. Une réserve minérale probable présente un degré de confiance inférieur à celui d'une réserve minérale avérée, mais elle est de qualité suffisante pour servir de base à une décision sur l'exploitation d'un gisement.

57. **Les réserves minérales avérées sont la partie des <u>ressources minérales mesurées</u> qui se prête à une exploitation économiquement rentable et supposent un degré élevé de confiance dans les <u>facteurs modificateurs</u>.**

58. Une réserve minérale avérée représente le degré de confiance le plus élevé de l'estimation d'une réserve[15].

59. Le choix de la catégorie appropriée de réserve minérale est déterminé avant tout par le niveau de confiance pertinent dans la ressource minérale et après considération des incertitudes liées aux facteurs modificateurs. Il appartient au contractant de déterminer la catégorie appropriée.

60. Les normes de présentation de rapports contiennent une disposition sur la relation directe entre les ressources minérales indiquées et les réserves minérales probables et entre les ressources minérales mesurées et les réserves minérales avérées. En d'autres termes, le degré de confiance géologique à l'égard des réserves minérales probables est semblable à celui requis pour déterminer des ressources minérales indiquées. Le degré de confiance géologique à l'égard des réserves minérales avérées est semblable à celui requis pour déterminer des ressources minérales mesurées. Les ressources minérales présumées s'ajoutent toujours aux réserves minérales.

Indications

61. *Les normes de présentation de rapports contiennent également une disposition sur la relation réciproque entre les ressources minérales mesurées et les réserves minérales probables. Cette disposition vise certaines situations où des incertitudes associées à l'un quelconque des facteurs modificateurs dont on a tenu compte dans la conversion des ressources minérales en réserves minérales pourraient entraîner*

---

[15] Le type de minéralisation ou d'autres facteurs peuvent faire que l'état de réserves minérales avérées ne peut être établi pour certains gisements. Le contractant doit savoir quelles sont les conséquences d'une déclaration de matières appartenant à la catégorie de confiance la plus élevée avant de s'assurer que tous les paramètres pertinents et les facteurs modificateurs ont été établis à un degré de confiance élevé similaire.

un degré de confiance dans les réserves minérales inférieur au degré de confiance dans les ressources minérales correspondantes. Dans ce cas, cette conversion n'impliquerait pas une réduction du degré de connaissance ou de confiance géologiques.

62. *Une réserve minérale probable déduite d'une ressource minérale mesurée peut être convertie en une réserve minérale avérée si les incertitudes liées aux facteurs modificateurs sont levées. Aucun degré de confiance dans les facteurs modificateurs pour la conversion d'une ressource minérale en réserve minérale ne peut remplacer le degré de confiance supérieur qui existe dans la ressource minérale. En aucune circonstance une ressource minérale indiquée ne peut être convertie directement en une réserve minérale avérée (voir fig., par. 7).*

63. *L'application de la catégorie de réserves minérales avérées implique le degré de confiance le plus élevé dans l'estimation, ce qui, par conséquent, crée des attentes chez les lecteurs du rapport. Ces attentes devraient être prises en compte au moment de classer une ressource minérale dans la catégorie des ressources minérales mesurées[16].*

64. Les estimations d'une réserve minérale ne sont pas des calculs précis. Les déclarations sur le tonnage et la teneur devraient refléter l'incertitude relative de l'estimation en arrondissant les chiffres aux chiffres significatifs (voir également par. 40)[17].

Indications

65. *Les contractants sont encouragées, le cas échéant, à vérifier l'exactitude relative ou le niveau de confiance des estimations de la réserve minérale. La déclaration devrait préciser si elle se rapporte à des estimations mondiales (totalité de la réserve) ou locales (sous-ensemble de la réserve pour lequel l'exactitude ou le niveau de confiance peut différer de la totalité de la réserve) et, s'il s'agit d'une estimation locale, elle devrait indiquer le tonnage ou le volume. Lorsqu'une déclaration concernant l'exactitude relative ou le degré de confiance n'est pas possible, une analyse qualitative des incertitudes devrait être prévue (voir pièce jointe 1 et lignes directrices au paragraphe 40).*

66. Les rapports sur les réserves minérales doivent préciser l'une des catégories « avérée » ou « probable » ou les deux. Ces catégories doivent faire l'objet d'un rapport distinct à moins que les chiffres pour chacune d'elles ne soient également fournis. Les rapports ne doivent pas indiquer la teneur en métal ou en minerai à moins que les chiffres correspondant au tonnage et à la teneur ne soient également donnés. Les réserves minérales ne doivent pas être agrégées aux ressources minérales[12].

Indications

67. *Les réserves minérales peuvent incorporer une matière (dilution) qui ne fait pas partie de la ressource minérale originale. Il est essentiel de prendre en considération cette différence fondamentale entre les ressources minérales et les*

---

[16] Voir également les lignes directrices aux paragraphes 32 à 34 concernant la classification des ressources minérales.

[17] Pour souligner le caractère imprécis d'une réserve minérale, le résultat final doit toujours être considéré comme étant une estimation et non un calcul.

réserves minérales et faire preuve de prudence avant de tirer des conclusions d'une comparaison entre les deux.

68. *Lorsque des déclarations révisées d'une réserve minérale et d'une ressource minérale sont présentées, elles doivent être accompagnées d'une mise en concordance avec les déclarations antérieures. Il n'est pas nécessaire de rendre compte en détail des différences entre les chiffres, mais il convient de fournir suffisamment d'informations pour permettre au lecteur de comprendre les changements importants qui ont été apportés.*

69. *Lorsque les chiffres des ressources et des réserves minérales sont indiqués, une déclaration doit figurer dans le rapport et énoncer clairement si les ressources minérales incluent les réserves minérales ou sont additionnelles aux réserves.*

70. *Les estimations des réserves minérales ne doivent pas être ajoutées aux estimations des ressources minérales pour présenter un seul chiffre combiné[18].*

Indications

71. *Les ressources minérales mesurées et indiquées s'ajoutent aux réserves minérales. Dans le premier cas, si des ressources minérales mesurées et indiquées n'ont pas été modifiées pour produire des réserves minérales pour des raisons économiques ou autres, les détails pertinents concernant ces ressources minérales non modifiées doivent figurer dans le rapport. Ces précisions visent à aider le lecteur du rapport à estimer la probabilité que des ressources minérales mesurées et indiquées non modifiées soient finalement converties en réserves minérales.*

72. *Par définition, les ressources minérales présumées viennent toujours en complément des réserves minérales. Pour les raisons énoncées au paragraphe 24 et dans le présent paragraphe, les chiffres indiqués d'une réserve minérale ne doivent pas être additionnés à ceux d'une ressource minérale. Le résultat total est trompeur et peut être mal compris ou mal utilisé afin de donner une fausse impression des perspectives d'un contractant.*

VIII. Études techniques

73. **Une étude exploratoire est une étude économique de la viabilité potentielle des <u>ressources minérales</u> incorporant une évaluation appropriée de <u>facteurs modificateurs</u> réalistes, ainsi que d'autres facteurs opérationnels pertinents dont l'existence est nécessaire pour démontrer, au moment de la notification, la justification raisonnable d'une <u>étude de préfaisabilité</u>.**

74. **Une étude de préfaisabilité est une étude exhaustive portant sur un ensemble d'options devant permettre de déterminer la viabilité économique et technique d'un projet minier mené jusqu'au stade où un choix de méthode d'extraction doit intervenir et où il s'agit d'opter pour une méthode efficace de traitement des minéraux. Elle englobe une analyse financière fondée sur des hypothèses raisonnables quant aux <u>facteurs modificateurs</u> et sur l'évaluation de**

---

[18] Dans certains cas, il est justifié de présenter les ressources minérales compte tenu des réserves minérales et, dans d'autres, de présenter les ressources minérales en plus des réserves minérales. Le mode de présentation adopté doit être clairement précisé. Des méthodes appropriées de déclaration apportant des éclaircissements peuvent être indiquées.

tout autre facteur pertinent devant suffire à un contractant agissant de façon raisonnable pour lui permettre de déterminer si les <u>ressources minérales</u> considérées peuvent être converties, en tout ou en partie, en <u>réserves minérales</u> au moment où est faite la notification. Une étude de préfaisabilité offre un niveau de confiance moindre qu'une <u>étude de faisabilité</u>.

75. Une étude de faisabilité est une étude économique et technique exhaustive de l'option de réalisation choisie pour un projet minier incluant des évaluations suffisamment détaillées des <u>facteurs modificateurs</u> applicables et de tout autre facteur opérationnel pertinent, ainsi qu'une analyse financière détaillée, conduisant à démontrer qu'au moment de la notification, l'extraction est raisonnablement justifiée (autrement dit, que l'exploitation minière est jugée économiquement rentable). Les résultats d'une telle étude peuvent raisonnablement servir de base à une décision finale de la part du promoteur ou d'une institution financière, à l'effet de procéder à la réalisation ou au financement du projet. Le niveau de confiance offert par une telle étude est supérieur à celui d'une <u>étude de préfaisabilité</u>.

Indications

76. *La pièce jointe 1 présente une liste récapitulative des critères qui devraient être pris en considération lors de l'élaboration des rapports sur les évaluations des résultats des travaux d'exploration et sur les ressources et réserves minérales. Ces critères n'ont nul besoin d'être évoqués dans un rapport à moins qu'ils ne modifient sensiblement l'estimation ou la classification des réserves minérales. Seules des modifications des facteurs économiques ou politiques peuvent justifier des changements importants dans les réserves minérales et devraient être signalées en conséquence.*

Pièce jointe 1
Liste récapitulative des critères d'évaluation et de présentation de rapports

1. Le présent tableau est une liste récapitulative devant être utilisée à titre de référence par les personnes chargées de l'élaboration des rapports sur les évaluations des résultats des travaux d'exploration et sur les ressources et réserves minérales. La liste récapitulative n'est pas normative et, comme toujours, les informations devant être déclarées sont déterminées par les principes de pertinence et d'importance relative. Il convient toutefois de signaler toutes les questions pouvant avoir une incidence majeure sur la compréhension ou l'interprétation du lecteur quant aux évaluations des résultats ou aux estimations déclarées. Cela est particulièrement important lorsque des données insuffisantes ou incertaines affectent la fiabilité d'une déclaration des évaluations des résultats de travaux d'exploration minérale ou d'une estimation des ressources ou des réserves minérales ou la confiance à l'égard de celles-ci.

2. L'ordre et le regroupement des critères énoncés dans le tableau reflètent l'approche méthodique normale de l'exploration et de l'évaluation. Les critères figurant dans le premier groupe (techniques d'échantillonnage et données) s'appliquent à tous les groupes suivants. Dans le reste de la liste, les critères énumérés dans un groupe s'appliqueront souvent aux groupes suivants et devraient être pris en considération lors de l'estimation et la communication des données.

Critères	*Explication*
Techniques d'échantillonnage et données **(les critères dans ce groupe s'appliquent à tous les groupes suivants)**	
Techniques d'échantillonnage	Nature et qualité de l'échantillonnage (par exemple, échantillons prélevés par bennes preneuses à chute libre, carottiers-boîtes et en caisses) et mesures prises pour assurer la représentativité de l'échantillon
Prélèvement d'échantillons	• Indiquer si le prélèvement d'échantillons a été dûment enregistré et si les résultats ont été évalués
	• Mesures prises pour optimiser le prélèvement d'échantillons et assurer la nature représentative des échantillons
	• Indiquer si une relation existe entre le prélèvement et la teneur d'un échantillon et s'il y a eu un biais d'échantillonnage dû à une perte ou un gain préférentiel de matières fines ou grossières
Enregistrement et description de l'échantillon	• Indiquer si les échantillons ont été enregistrés ou décrits de façon assez détaillée pour étayer une estimation appropriée des ressources minérales ainsi que des études sur les activités minières et métallurgiques
	• Indiquer si l'enregistrement est de nature qualitative ou quantitative et fournir des photographies d'échantillons

Critères	Explication
Techniques de sous-échantillonnage et préparation de l'échantillon	• Nature, qualité et pertinence de la technique de préparation de l'échantillon • Procédures de contrôle de qualité adoptées pour toutes les phases du sous-échantillonnage afin d'optimiser la représentativité des échantillons • Mesures prises pour obtenir un échantillon représentatif du matériel prélevé sur place • Indiquer si la dimension de l'échantillon est appropriée par rapport à la taille du grain de la matière prélevée • Une déclaration quant aux mesures de sécurité prises pour assurer l'intégrité de l'échantillon est recommandée
Qualité des données d'essai et des tests de laboratoire	• Nature, qualité et pertinence des procédures d'essai et de laboratoire utilisées; indiquer si la technique est considérée comme étant partielle ou totale • Nature des procédures de contrôle de la qualité adoptées (par exemple, normes, échantillons témoins, échantillons en double et contrôles de laboratoire extérieur); indiquer si des niveaux acceptables d'exactitude (par exemple, absence de biais) et de précision ont été établis
Emplacement des points de mesure	• Exactitude et qualité des études servant à localiser d'autres sites d'échantillons utilisés dans l'estimation de la ressource minérale • Qualité et adéquation du contrôle topographique (plans des sites)
Espacement et répartition des points de mesure	• Espacement des points de mesure aux fins des rapports sur les évaluations des résultats des travaux d'exploration minérale • Indiquer si l'espacement et la distribution des points de mesure sont suffisants pour établir le degré de continuité de la géologie et de la teneur permettant d'appliquer les procédures d'estimation et les classifications des ressources et réserves minérales • Indiquer si des échantillons composites ont été utilisés
Archivage des rapports	Documentation sur les données primaires, les procédures de saisie des données, la vérification des données, le stockage des données (physique et électronique) pour l'élaboration du rapport
Vérifications ou examens	Résultats des vérifications ou des examens des techniques et des données d'échantillonnage
Rapport sur les évaluations des résultats des travaux d'exploration minérale (les critères énumérés dans le groupe précédent s'appliquent également à ce groupe)	
Droits miniers et propriété foncière	• Type, nom ou numéro de référence, emplacement et droit de propriété, y compris tout accord ou question concrètes impliquant des tiers, notamment entreprises conjointes, partenariats, redevances prioritaires, cadres environnementaux, etc. • Sécurité des droits fonciers détenus au moment de la présentation du rapport, ainsi que tous les obstacles connus à l'obtention d'un permis d'exploitation dans la Zone

Critères	Explication
	• Plans des sites liés à des droits et titres miniers. Il n'apparaît pas nécessaire que la description d'un titre minier dans un rapport technique constitue un avis juridique, mais elle devra toutefois énoncer brièvement et clairement le titre en question, selon l'interprétation de l'auteur.
Exploration réalisée par d'autres parties	Reconnaissance et évaluation de l'exploration par d'autres parties
Géologie	• Type de gisement, situation géologique et type de minéralisation
	• Des cartes géologiques fiables doivent être produites pour faciliter les interprétations.
Méthodes de présentation des données	• Dans les rapports sur les évaluations des résultats des travaux d'exploration minérale, les troncations de teneurs maximales ou minimales (par exemple, abaissement de teneurs élevées) et les teneurs de coupure sont généralement importantes et doivent être indiquées.
	• Les hypothèses retenues concernant la déclaration des valeurs d'équivalent-métal devraient être clairement énoncées.
Diagrammes	Autant que possible, il conviendrait d'inclure des cartes et des tableaux des résultats d'échantillons pour toute découverte importante déclarée, si ces diagrammes clarifient sensiblement le rapport.
Rapport équilibré	S'il est impossible de présenter un rapport exhaustif de toutes les évaluations des résultats des travaux d'exploration minérale, des rapports représentatifs des teneurs faibles et élevées et des largeurs devraient être établis afin d'éviter la présentation d'évaluations trompeuses.
Autres données de fond relatives à l'exploration	D'autres données d'exploration, pour peu qu'elles soient importantes et significatives, doivent être fournies, notamment, sans toutefois s'y limiter, des données sur les observations géologiques, les résultats de levés géophysiques et de levés géochimiques, les résultats d'images photo et d'images sonar du fond marin, les échantillons en vrac et la taille et la méthode de traitement, les résultats d'essais métallurgiques, la densité apparente et les caractéristiques géotechniques et lithologiques; et les substances potentiellement nocives ou contaminantes.
Autres travaux	Nature et ampleur des autres travaux prévus (par exemple, essais permettant de vérifier les extensions latérales)
Estimation des ressources minérales et présentation de rapports (les critères énumérés dans le premier groupe et, le cas échéant dans le deuxième groupe, s'appliquent également à ce groupe)	
Intégrité de la base de données	• Mesures prises pour éviter que les données ne soient faussées, par exemple, par des erreurs de transcription ou de frappe, entre leur collecte initiale et leur utilisation aux fins d'estimation des ressources minérales
	• Procédures de vérification ou de validation des données utilisées
Interprétation géologique	• Confiance dans l'interprétation géologique du gisement minéral (ou inversement, incertitude de l'interprétation)
	• Nature des données utilisées et des hypothèses avancées

Critères	Explication
	• Effet, le cas échéant, d'autres interprétations sur l'estimation de ressources minérales
	• Recours à la géologie pour orienter et vérifier l'estimation d'une ressource minérale
	• Facteurs influant sur la continuité de la teneur et de la géologie
Dimensions	Étendue et variabilité de la ressource minérale exprimées en longueur (parallèlement à la direction ou autrement) et en largeur
Techniques d'estimation et de modélisation	• Nature et pertinence des techniques d'estimation appliquées et principales hypothèses, y compris le traitement des valeurs extrêmes des teneurs, le domaining (division du gisement en unités distinctes et homogènes), les paramètres d'interpolation et la distance maximale de l'extrapolation à partir des points de mesure
	• Disponibilité d'estimations de vérification, d'estimations antérieures et de registres de production minière; indiquer si l'estimation d'une ressource minérale tient dûment compte de ces données
	• Hypothèses émises concernant la valorisation des sous-produits
	• Estimation des éléments nocifs ou autres variables non qualitatives d'importance économique
	• Dans le cas d'une interpolation d'un modèle de bloc, la taille de celui-ci en fonction de la valeur moyenne de chaque intervalle de prélèvement et de la méthode de recherche appliquée
	• Hypothèses sur lesquelles repose la modélisation d'unités d'exploitation minière sélective (par exemple, le krigeage non linéaire)
	• Indiquer les hypothèses concernant la corrélation entre les variables
	• Processus d'homologation et de vérification utilisés, comparaison des données du modèle avec les données d'échantillonnage et rapprochement des données, si disponibles
	• Description détaillée de la méthode utilisée et des hypothèses avancées pour estimer le tonnage (ou l'abondance) et les teneurs (section, polygone, distance inverse, méthode géostatistique ou autre)
	• Description de la manière dont l'interprétation géologique a été utilisée pour vérifier l'estimation des ressources
	• Discussion relative aux critères déterminant l'utilisation ou la non-utilisation d'un abaissement ou d'un plafonnement des teneurs. Si une méthode informatique a été choisie, décrire les programmes et les paramètres utilisés.
	• Les méthodes géostatistiques sont très variées et doivent être décrites en détail. La méthode choisie doit être justifiée. Les paramètres géostatistiques, y compris le variogramme, et leur compatibilité avec l'interprétation géologique doivent être examinés.

Critères	Explication
	• L'expérience acquise dans l'application de la géostatistique à des gisements semblables doit être prise en compte.
Humidité	Indiquer si le tonnage ou l'abondance sont mesurés en conditions sèches ou en conditions humides naturelles, et préciser la méthode de détermination de la teneur en humidité
Paramètre de coupure	Base des teneurs de coupure adoptées ou des paramètres de qualité ou de quantité appliqués, y compris la base, le cas échéant, des formules en équivalents-métal
Facteurs ou hypothèses liés aux activités minières	• Hypothèses concernant les méthodes d'exploitation possible, les dimensions minimales du site d'exploitation et le facteur de dilution interne (ou, le cas échéant, externe). Il n'est pas toujours possible d'avancer des hypothèses concernant les méthodes et les paramètres d'exploitation lors de l'estimation des ressources minérales. Si aucune hypothèse n'a été formulée, il conviendrait de le signaler.
	• Afin de démontrer les perspectives réalistes d'une extraction économique, des hypothèses de base sont nécessaires. Elles peuvent inclure, par exemple, les paramètres géotechniques, la topographie des fonds marins, la taille de la zone d'exploitation des fonds marins, les exigences concernant l'infrastructure et une estimation des coûts d'exploitation. Toutes les hypothèses doivent être clairement énoncées.
Hypothèses ou facteurs liés à la métallurgie	• Procédé métallurgique proposé et applicabilité de ce procédé au type de minéralisation. Il n'est pas toujours possible de formuler des hypothèses concernant les procédés de traitement et les paramètres métallurgiques dans les rapports sur les ressources minérales. Si aucune hypothèse n'a été formulée, il conviendrait de le signaler.
	• Afin de démontrer les perspectives réalistes d'une extraction économique, des hypothèses de base sont nécessaires. Il peut s'agir notamment de l'étendue des essais métallurgiques, des facteurs de récupération, des provisions constituées aux fins des sous-produits ou des éléments nocifs, des exigences concernant l'infrastructure et d'une estimation des coûts de traitement. Toutes les hypothèses doivent être clairement énoncées.
Densité apparente	• Indiquer si elle est présumée ou déterminée. Si elle est présumée, énoncer la base des hypothèses. Si elle est déterminée, décrire la méthode utilisée, si elle est humide ou sèche, la fréquence des mesures ainsi que la nature, la taille et la représentativité des échantillons.
Classification	• Base de la classification des ressources minérales en diverses catégories de confiance
	• Indiquer si tous les facteurs pertinents ont été pris en compte (par exemple, la confiance relative dans les calculs de tonnage ou de teneur, la confiance dans la continuité de la géologie et de la valeur des métaux, la qualité, la quantité et la répartition des données)
	• Indiquer si le résultat reflète de manière appropriée le point de vue du contractant quant au gisement

Critères	Explication
Vérifications ou examens	Les résultats des vérifications ou des examens des estimations des ressources minérales
Analyse de l'exactitude relative et du degré de confiance	• S'il y a lieu, une déclaration sur l'exactitude relative ou le degré de confiance de l'estimation de la ressource minérale, en utilisant une approche ou une méthode jugée appropriée par le contractant. Par exemple, l'application de méthodes statistiques ou géostatistiques pour quantifier l'exactitude relative de la ressource dans les limites de confiance indiquées ou, si une telle approche n'est pas jugée appropriée, une analyse qualitative des facteurs pouvant influer sur l'exactitude relative et le degré de confiance de l'estimation. • La déclaration doit préciser s'il s'agit d'estimations mondiales ou locales et, si elles sont locales, indiquer le tonnage ou l'abondance s'y rapportant et pouvant être pertinent pour la réalisation d'une évaluation technique et économique. • La documentation doit comprendre les hypothèses formulées et les procédures utilisées. • Les déclarations sur l'exactitude relative et le degré de confiance de l'estimation doivent être comparées aux données de production, lorsqu'elles sont disponibles.
Estimation des réserves minérales et présentation de rapports (les critères énumérés dans le premier groupe et, le cas échéant, dans les groupes précédents, s'appliquent également à ce groupe)	
Estimation des ressources minérales en vue d'une conversion en réserves minérales	• Description de l'estimation des ressources minérales utilisée comme base pour la conversion en réserves minérales • Une déclaration précise sur le point de savoir si les ressources minérales déclarées s'ajoutent aux réserves minérales ou y sont incluses.
État de l'étude	• Le type et le niveau de l'étude entreprise pour permettre la conversion des ressources minérales en réserves minérales • Les normes de présentation de rapports n'exigent pas qu'une étude de faisabilité finale ait été menée pour convertir des ressources minérales en réserves minérales, mais elles exigent à tout le moins que des études de préfaisabilité aient établi un plan minier techniquement réalisable et économiquement viable, et que tous les facteurs modificateurs aient été examinés.
Paramètre de coupure	Base des teneurs de coupure ou des paramètres de qualité appliqués, y compris la base, le cas échéant, des formules en équivalents métal. Le paramètre de coupure peut avoir une valeur économique par bloc plutôt que par teneur.
Facteurs ou hypothèses liés aux activités minières	• Méthode et hypothèses utilisées pour convertir la ressource minérale en réserve minérale (soit par l'application de facteurs appropriés par des mesures d'optimisation ou par une conception préliminaire ou détaillée) • Choix, nature et pertinence de la méthode ou des méthodes d'extraction, taille de l'unité d'extraction et autres paramètres miniers, y compris des questions connexes de conception • Hypothèses formulées concernant les paramètres géotechniques (par exemple, pente du fond marin et conditions topographiques)

Critères	Explication
	• Facteurs de dilution et de récupération et largeurs minimales utilisés
	• Exigences en termes d'infrastructure des méthodes d'extraction choisies et, le cas échéant, fiabilité historique des paramètres de rendement
Hypothèses ou facteurs liés à la métallurgie	• Procédé métallurgique proposé et applicabilité du procédé au type de minéralisation
	• Indiquer si le procédé métallurgique est une technologie éprouvée ou nouvelle.
	• Nature, nombre et représentativité des essais métallurgiques entrepris et facteurs de récupération métallurgique appliqués
	• Hypothèses ou provisions constituées pour éléments nocifs
	• Existence d'un échantillon en vrac ou d'essais pilotes à l'échelle et mesure dans laquelle ces échantillons sont représentatifs de l'ensemble du gisement
	• Le tonnage et les teneurs déclarés des réserves minérales doivent indiquer s'ils concernent la matière envoyée à l'usine ou la matière après extraction.
	• Observations sur les installations et le matériel existants, y compris une indication de leur valeur de remplacement et de récupération
Facteurs de coûts et de recettes	• Calcul ou hypothèses concernant les dépenses d'équipement et les coûts d'exploitation prévus
	• Hypothèses concernant les recettes, y compris le prix de la teneur de tête, du métal ou des produits de base, les taux de change, les frais de transport et de traitement, les pénalités, etc.
	• Provisions pour redevances dues, régime international de partage des bénéfices, etc.
	• Entrées de trésorerie pour une période déclarée
Évaluation du marché	• Situation de la demande, de l'offre et des stocks du produit de base considéré, tendances et facteurs de la consommation susceptibles d'influer sur l'offre et la demande à l'avenir
	• Analyse des client et des concurrents, et identification de débouchés probables pour le produit
	• Prévisions des prix et des volumes et base de ces prévisions
Autres	• Effet, le cas échéant, des facteurs de risque naturel et d'infrastructure et des facteurs environnementaux, juridiques, commerciaux, sociaux ou gouvernementaux sur la viabilité probable d'un projet et sur l'estimation et la classification des réserves minérales
	• État des titres de propriété et des autorisations jouant un rôle déterminant pour la viabilité du projet, notamment baux miniers, permis de rejet et autorisations gouvernementales et réglementaires.
	• Descriptions des passifs environnementaux anticipés
	• Plans des sites assujettis à des droits et titres miniers

Critères	Explication
Classification	• Base de la classification des ressources minérales en diverses catégories de confiance
	• Indiquer si le résultat reflète de manière appropriée le point de vue du contractant quant au gisement
	• Proportion de réserves minérales probables provenant de ressources minérales mesurées, le cas échéant
Vérifications ou examens	Résultats des vérifications ou des examens des estimations des réserves minérales
Analyse de l'exactitude relative et du degré de confiance	• S'il y a lieu, une déclaration sur l'exactitude relative ou le degré de confiance de l'estimation de la réserve minérale, en utilisant une approche ou une méthode jugée appropriée par le contractant. Par exemple, l'application de méthodes statistiques ou géostatistiques pour quantifier l'exactitude relative de la réserve dans les limites de confiance indiquées ou, si une telle approche n'est pas jugée appropriée, une analyse qualitative des facteurs pouvant influer sur l'exactitude relative et le degré de confiance de l'estimation
	• La déclaration doit préciser s'il s'agit d'estimations mondiales ou locales et, si elles sont locales, indiquer le tonnage ou l'abondance s'y rapportant et pouvant être pertinent pour la réalisation d'une évaluation technique et économique. La documentation doit comprendre les hypothèses formulées et les procédures utilisées.
	• Les déclarations sur l'exactitude relative ou le degré de confiance de l'estimation doivent être comparées aux données de production, lorsqu'elles sont disponibles.

Pièce jointe 2
Termes génériques et équivalents et définitions

Les normes de présentation de rapports de l'Autorité internationale des fonds marins utilisent certains termes dans un sens général alors que des groupes particuliers de l'industrie peuvent y attacher une signification plus précise. Afin d'éviter toute répétition ou ambiguïté, les termes génériques sont définis ci-après, ainsi que d'autres termes pouvant être considérés comme des synonymes aux fins du présent document.

Termes génériques	Synonymes ou termes similaires	Définition
Étude de faisabilité	–	Une étude exhaustive d'un gisement minéral dans laquelle tous les facteurs liés à l'ingénierie et à l'exploitation, ainsi que les facteurs géologiques, juridiques, économiques, sociaux, environnementaux et autres, sont suffisamment détaillés et peuvent de ce fait raisonnablement servir de base à une institution financière pour prendre une décision définitive quant au financement du gisement en vue d'une production minérale
Étude de préfaisabilité	Étude préalable de faisabilité	Une étude exhaustive de la viabilité d'un projet minier qui : a) en est au stade où la méthode d'extraction a été établie et où une méthode efficace pour traiter le minerai a été déterminée; b) comporte une analyse financière fondée sur des hypothèses raisonnables en ce qui concerne les facteurs techniques, juridiques et économiques, ainsi que les facteurs liés à l'ingénierie et l'exploitation, et une évaluation de tout autre facteur pertinent suffisante pour permettre à une personne qualifiée et expérimentée, agissant de manière raisonnable, de déterminer si tout ou partie des ressources minérales peuvent être classées en tant que réserves minérales.
Extraction minière	Extraction réalisée sur les fonds marins	Toutes les activités liées à l'extraction de métaux et de minerais de la terre, qu'elles soient réalisées à ciel ouvert, sous terre ou sur les fond marins
Métallurgie	Traitement, enrichissement, préparation, concentration	Séparation physique ou chimique des composants présentant un intérêt à partir d'une masse de matière plus importante; méthodes utilisées pour préparer un produit final commercialisable à partir d'une matière extraite. Ces méthodes comprennent notamment le criblage, la flottation, la séparation, la lixiviation, le lavage et le grillage.

Termes génériques	Synonymes ou termes similaires	Définition
Minéralisation	Type de gisement, type de minéralisation	Un minéral ou une combinaison de minéraux présents dans une masse ou un gisement présentant un intérêt économique. Le terme désigne toutes les formes dans lesquelles une minéralisation est présente, que ce soit par classe de gisement, mode d'occurrence, genèse ou composition.
Récupération	Rendement	Le pourcentage de la matière présentant initialement un intérêt qui est extraite lors de l'extraction ou du traitement; une mesure de l'efficacité de l'extraction ou du traitement
Réserves minérales	Réserves de minerais	Un gisement qui a été classé dans la catégorie des réserves. Les normes de présentation de rapports de l'Autorité privilégient le terme « minéral », mais le terme « minerai » est courant et généralement acceptable. D'autres termes peuvent être utilisés pour préciser le sens de ce terme, par exemple, « réserves des fonds marins »
Teneur	Qualité, essai, analyse, valeur	Toute mesure physique ou chimique des caractéristiques de la matière présentant un intérêt dans des échantillons ou un produit
Teneur de coupure	Spécification du produit	La teneur ou qualité la plus faible d'une matière minéralisée qui se qualifie comme étant économiquement exploitable et disponible dans un gisement donné. Elle peut être définie sur la base d'une évaluation économique ou selon ses propriétés physiques ou chimiques qui définissent les spécifications acceptables du produit.
Tonnage	Quantité, volume, abondance	Une expression de la quantité de matières présentant un intérêt indépendamment des unités de mesure (qui doivent être indiquées lorsque les chiffres sont cités).

Autorité internationale des fonds marins

Conseil

ISBA/21/C/19*

Distr. générale
23 juillet 2015
Français
Original : anglais

Vingt et unième session
Kingston (Jamaïque)
13-24 juillet 2015

Décision du Conseil de l'Autorité internationale des fonds marins concernant les procédures et critères applicables à la prorogation d'un plan de travail approuvé relatif à l'exploration en application du paragraphe 9 de la section 1 de l'annexe à l'Accord relatif à l'application de la partie XI de la Convention des Nations Unies sur le droit de la mer du 10 décembre 1982

Le Conseil de l'Autorité internationale des fonds marins,

Rappelant que, conformément aux alinéas a) et l) du paragraphe 2 de l'article 162 de la Convention des Nations Unies sur le droit de la mer, le Conseil surveille et coordonne l'application des dispositions de la partie XI de la Convention pour toutes les questions et tous les sujets relevant de la compétence de l'Autorité et exerce un contrôle sur les activités menées dans la Zone, conformément au paragraphe 4 de l'article 153 de la Convention et aux règles, règlements et procédures de l'Autorité,

Rappelant également le paragraphe 2 de sa décision du 23 juillet 2014[1], dans laquelle il a prié la Commission juridique et technique de lui présenter, pour examen à sa vingt-deuxième session, de toute urgence et à titre prioritaire, un projet de procédures et critères pour les demandes de prorogation des contrats d'exploration, conformément aux dispositions de la section 3.2 des clauses types figurant dans l'annexe IV du Règlement,

Tenant compte des recommandations de la Commission juridique et technique concernant les procédures et critères applicables à la prorogation d'un plan de travail approuvé relatif à l'exploration en application du paragraphe 9 de la section 1 de l'annexe à l'Accord relatif à l'application de la partie XI de la Convention des Nations Unies sur le droit de la mer du 10 décembre 1982[2] et des recommandations de la Commission des finances,

---

* Nouveau tirage pour raisons techniques (24 juillet 2015).
[1] ISBA/20/C/31.
[2] ISBA/21/C/WP.1.

1. *Adopte* les procédures et critères applicables à la prorogation d'un plan de travail approuvé relatif à l'exploration en application du paragraphe 9 de la section 1 de l'annexe à l'Accord relatif à l'application de la partie XI de la Convention des Nations Unies sur le droit de la mer du 10 décembre 1982, tel qu'énoncé dans l'annexe à la présente décision;

2. *Réaffirme* que, conformément au mandat qui lui est confié aux termes de l'article 165 de la Convention et du paragraphe 9 de la section 1 de l'annexe à l'Accord de 1994, la Commission juridique et technique examine la question de savoir si le contractant s'est efforcé de bonne foi de s'acquitter des obligations qui lui incombent en vertu du contrat d'exploration mais n'a pu, pour des raisons indépendantes de sa volonté, mener à bien les travaux préparatoires nécessaires pour passer à la phase d'exploitation ou si les circonstances économiques du moment ne justifient pas de passer à la phase d'exploitation;

3. *Demande* aux États parrains, conformément aux obligations qui leur incombent, de confirmer au Secrétaire général qu'ils continuent de parrainer la demande pendant toute la durée de sa prorogation;

4. *Prie* le Secrétaire général de transmettre la présente décision à tous les contractants travaillant avec l'Autorité, et demande aux contractants qui demandent une prorogation de préciser les propositions de modification ou d'ajout au programme d'activités.

212e séance
23 juillet 2015

Annexe
Procédures et critères applicables à la prorogation d'un plan de travail approuvé relatif à l'exploration en application du paragraphe 9 de la section 1 de l'annexe à l'Accord relatif à l'application de la partie XI de la Convention des Nations Unies sur le droit de la mer du 10 décembre 1982

I. **Forme et contenu des demandes de prorogation**

1. Le détenteur d'un contrat d'exploration (dénommé ci-après « le contractant ») peut déposer une demande de prorogation dudit contrat conformément aux procédures énoncées ci-après. Le contractant peut solliciter cette prorogation pour des périodes ne dépassant pas cinq ans chacune.

2. Toute demande de prorogation d'un contrat d'exploration doit être présentée par écrit au Secrétaire général de l'Autorité internationale des fonds marins et contenir les renseignements indiqués à l'annexe I au présent document. Elle doit être introduite au plus tard six mois avant l'expiration du contrat objet de la requête.

3. Sauf indication contraire émanant de l'État ou des États patronnant la demande au moment du dépôt de celle-ci, le patronage est réputé se poursuivre pendant la période de prorogation et l'État ou les États concernés continueront d'en assumer la responsabilité conformément à l'article 139 et au paragraphe 4 de l'article 153 de la Convention et au paragraphe 4 de l'article 4 de l'annexe III à la Convention.

4. Le droit à acquitter pour l'examen d'une demande de prorogation d'un contrat d'exploration est fixé à 67 000 dollars des États-Unis ou son équivalent dans une

devise convertible, montant qui doit être versé dans son intégralité au moment du dépôt de la demande.

5. Si les dépenses administratives engagées par l'Autorité pour l'examen d'une demande sont inférieures au montant indiqué au paragraphe 4 ci-dessus, l'Autorité rembourse la différence au contractant. Si les dépenses administratives engagées par l'Autorité pour l'examen d'une demande sont supérieures au montant indiqué au paragraphe 4 ci-dessus, le contractant paie la différence à l'Autorité, étant entendu que tout montant additionnel dû par le contractant n'excédera pas 10 % du montant visé au paragraphe 4.

6. Compte tenu des critères établis à cette fin par la Commission des finances, le Secrétaire général détermine le montant des écarts visés au paragraphe 5 ci-dessus et en informe le contractant. La notification comprend un état des dépenses engagées par l'Autorité. Le montant dû est payé par le contractant ou remboursé par l'Autorité dans les trois mois suivant la décision finale du Conseil concernant la demande.

II. Traitement des demandes de prorogation des contrats d'exploration

7. Le Secrétaire général :

a) Accuse réception par écrit de toute demande de prorogation d'un contrat d'exploration, en précisant la date de réception;

b) Informe l'État ou les États patronnant la demande de la réception de la demande et des critères énoncés au paragraphe 3 ci-dessus;

c) Conserve en lieu sûr la demande ainsi que ses pièces jointes et annexes et veille à la confidentialité de toutes les données et informations confidentielles contenues dans la demande;

d) Informe les membres de l'Autorité de la réception d'une telle demande et leur fait part de toute information de nature générale et non confidentielle concernant la demande;

e) Informe les membres de la Commission juridique et technique de la demande et en inscrit l'examen à l'ordre du jour de la réunion suivante de la Commission.

III. Examen des demandes par la Commission juridique et technique

8. La Commission examine promptement les demandes de prorogation de contrat d'exploration dans l'ordre dans lequel elles ont été reçues.

9. La Commission examine et vérifie les données et informations fournies par le contractant concernant la demande de prorogation du contrat d'exploration. Aux fins de cet examen, la Commission peut demander au contractant de lui communiquer toutes données et informations supplémentaires qui pourraient être nécessaires en ce qui concerne la mise en œuvre du plan de travail et le respect des dispositions des clauses types du contrat.

10. Dans l'exercice de ses fonctions, la Commission applique les présents procédures et critères ainsi que les règles et règlements applicables aux ressources minérales visées et les procédures de l'Autorité de manière uniforme et non discriminatoire.

11. Si la Commission considère qu'une demande de prorogation d'un contrat d'exploration ne respecte pas les procédures prescrites ou que le contractant n'a pas fourni les données et informations qu'elle a demandées, elle en avise le contractant par écrit, par l'entremise du Secrétaire général, et motive sa décision. Le contractant peut, dans les 45 jours suivant une telle notification, modifier sa demande. Si, après un nouvel examen, la Commission considère qu'elle ne devrait pas recommander l'approbation de la demande de prorogation du contrat d'exploration, elle en informe le contractant, par l'entremise du Secrétaire général, et lui donne la possibilité de faire des observations dans les 30 jours. La Commission tient compte de toute observation faite par le contractant au moment d'établir son rapport et ses recommandations à l'intention du Conseil.

12. La Commission recommande l'approbation de la demande de prorogation d'un contrat d'exploration si elle estime que le contractant s'est efforcé de bonne foi de se conformer aux stipulations du plan de travail mais n'a pas pu, pour des raisons indépendantes de sa volonté, mener à bien les travaux préparatoires nécessaires pour passer à la phase d'exploitation ou si les conditions économiques du moment ne justifient pas qu'il passe à la phase d'exploitation.

13. La Commission présente son rapport et ses recommandations au Conseil dans les meilleurs délais compte tenu du programme de réunion de l'Autorité.

IV. Examen par le Conseil

14. Le Conseil examine les rapports et recommandations de la Commission concernant les demandes de prorogation de plans de travail approuvés relatifs à l'exploration, conformément aux paragraphes 11 et 12 de l'article 3 de l'annexe à l'Accord relatif à l'application de la partie XI de la Convention des Nations Unies sur le droit de la mer du 10 décembre 1982.

15. Une fois que le Conseil a approuvé la demande de prorogation, le contrat est prorogé par l'exécution d'un accord entre le Secrétaire général et le représentant autorisé du contractant sous la forme prévue à l'annexe II au présent document. Les termes et conditions applicables au contrat pendant la période de prorogation sont ceux qui sont en vigueur à la date de la prorogation, conformément aux règlements pertinents[3].

V. Dispositions transitoires

16. Au cas où une demande de prorogation d'un contrat a été présentée en bonne et due forme conformément aux présentes procédures, mais que la date d'expiration du contrat est postérieure à la date à laquelle doit se tenir la réunion suivante de la Commission juridique et technique mais antérieure à celle de la prochaine réunion prévue du Conseil, le contrat et tous les droits et obligations qu'il prévoit sont réputés prorogés jusqu'au moment où le Conseil est en mesure de se réunir et d'approuver le rapport et les recommandations établis par la Commission concernant ledit contrat. L'application de la présente disposition ne doit en aucun

---

[3] Sauf indication contraire, le terme « règlements » s'entend du Règlement relatif à la prospection et à l'exploration des nodules polymétalliques dans la Zone (ISBA/19/C/17, annexe), du Règlement relatif à la prospection et à l'exploration des sulfures polymétalliques dans la Zone (ISBA/16/A/12/Rev.1) et du Règlement relatif à la prospection et à l'exploration des encroûtements cobaltifères de ferromanganèse dans la Zone (ISBA/18/A/11).

cas se traduire par la prorogation du contrat au-delà d'une période de cinq ans, ou de toute période plus courte demandée par le contractant, à compter de la date à laquelle le contrat aurait autrement expiré s'il n'avait pas été prorogé conformément aux présentes procédures.

Appendice I

Renseignements devant figurer dans une demande de prorogation d'un contrat d'exploration

1. Toute demande de prorogation d'un contrat d'exploration comprend les éléments suivants :

a) Une déclaration du contractant concernant les motifs pour lesquels une prorogation du contrat d'exploration est demandée, qui précise la durée de la prorogation demandée (cinq ans maximum) et contient :

i) Des détails sur les raisons indépendantes de la volonté du contractant pour lesquelles il n'a pas pu mener à bien les travaux préparatoires nécessaires pour passer à la phase d'exploitation; ou

ii) Une explication des raisons pour lesquelles les conditions économiques du moment ne justifient pas qu'il passe à la phase d'exploitation, précisant si cette expression renvoie aux conditions générales du marché ou à la faisabilité économique du projet particulier du contractant;

b) Un résumé détaillé des travaux effectués par le contractant pendant toute la période du contrat et les résultats obtenus par rapport à ce qui était prévu dans le plan de travail approuvé relatif à l'exploration. Le résumé comprend :

i) Une estimation des ressources minérales et/ou des gisements d'après les normes de communication de l'information pour les ressources minérales concernées, établies par l'Autorité, ainsi que leur répartition dans l'espace au sein de la zone d'exploration;

ii) Un tableau récapitulatif des données environnementales collectées en ce qui concerne les variables environnementales énumérées dans les recommandations pertinentes à l'intention des contractants[a];

iii) La liste complète de tous les rapports présentés à l'Autorité conformément au contrat d'exploration;

iv) L'inventaire complet de toutes les données et informations soumises à l'Autorité conformément au contrat d'exploration;

v) Toutes les données qui ont été demandées par l'Autorité à la suite de l'examen des rapports annuels présentés conformément au contrat d'exploration ou qui auraient dû lui être présentées conformément au contrat, mais qui ne l'ont pas été ou n'ont pas été présentées dans le format demandé ou sous une forme jugée acceptable par l'Autorité;

vi) Une ventilation des dépenses engagées dans le cadre du contrat d'exploration, conformément aux recommandations à l'usage des contractants publiées par la Commission juridique et technique en application des règlements[b] et indiquant tout écart éventuel par rapport au montant annuel des dépenses prévues pendant la période du contrat;

vii) Un récapitulatif des activités de formation menées en application du contrat d'exploration;

---

[a] ISBA/19/LTC/8.
[b] ISBA/21/LTC/11.

c) Un descriptif et un échéancier du programme d'exploration proposé pour la période de prorogation, notamment un programme détaillé des activités montrant toute modification ou addition projetée au plan de travail approuvé relatif à l'exploration conformément au contrat et une déclaration selon laquelle le contractant mènera à bien les travaux préparatoires nécessaires pour passer à la phase d'exploitation lors de la période de prorogation;

d) Des précisions sur tout renoncement éventuel à une partie quelconque de la zone d'exploration pendant la période de prorogation;

e) La liste des dépenses annuelles prévues en rapport avec le programme d'activités pour la période de prorogation;

f) Un projet de programme de formation pour la période de prorogation conformément aux recommandations à l'intention des contractants formulées par la Commission juridique et technique en application des règlements[c].

2. Toutes les données et informations soumises concernant la demande de prorogation du contrat d'exploration sont présentées sur support papier ou sous forme électronique selon les spécifications de l'Autorité.

---

[c] ISBA/19/LTC/14.

Appendice II

Accord entre l'Autorité internationale des fonds marins et [le contractant] concernant la prorogation du contrat relatif à l'exploration des [ressources minérales] entre l'Autorité internationale des fonds marins et [le contractant], en date du [date]

L'Autorité internationale des fonds marins, représentée par son Secrétaire général (dénommé ci-après « l'Autorité »), et [le contractant], représenté par [...] (dénommé ci-après « le contractant »), conviennent que le contrat relatif à l'exploration des [ressources minérales] entre l'Autorité et le contractant signé le [date] à [lieu] pour une période de 15 ans, à compter de [date d'expiration du contrat initial], ainsi que les annexes pertinentes, est prorogé pour une période de [...] ans, à compter de [date], moyennant les modifications suivantes.

1. La liste 2 du contrat est remplacée par le programme d'activités joint au présent Accord en tant qu'annexe I.

2. La liste 3 du contrat est remplacée par le programme de formation joint au présent Accord en tant qu'annexe II.

3. Les clauses types visées au paragraphe 1 du contrat sont remplacées par les clauses types jointes au présent accord en tant qu'annexe III[a], qui font partie intégrante du contrat et ont plein effet comme si elles y étaient expressément énoncées.

Sous réserve des modifications susmentionnées, le contrat conserve, à tous égards, toute sa force et tous ses effets. La présente modification prend effet le [date].

EN FOI DE QUOI, les soussignés, y ayant été dûment autorisés par les parties respectives, ont signé le présent accord à [lieu] le [date].

---

[a] En ce qui concerne les contrats devant expirer en 2016 et 2017, cela renvoie l'annexe IV au Règlement relatif à la prospection et à l'exploration des nodules polymétalliques dans la Zone adopté par le Conseil le 22 juillet 2013 (ISBA/19/C/17, annexe), tel que modifié par ISBA/19/A/12.

www.ingramcontent.com/pod-product-compliance
Lightning Source LLC
Chambersburg PA
CBHW081142180526

45170CB00006B/1894